更新知识地图　拓展认知边界

II\ 贝

刘刚 李冬君
-著-

文化的江山

07

追求思想共和的时代

中信出版集团 | 北京

图书在版编目（CIP）数据

文化的江山 . 7, 追求思想共和的时代 / 刘刚 , 李冬君著 . -- 北京 : 中信出版社 , 2021.8（2024.1 重印）
ISBN 978-7-5217-3221-4

Ⅰ . ①文… Ⅱ . ①刘… ②李… Ⅲ . ①文化史 – 中国
Ⅳ . ① K203

中国版本图书馆 CIP 数据核字 (2021) 第 106932 号

本书仅限中国大陆地区发行销售

文化的江山 07：追求思想共和的时代

著　　者：刘　刚　李冬君
出版发行：中信出版集团股份有限公司
（北京市朝阳区东三环北路 27 号嘉铭中心　邮编　100020）
承 印 者：北京尚唐印刷包装有限公司

开　　本：787mm × 1092mm　1/16　　印　　张：22.5　　字　　数：210 千字
版　　次：2021 年 8 月第 1 版　　印　　次：2024 年 1 月第 2 次印刷
书　　号：ISBN 978-7-5217-3221-4
定　　价：78.00 元

目 录

第1章 西域思想共和

一 西域文明之路

二 世界化的西域

第2章 中国思想共和

一　山林——思想的去处

二　书院——英雄的来历

三　中国——文化的胜利

四　民间话语权的开启

第3章 西洋思想共和

一　从马可·波罗谈起

二　利玛窦来了以后

引　言

发现文化的江山

历史上，其实有两种中国史观。

一个是二十五史里的中国，叫作王朝中国。

一个是贯穿了所有王朝的中国，叫作文化中国。

所有王朝，都在兴亡交替中，短则数十年，长则二三百年，都难逃一亡；唯有文化中国越千年，历百世，还在发展，凝然而成文化的江山。

江山自然生成，人居其中，文而化之，而成国家。

英雄行走大地，人与山川相映发，而使文明开化。

英雄从远古走来，从神话走向历史，留下一个传说时代，被结集在《山海经》里，无论成书于何时，它都留下了初民用文明初曙之眼看到的世界。

《山海经》之所在，是个自由的世界，而非大一统的世界，是英雄的世界，而非神的世界，其主体为人，是表现为形形色色的文明图式的万物之灵，而非神。

《山海经》的世界，不仅在传说中存在，还通过考古发掘出来。

在考古学的框架里，它被归纳为几个相互作用的文化区系，每一区系，都拥有一大批文化遗址，这些遗址，如满天星斗，覆盖天南地北，不仅存在于大河上下，按流域分布，还从山到海，从昆仑到蓬莱。文明的存在，对应了那个《山海经》世界。

初民都相信，文明的种子来自天上，所以，先要在高山上生长。昆仑是最高的山，不光是天下水源地，更是文明起源地。然后，文明还要顺着河流下山去，流域所至，择其要处，或为村落，或为城市，或为国家，唯有国家，才能使文明长大。

文明在全新世大暖期里生长，度过了人类最美好的一段时光。

在江南河姆渡文化里，我们看到了有别于《圣经·创世记》伊甸园的中国式天道伊甸园，我们相信，《庄子》里说的那些比炎黄还要古老的人物，就应该在这里出现，不能像史官文化那样将它们当作荒诞的寓言。还有仰韶文化，分布在黄河中上游，从那天真烂漫的彩陶上，我们看到了文化中国的起源。而良渚文化则在"从东南往西北"的历史运势线上，开辟了一条玉石之路，贯穿了长江与黄河两大流域，用玉文化融合了两大文化区系，就在以玉为标志的制度文明——礼制的产床上，一个"审美的国度"——文化中国诞生。

人类在全新世开启了一个新时代，那就是考古学上的新石器时代。从新石器时代走向青铜时代，这是世界文明史的通例。但中国却有一个例外，那就是，当西方文明正走向青铜时代时，中国文明则顺着新石器文明的惯性，进入一个审美的玉器时代。西方文明史视野下的古代国家起源于青铜时代，而中国文明史视野下的古代国家则起源于玉器时代，这是我们在研究中的一个重要发现，以此而有了不同于西方文明的国家观念。青铜文化的国家与玉文化的国家有不同的文明属性：青铜国家的本质，有着明显的暴力认同的特征；而玉制的国家，就如同玉本身，不具有青铜那样的暴力属性，呈现出文化认同的特性。

《山海经》的世界，就包含了青铜时代和玉器时代。考古学认为，《山海经》反映的世界，处于金石并用时期，还把玉器当作新石器的一部分。这显然是不够的，因为，玉器与石器的差异不在于材质，而在于功能。玉虽被称作“美石”，但其材质显然已不重要，重要的是那个“美”字，它强调了玉器的审美功能，以区别于石器的实用性。所以，我们更倾向于用审美的方式来称呼那个时代，不是称作“金石并用”，而是称为“金声玉振”。

相比之下，在《山海经》里，是“金声”初起，而“玉振”已大作，明显有一个玉文化的体系存在，叶舒宪在《山海经的文化寻踪》中谈到，在夏商周还没有开始，汉字也还没有出现的时候，在中国境内已经有八个文化是崇拜玉礼器的，中国在四千年前已经被玉文化先统一了。我们举双手同意他的这一说法，但他接着又说了一句，就是那时中国还没有，整个东亚这块已经被玉文化统一了。为什么要说“中国还没有”呢？那时，没有王朝中国，还有文化中国呀，那被玉文化统一了的不就是文化中国？好在还有我们认领。

用王朝中国的史官文化来看，《山海经》无非“怪力乱神”而已；从文化中国的角度来看，《山海经》的世界则是一座史前文化的江山，是文化中国赖以成长的摇篮。我们重读中国历史，尤其是文化中国的历史，要从《山海经》开始，《山海经》可以说是一部玉器时代流传下来的文化中国图志，虽为历代王朝所屏蔽，却被文化中国不断重启。

王朝中国是青铜时代的产物，代表着“金”，文化中国是玉器时代的产物，其本为“玉”，可以说，文化中国是礼玉文明的一个政治成果。以良渚文化遗址所反映的国家样式为例，我们似可确认，那是一个信仰与审美的国度，也有权威，但基于文化认同。

这样“文化中国”与“王朝中国”，就从根本上区分开了。因为，王朝中国是由文化中国“西化”而成的文明古国的改良版，所以，青铜时代的世界体系，终于在“金玉良缘”的王朝中国画上了完满的句号。四大文明古国中的三大古国相继消亡以后，继之而起的王朝中国，在与文化中国的互动中，又将文明古国的国脉延长了约三千年。

作为四大文明古国之一，中国的历史应该有五千年。可甲骨文的发现和殷墟考古，证明了孔子引用的“惟殷先人有册有典”（《尚书·周书·多士》），有文字记载的历史只有三千多年。但殷墟不是起点，而是高峰。那么，起点在哪里？孔子还说过“祖述尧舜”和“殷因于夏礼”，说明殷的前面还有个夏，说殷人继承了夏的礼仪制度，那就是已经把夏当作一个世袭制的王朝国家。夏的前面，还有尧和舜，他们的国家有可能是个尚贤与禅让的方国联盟。孔子追溯历史的起点到此为止，他不像古希腊人那样用神话作为历史开头，而是正相反——“不语怪力乱神”。到了太史公写《史记》时，其眼光超越孔子，将历史的起点追溯到炎黄，以黄帝为首，为炎黄子孙的历史开了个头，形成了帝王世系的历史和王朝史观的叙述方式。

夏在哪里？良渚文化用礼器——玉琮、玉璧、玉钺等所代表的一整套用玉制度为夏提供了中国最早的礼制文明的样式和古代国家起源的原型，而龙山文化则代表了正在发生的技术革命和文化转型，使文化中国向着青铜时代迈进。传说中，禹铸九鼎定九州，就标志着文化转型的完成，将良渚文化的陶鼎转变为二里头文化——夏墟的铜鼎，从此开始了问“鼎”中原。《易传》曰“革物者莫若鼎，故受之以鼎”，“革去故，鼎取新”。

二里头三期出土了青铜鼎，它是青铜时代到来的文化革命的象征，而最早将“鼎革”用于改朝换代的政治革命的，便是《易传》“汤武革命”里的那个“汤”。

就在夏墟不远处，距二里头遗址约六公里，又出土了一座偃师商城，属于商早期的二里岗文化，是“汤”以革命取代夏墟的硕果。有人说，它就是商都西亳，也可以这么说，它的地位，就像周人的东都，东都是克商以后建的。如果《尚书》所言不虚，那么《汤诰》有可能就是汤在偃师商城发布的革命宣言和战争动员令。与偃师商城同时，还有一座更大的郑州商城，相比之下，偃师商城更加军事化，实用性较强，神圣性和庄严感不足，缺少国之重器，尤其是缺了古代国家政权象征的鼎，如何“率民以事神”成为政治中心？

而郑州商城，不仅规模更大、规格更高，而且出土的国之重器多而配套，能充分满足首都对于神圣性和庄严感的要求，这是首都之所以成为首都的一个必要条件。我们假设一下，汤革命成功以后，要举行一次盛大的国家庆典，祭祀他的祖先和“帝”，当时有郑州商城和偃师商城两地可供选择，他会选择哪里？是在作为前线的偃师商城、原来的夏墟附近，还是在殷人发祥地、作为礼制文明中心的郑州商城——亳墟？回答无疑是后者。

为什么说郑州商城是礼制文明的中心呢？以文物论，这里出土了青铜礼器二百余件，尤其是那两只巨型方鼎，大的高达一米，它们成双成对，不言自威，有冲天霸气，不是一般贵族能用的，非王莫属！这样两只鼎，出现在约三千五百年前，别说在中国，就是放到全世界，也是罕见。这是两只见证过汤的开国典礼并且承担过“率民以事神”历史使命的鼎，或许我们能从它们身上听到早已凝固的庆典的欢呼声和“神化革命”的历史回音。这声音，从后来安阳殷墟的“后母戊”大鼎里消失了，尽管“后母戊”鼎看起来更有分量、更为辉煌，更加显示了帝国的气魄和力量，但革命精神却已荡然无存，我们从中再也听不到革命庆典的欢呼声，它早已丢失了杜岭方鼎的灵魂，因为那时一个王朝中国已经形成。

殷墟，形成了一个标准的王朝国家，那是一个与世界文明古国接轨的国家，它的出现，标志着青铜时代的世界体系的完成。这一历史进程，就如同近代以来的工业革命，当其在英国出现以后，就开足了工业革命的世界化马力，两次世界大战以后，美国接力而起，继以工业革命的全球化体系，而当下中国工业革命，又从美国那里传承全球化的工业革命的火炬，预告着工业革命的世界体系就要在中国完成。它使我们又联想起殷墟时期在中国发生的青铜时代的那一次金石革命，那也是先在西亚兴起，在中亚，从黑海到里海之间的南俄罗斯草原，经由雅利安人接力，以国家与革命的方式传递，世界三大文明古国古巴比伦、古埃及、古印度随之解体，文化中国亦随之“西化”，从玉器时代转向青铜时代。这么一转，不仅催生了王朝中国，而且使得随着青铜时代到来的世界体系最后也在中国完成。

从殷墟开始，中国历史便走上了王朝中国之路，且与文化中国互动，治乱循环，双轨同运。儒以道统与政统划分：道统出自文化中国，以孔孟之道为代表，政统出自王朝中国，以周秦之制为代表。又有“阳儒阴法”一说，以为道统反映儒家思想，而政统则基于法家思想，这也就是所谓“霸王道杂之”。还有两家——墨子与杨朱，一个主张兼爱，一个主张为我，不与王朝中国合作，孟子骂他们“无君无父”，但他们却影响了文化中国。

儒家道统只是文化中国的一条线索，还有墨子一线，以侠义精神和会党政治贯穿，成为民本与民间运动的源泉；有杨朱一线，他那“为我”一声吼，便是中国最早的“个人权利”的宣言；有庄禅一线，以回归自然的审美和思辨开拓着中国艺术的空间，这一线，从山海图到桃花源，从东篱到东坡，从山阴道上人与山川相映发到山水诗到山水画……

王朝虽然赫赫，不过历史表象，江山何其默默，实乃历史本体。表象如波易逝，一代王朝，不过命运的一出戏，帝王将相跑龙套，跑完了就要下台去，天命如此，他们不过刍狗而已。改朝换代，但江山不改，家国兴衰，还有文化主宰，文化的江山还在。

“秦时明月汉时关”，秦汉两朝已去，可关山依旧，明月依然。这关山啊，就是文化的江山！命运诗意地栖居于江山，我们知天命以诗。重读中国历史，要把历史放到江山中读，不要放在王朝里读。要用诗性的眼光读，不要用“资治”的眼光读，以诗性之眼，能读取文化的江山，用“资治”的眼光，只能围绕王朝打转，把历史读成阴谋诡计。

"春风又绿江南岸，明月何时照我还"，王安石用了诗性的眼来创作，诗中有"我"，"我"在选择，选择了"还"，他放下王朝，抱住江南——那诗性的江山。陈寅恪"以诗证史"，一部《柳如是别传》，还是在江南——那"独立之精神，自由之思想"的江南。

"臣心一片磁针石，不指南方不肯休"，那"南方"，就是文天祥魂归之、魄寓之、命托之的江南，宋朝不在了，可江南还在，他的乡愁还在。中原与江南，一个是王朝中国的地理根据，一个是文化中国的人文始基，北宋亡时，中原成为南宋的乡愁，南宋亡时，江南成为他的乡愁，那是他为之披肝沥胆、为之刻骨铭心的来自文化中国的乡愁。

我们再来看看盛唐，盛唐气象，并非那些帝王将相，而是唐诗的江山。

试问有唐一代，有多少帝王？翻一下二十五史里的《唐书》就知道了。

他们从字里行间，列队而出，向我们走来，除了李世民、武则天，我们还认识谁？还有一位李隆基。对不起，我们知道他是因为杨贵妃，一首《长恨歌》便盖过了他的本纪。他是王朝的太阳，光芒万丈，可在《长恨歌》里，美是太阳，集中在杨贵妃身上，留一点落日余晖，让他来分享。还有滕王阁的滕王，谁知道他的名字？而一篇《滕王阁序》，都知道是王勃作的，久而久之，滕王消失了，一提起滕王阁，人们就说王勃，这是为什么？放大了说，那就是滕王属于王朝中国，王勃属于文化中国，套用歌德的话来说：王朝总是灰色的，文化中国之树常青。而王勃，就是文化中国之树盛开不败的诗性的花朵。

文化的江山里，没有统治者的位置，要坐文化的江山，帝王也要写诗。

然而，诗性是天命和灵魂的吟唱，诗的灵感，并不特别钟情于帝王。

据说，乾隆皇帝爱写诗，一生写了四万多首，他一个人写的诗的数量快赶上《全唐诗》了，可有哪一首诗能流传至今？大鱼大肉的四万多首诗，还抵不过李白清清淡淡的一首。

月光下，摇篮旁，母亲在吟唱："床前明月光，疑是地上霜。举头望明月，低头思故乡。"就这样，唱了一千多年，至今还在唱，那一缕缕诗性的光芒，照亮了婴儿的脸庞，温暖了孩子们的心房，文化中国的公民们就这样成长，我们从中看到了希望。

中国是诗性的国度，唐诗的江山虽然灿烂，但再怎么辉煌，也还是不及先秦时代的诸子诗性在天。当诗性，以天命和天道的意味呈现在我们眼前，我们怎么还敢说中国不曾有过哲学的诗篇？老子的《道德经》，难道不是一首最好的形而上学之诗？还有《孙子兵法》，岂非世上最美的兵法？天地人总体战，生与死的美学，当以诗性表达。

当年，王国维作《人间词话》，以诗话体行文，却写了一篇关于唐宋词的论著，我们自问，能否也诗意地栖居于历史，去写一部诗性的文化中国的通史呢？我们这样想了，也这样做了，做的成果，就在我们的《文化的江山》里。历史的精神，追随陈寅恪，其美学形式，则取之于王国维，加上我们的思想与文字，形成本书的风格与宗旨。

历来写史，都以王朝为本位，以帝王为中心，写王朝史，表达王权主义，即以宫廷政治和帝王权谋为主线，写来写去，也都是些改朝换代和开国皇帝的故事，那根线，历史的主线，还捏在王权的手心里，被王朝史观牵引着，进入王朝中国的历史。

然而，还在20世纪初期时，不就有新文化运动，开始"反封建"了吗？反了近一个世纪，为什么还反不出王朝史观呢？中国的思想者们，究竟在哪里失足了呢？

如今反思，这才发现，"反封建"在反到"人民"与"革命"这两个最为神圣的观念时，就停下了，连鲁迅面对黄包车夫尚且要"榨出皮袍下面藏着的'小'来"，他对"国民性"的批判，也就停留在

“文化人民性”的重建上，未有“文化个体性”的自觉。

马克思说过，他是在批判旧世界中发现新世界。他在批判中，发现了什么呢？他发现了“人”，发现了近代意义的自由平等的“社会性的人”，他的“剩余价值论”，就是强调社会人的价值，不光是社会人的经济学价值，更是社会人的政治哲学价值。

反封建，还要反王权；要对封建主义做社会形态的批判，以确立人的社会性；还要对王权主义做文化性质的批判，以确立人的文化个体性。这是基于人性三段论。

我们认为，人性的发展，经历了三个阶段：第一阶段是人对于自然的自觉，而有类意识，我们称之为“人类性”阶段；第二阶段是人对于他人的自觉，而有群意识，我们称之为“社会性”阶段；第三阶段是人对于自我的自觉，而有自我意识，我们称之为“个体性”阶段。个体性之道德一维，我们称之为“个体人格”；个体性之政治一维，我们称之为“个人权利”；对于“个体性”的文化认同，亦即文化一维，我们称之为“文化个体性”。

从“文化个体性”出发，我们走向文化中国，重读中国历史，就是以自我意识对历史做选择。历史上有两个中国，王朝中国和文化中国，我们选择了文化中国。

文化中国，不一定非要呈现某种既定的国家形态，在与王朝中国互动中，它以文化的江山表现出来，即便在当下民族国家的世界之林里，它依然漂洋过海，以全球化的天下观的方式存在，就像《山海经》世界那样。文化的江山，开启了“海外经”时代。

中国思想史上，并非都是王权主义，也有过思想共和。思想共和，以三次相会为标志，开出三个新的历史时期。

第一次，是本土思想的共和，孔子与老子相会，将中国思想导入文明的轴心期；第二次，是佛法东传后，西域思想入中土，与中国传统共和，而有玄佛庄禅，乃至于三教合一，在此基础上，才有了朱陆相会，使中国思想进入第二个发展周期；第三次，是东方徐光启与西方利玛窦相会，中国思想触及西学根底，开启了中西会通的转机。

这三次相会，可以说是思想共和的里程碑，它们预告了文化转型和历史转折的到来。第一次相会，带来了诸子百家兴起，形成了中国传统。秦汉以后，唐宋以来，思想史上最重要的事件，莫过于佛教西来佛法东传。第二次相会，就是中国思想对它的一个总结性回应。元明以降，西学之来，已由西域转为西洋，而有第三次相会影响至今。

第1章

西域思想共和

一　西域文明之路

01

人类大同的彩陶之路

西域之于中国，并非一开始就是地缘政治的区分。那区分是王朝中国附加的，是国之所以为国的表现。

在文化中国的视野里，西域是“天下者，人人之天下”的一部分，人们没有把它当作攫取世界心脏地带的抓手，而是把它当作连接东西方的通道和枢纽。那里是东西方文明的集散地，是文化传播的出入口，还是欧亚贸易的必由之路。没有比“贸易”二字更能反映文化的趋势，更能表达文明的本质。

当大暖期到来时，人类的交往就活跃起来了，从非洲到欧亚，现在那一道道由沙漠组成的地球上的刀疤——从撒哈拉到蒙古高原，原来却是绿洲，遍地绿茵。那是个自然供给的过剩期，人口稀少，食物充足，有利于人类全球化的自然生长。

大暖期，人类自由迁徙，只知有天下，不知有国家，但求认同，并无分别，没有阶级分离，亦无民族差异，说话以自然发声，而非用语言表达，人与人相逢，说话都能听懂。他们往来于欧亚之间，走向人类大同，所以走遍天下都不怕。

连接东西方的第一条路，是彩陶文化之路，文化中国的“中华”就在这条路的东土，从黄土高原兴起，在黄河流域起居，通往彩陶文化的西域。

这一路，由陕入甘，从仰韶到马家窑，从马家窑出河西走廊，往天山南北走。究竟走了多远？有没有越过帕米尔高原？我们认为有可能。今人一提起帕米尔高原，马上就皱紧了眉头，视为天堑，可初民则不以为然，以为那里可以登天成仙。

仙，究其字面而言，就是人在山上。那山，当然不是普通的山，而是能登天的山，有天柱和天梯，由神仙所居，可以往来于天人之际，所以叫仙山。在《东亚文明中的山》中，王铭铭提起罗马尼亚宗教学家米尔恰·伊利亚德（Mircea Eliade）对建筑与山的看法，说建筑的前身都是山，因为一切建筑都是世界的中心，就如同山一样。同时又指出，真正的山只有一座，那就是作为世界中心的圣山。

如果我们非要在地球上找出这么一座唯一的圣山，那只有到中国西域去找，到帕米尔高原去，看那些矗立于世界屋脊的群山。在神话世界里，它们有一个共同的名字，叫“昆仑”。神话地理中的昆仑与历史地理和自然地理中的昆仑不同。作为世界的中心从而具有唯一性的圣山，应该是神话地理中的昆仑，而非历史地理和自然地理中的昆仑，前者是无限存在，有着无穷的广袤性，后者是有限的存在，在一定的时间和空间里存在。

历史形态的存在，是个时间性的存在，跟具体的时间、地点、人物和事件相关，而自然形态的存在，时间因素尚未开显，只能作为地质地貌地理存在。因此，神话地理中的昆仑，可以兼容其历史与自然形态，而不被历史与自然的有限性所局限。

在古希腊神话里，奥林匹斯山是众神所在地，当然，它也就是伊利亚德所说的“唯一的圣山”，现在人们找出它的地理位置，说它坐落在希腊东北部，靠近马其顿地区，海拔高度不到三千米，却是希腊最高峰。每天，当太阳从东方升起时，曙光映照它的顶峰，当太阳下山明月初起时，那终年积雪云遮雾罩的顶峰又洒满了夕阳的光辉。众神就在这里建造宫殿并治理世界。宫殿有柱廊列入云海，柱廊前面，是长着奇花异草的花园。

而现实中的奥林匹斯山，怎么看都与神无关，高度自然是不够，离天还差得很远，广度也不够，难以覆盖世界历史的基本面，不能使东西方相关联，更何况，其神秘性之平庸，也不足以支撑我们对神的信念，不足以成为那些令人神往的神话故事的来源。我们很难想象，在一个不到三千米的山头上，众神之神宇宙之王如何挟雷携电？

于是，我们好奇，难免一问：那位生长在神山旁一直被神话激励的美少年亚历山大，在此山中应该有过"行到水穷处，坐看云起时"的诗意体验吧，或被山中奥运会的圣火照亮过青铜体魄和哲学灵魂吧！如果他从奥林匹斯山来到昆仑，他还会认为，那曾经伴随他的青春期的山是唯一的圣山吗？他会把昆仑当作新的奥林匹斯山吗？我们不知这位被称作大帝的哲学家王有怎样的心理反应，总之，他掉转马头，就回去了。但希腊化世界并未跟他回去，而是越过帕米尔高原，进入天山走廊，在绿洲上建立城邦了。

彩陶文化初民似乎没有那些文化反应，他们从仰韶来到马家窑，从马家窑出发，也经过这里，但没有停下来，也没回头，一直往前去，他们到了哪里？

2017 年 5 月 24 日上午，由中国社会科学院考古研究所、北京罗马尼亚文化中心、中国社会科学院外国考古研究中心联合主办的《是历史的偶然，还是同根同脉——走进库库特尼文化和仰韶文化》展览在北京罗马尼亚文化中心开幕，于是，人类大同的彩陶之路出现了！最早发现此路的是安特生。1921 年，安特生在仰韶村发掘后，就指出了仰韶彩陶与库库特尼—特里波利遗址彩陶的相似性，并以此提出中国彩陶文化西来的假说。

西来说，无疑带有先入为主的成见，安特生先接触库库特尼和特里波利彩陶，然后才发现了中国仰韶彩陶，因此，就其认识的惯性和思维定式而言，首先就会产生中国彩陶文化西来的印象。这印象不一定就含有西方中心论的偏见在里面。

而中国学者对此则以“彩陶之路”来回应。最先提出的是李济，他是针对“西来说”提的。对仰韶文化进一步的考古表明，彩陶文化兴起于东西两端，东端，就是黄土高原上位于陕甘地区的仰韶文化，西端，应该就是库库特尼—特里波利彩陶文化。李新伟《库库特尼—特里波利文化彩陶与中国史前彩陶的相似性》一文，从欧亚彩陶图案入手，做了十个方面的比较——弧线三角和平行斜线组合，弧线三角内加圆点和旋涡纹组合，十字线间隔四瓣花纹，绳索纹，器底对旋纹图案，柳叶形图案，舞蹈图案，大三角图案，平行线纹、漩涡纹、锯齿纹和网格纹，陶塑人头像，发现了它们之间“惊人的相似性”，就像一对文明双胞胎，根本分不出什么东方、西方来，那些约7000年到5000年前的陶器，向我们展示了人类大同的文明样式，而非东西方两个世界的分化与对立，以至于在北京展览会上，罗马尼亚文化中心的鲁博安先生竟然用一口流利的中文说道：难道几千年前在地球上只有一个部落？我们罗马尼亚人和中国人都是那个部落的后人吗？

但就文明整体而言，东西方已处于不同发展阶段，呈现了不同的文化景观，仰韶文化比库库特尼文化早约千年，但库库特尼文化却先于仰韶文化进入金石并用阶段，出现了铜器，若谓中国彩陶文化西来，那为什么只有陶器西来而无铜器西来呢？史前文化传播难道会做选择性传播，只传播陶器，不传播铜器？如果仰韶文化从库库特尼文化来，何以我们从中没有看到一点铜文化的痕迹？马家窑文化里虽然出现过一把铜匕，但孤零零的，若偶然得之，不足以成为青铜文化的标志。文化传播应该是整体性的，而非个别化的，如果仰韶文化西来，那么中国早就进入青铜时代了。这一点，不仅被主张中国文化西来说的安特生忽略了，同时也被反对西来说的中国学者所忽视。

我们提出这一点，是想说明存在两种可能。一是有可能彩陶像后来的瓷器一样，是从中国传过去的，因为史前文化的陶器最早就出现于中国，这与东西方对待食物的方式不同有关。同样用火，中东地区的初民加工食物还是以较为原始的烧烤为主，而中国先人则以煮和蒸为主，因此，对耐火烧的可以用来作为蒸煮的容器有了更高的需求。正是这一需求使得中国陶器领先。目前已知最早的陶文物，虽可溯至从 33000 年前到 26000 年前的欧洲格拉维特文化中发现的女神维纳斯陶像，但该文化很快就被冰期的到来终结了。人之初的陶器，出现在中国江西仙人洞、吊桶环遗址中，可溯至约 20000 年前，该遗址 3B1 层出土了条纹陶罐，至少有 13000 年的历史。也许，我们可以这样说，当中东人还在以原始方式烧烤食物时，中国人已经用陶器蒸煮食物文明用餐了。

当然，还有另一种可能，那就是陶器从东西方各自独立兴起，虽分处异域，却因文明之初，人方从自然走出，将自身与自然分开，而有了人类性的文明自觉。彩陶文化时期，文明尚未分化，就表现出人类大同的文明样式。

彩陶之路，如何西来？我们不太清楚。怎样西去？有如下描述。

刘学堂在《史前彩陶之路终结“中国文化西来说”》中指出，这条彩陶之路从黄河流域出发，在距今约 8000 年前开始西行，约 7000 年前，出现在六盘山东西两侧，5500—5000 年前，发展到青海东部，此后，西抵祁连山北麓至酒泉地区，约 4000 年前后，进入新疆哈密地区，然后沿天山走廊西去，终点于巴尔喀什湖东岸一线。我们知道，后来王朝中国的西北边疆再也没能越过巴尔喀什湖，即便在汉唐盛世，也是到此止步。

韩建业的《彩陶之路与早期中西文化交流》虽然提到“彩陶之路”有两条，一条是西去的，是以彩陶为代表的早期中国文化以陕甘地区为根基自东向西拓展传播之路，还有一条便是西来的，但他却用了“也包括顺此通道西方文化的反向渗透”的说法。看来，他对这两条路做了主次区分，主要是西去的，西来的不过“反向渗透”而已，所以，他的“彩陶之路”就只写了西去的一路，而未写西来的那条。他说，西去的一路，从公元前

4 千纪开始，一直延续至前 1 千纪，其中，又以大约公元前 3500 年、公元前 3000 年、公元前 2200 年和公元前 1300 年四波彩陶文化的西渐最为明显。具体路线虽有许多，但大致可概括为以青藏高原为界的北道和南道。显然，他是将彩陶时代的浪潮分为了四个波段。其实，后两个波段已经与彩陶时代无关了，虽然仍有彩陶往来，但时代已经变了，彩陶已非主流，因为青铜时代来了，青铜之路与玉石之路在天山南北相会，在河西走廊碰头，彩陶那一页早已翻过去了。

彩陶之路是中西文化交流的最早通道，把它仅仅说成是丝绸之路的前身是不确切的，因为接踵而来的并非丝绸之路，而是青铜之路。青铜之路是西来的，非西去的，当青铜之路到来时，彩陶之路便结束了，而“五波段”将彩陶之路拖延到青铜时代。因此，我们认定的彩陶之路，是从仰韶到马家窑，再从马家窑往西去。韩建业指出，这一路，分南、北两道西行，南道西行入川，北道西行，经过齐家文化，进入天山走廊，由此更往西去，便到了中亚一带，从中亚再往西去，“西去”说就说不下去了。

说到齐家文化，也是安特生最早发现，他自西向东一路行来，先发现齐家文化，再发现仰韶文化，于是，就认为仰韶文化由齐家文化发展而来。后来，中国学者通过进一步的考古才发现仰韶文化要比齐家文化早约千年，“西来说”就改成“西去说”了。

良渚文化的发现也有类似情形。因为先发现龙山文化，所以，把与之相似的良渚文化看作龙山文化在南方发展的一支，可深入下去，便全然改观，原来也是良渚文化在前，而且也是早了约千年。因此，龙山文化应该是由良渚文化从南往北发展而来的。

这两次深入发现改变了两个重要观念：一从世界历史上，改变了“中国文化西来说”的观念；一从中国历史上，改变了以王朝为中心的“中原正统史观”。这两个改变，对于史前文明的世界体系的形成以及最早的中国的出现，提供了更加全面的观点。

彩陶之路是人类文明的第一个世界体系，从欧洲到亚洲，从西方到东方，彩陶文明之花一齐开放，开出了人类大同的梦想。那时，西方有库库特尼和特里波利，东方有马家窑和仰韶，库库特尼在今天的罗马尼亚，特里波利在今天的乌克兰，马家窑和仰韶在今日之中国，可彩陶文化没有国与国的分别，没有欧洲与亚洲的分别，没有西方与东方的分别，虽然西方已至青铜时代，但其世界体系尚未完成，中国亦已开启玉器时代，但玉器却未进入仰韶文化，维系并主导世界体系的，既不是青铜之路，也不是玉石之路，而是彩陶之路。

任瑞波《彩陶文化在史前丝绸之路的演进》一文也把彩陶文化传播分为仰韶、马家窑、夏、商至汉初四个时期，历时约 4000 余年，先后分布了十九支彩陶文化。这样的划分法，其实存在着同样的问题，那就是商朝以后，彩陶已非主流，青铜之路取代彩陶之路，人类文明的大同样式，在西方，从西亚到中亚，尤其在两河流域和环地中海地带，被文明的冲突所取代；可到了东亚，则已然另有一番文明的景观。

夏时期，适逢青铜文化世界体系形成，西方彩陶文化跟着青铜文化一道，被打成一个“文明的包裹”进入中国西域，那些在中亚草原崛起、驾着马拉战车席卷欧亚、摧毁文明古国的雅利安人，从中亚进入天山走廊，走向河西走廊，来与齐家文化——夏相会。

彩陶时代虽然结束，但彩陶文化的遗产，跟着青铜文化一起来了。从中亚到东亚，这一时期的彩陶已经疏离了人类大同的文明样式，反而不如欧洲库库特尼—特里波利与中国仰韶时期的彩陶，跨越了东西方地域，表现出人之初文明的“惊人的相似性”。

绳纹红陶圈足碗，甘肃省秦安县大地湾遗址出土，大地湾文化，距今 8170—7370 年

八千年前彩陶之路的起点

彩陶碗标志着饮食方式以蒸煮为主，对陶容器的耐火要求更高，这与西方文化以烧烤为主的饮食方式不同。《文化的江山 01：文化中国的来源》第一章第五节《彩陶新世界——史前那一次文艺复兴》中，有一件宽带纹三足彩陶钵，是中国本土出土的最早的彩陶，这件绳纹红陶圈足碗与宽带纹三足彩陶钵出土于同一遗址——甘肃省秦安县大地湾遗址，它们共同见证了 8000 年前彩陶之路的起点，由此西行六盘山、青海、新疆哈密、天山走廊，终点到巴尔喀什湖东岸一线，对仰韶彩陶文化区产生了影响。

圆銎宽叶倒钩铜矛，青海省西宁市沈那遗址出土，
齐家文化，青海省博物馆藏

这件圆銎宽叶倒钩铜矛，矛长61.5厘米，宽19.5厘米，刃呈蕉叶状，叶中部两面有高1.5厘米的脊梁，矛銎下部有三道凸弦纹，銎与刃部结合处有一刺钩，矛尖趋平，为欧亚草原东部的塞伊玛—图尔宾诺文化的典型器物，说明公元前2000年前，西宁沈那遗址齐家文化是东西文化传播通道上的重要据点，也是欧亚草原青铜文化深入中国腹地的枢纽站。塞伊玛—图尔宾诺文化正处于从锻造工艺向铸造工艺过渡的阶段，在进入盛产锡矿的萨颜—阿尔泰地区后，欧亚草原才普遍改用锡青铜，进入真正的青铜时代，这一说法目前是国际学术界的共识。

齐家人是枢纽站上的居民，他们掌握了青铜冶炼技术，而且起点很高，没有经历天然红铜的锻造即锻打成器的初级阶段，一上来就直接掌握了冶铜与熔铸分化的工艺，这一“分化”工艺是齐家文化的高新技术。

据说世界冶金技术的起源地目前尚难确定，大约公元前7000年到前6000年，从巴尔干到安纳托利亚一带已经开始各种铜的冶炼；公元前3500年，西亚已经进入青铜时代的鼎盛期，告别了锻造工艺，推广冶铸技术。青铜武器加速了人类文明的进程，战争推动了王权国家的成型。

林梅村在《欧亚草原文化与史前丝绸之路》一文中提出，中国早期青铜文化源于欧亚草原文化，盗墓者首先发现于俄罗斯乌拉尔地区。距今4000年前后，塞伊玛—图尔宾诺文化在阿尔泰山一带爆发式发展，西起乌克兰草原，经乌拉尔山，东至南西伯利亚，并大举南下中国新疆、甘肃、青海，乃至陕西、山西、河南等地，典型器有弧背刀、套管空首斧、马头刀、倒钩铜矛等。从大多数武器来看，这是一种征服文化。

从四坝文化和齐家文化遗址中，能看出它们与塞伊玛—图尔宾诺文化发生过密切联系。齐家文化早期遗址还未见铜器，在祁连山南麓西宁市附近的沈那遗址西侧，发现了齐家文化的房址、墓葬、灰坑，并出土了一批齐家文化的骨器、石器、陶器、铜器及白玉环等，其中就有那件耀眼的大型倒钩铜矛，给出了关于“密切联系”的联想。齐家文化处于铜石并用向青铜时代的过渡期，“金玉良缘”取代单纯的玉石文化，带头从玉器时代转向青铜时代。

欧亚大陆各文明之间的文化交流从来都是双向的。欧亚草原文化传入黄河流域的同时，中国良渚化世界也在向西方传播玉文化。塞伊玛—图尔宾诺文化遗址就出土了带有中国特色的白玉环，现藏于圣彼得堡艾尔米塔什博物馆。其他墓葬群还发现有玉环和玉璧，不过，没有找到这种玉的矿源和加工传统，表明是传播而来，很可能来自齐家文化。

中国青铜文化遗存，最早见于齐家文化和陶寺文化遗址。不过，良渚化世界接受了西方青铜工艺却并未全盘接受西方青铜属性的征服性文化，这一点体现在青铜武器造型上出现明显的改良，与西亚或草原上的青铜矛相比，矛尖明显为钝刃，似乎用作礼器，而不是战场上厮杀的兵器。工匠们还创造性地发明了铸造青铜容器的技术，齐家文化不同的遗址都出土了铜镜和装饰性铜器，可知齐家文化的铜器进入了日常生活，到了二里头文化，已经有一套完整的青铜礼器了。

02

文明共和的金玉之路

青铜文化来到东方之时，正是文明的冲突遍及欧亚之日。可奇怪的是，在文明古国的世界里打得死去活来的青铜文化，来到中国西域后竟然一反常态，表现出文明共和的姿态，青铜战士的血性换作楼兰美女的柔情。之所以发生这样的变化，是因为它碰到了一支跟它不一样的文化——玉文化。

玉文化从东方来，沿着玉石之路走来，来到河西走廊，进入齐家文化，在齐家文化里，与西来的青铜文化相遇。那时，青铜文化自西亚经由中亚往东亚来，在黑海与里海之间的南俄罗斯草原上，兴起了雅利安风暴，风暴所及，改变了西亚文明古国传统的世界格局，形成了青铜文化的世界体系。这金玉文化有没有发生过冲突？应该有，但就总体而言，走的是文明共和一路，两种文化先是磨合，继以融合，终于金玉良缘。

何以欧亚之间多有文明的冲突，到了中国西域就转向文明的共和？青铜文化类型的斗争，表现为国家与国家、民族与民族、阶级与阶级之争。在斗争中，青铜世界的文明古国体系解体了，雅利安人也分化了，除了以新兴的波斯帝国继承三大文明古国的历史遗产，还有追求自由的一支，向西，往地中海沿岸去了，形成了后来的“二希”文明——希腊文明和希伯来文明，另有热爱和平的一支，往东，来到了我们现在所说的“中国西域”。

也许这两支就是斗争中的失败者。往西的一支，继续斗争，成为以王朝为标志的文明古国的否定力量，从摩西出埃及到希波战争，那便是否定力量的表现。而向东的一支，则从否定转向否定之否定，从文明的冲突转向文明的改良，也许他们迁徙而来时，就已成为强弩之末，进入天山峡谷后，在文明缓冲带里，不再流离失所，徙于天山南北，至绿洲上封邦建国，营造安乐窝，适逢玉石之路往西来与青铜之路在齐家文化会合。

陈国科《西城驿—齐家冶金共同体——河西走廊地区早期冶金人群及相关问题初探》一文指出，齐家文化从东部来，是东部人群西进的结果。我们认为，它就是良渚化世界的一部分，是沿着玉石之路从东南往西北而来的，良渚文化的越禹，到了齐家文化，就变成了戎禹。而此前，河西走廊一带已有仰韶文化的马家窑一支在此发展，不仅成为彩陶之路的先行者，而且成为青铜之路到来的最早迎接者，它一手挽着玉石之路，一手拉着青铜之路，在河西走廊形成了一条文明共和的金玉之路，带来了东西合璧的金玉良缘。

良渚人西行，在甘、青地区相遇了马厂人，相处百余年。

叶舒宪在《河西走廊——西部神话与华夏源流》一书中认为，齐家文化一看就与马家窑文化不同，陶器风格的差别比明清两代瓷器的差别还要明显。他问："这是否意味着一场史前文化主体民族的转换或者类似的改朝换代呢？"而我们所问正相反：为什么要以王朝史观的范式问向史前文化呢？史前是史前，王朝归王朝，少用王朝史观看史前，勿将王朝史观的帽子戴到史前文化的头上去。他还推测：掌握着新兴玉礼器体系的齐家文化势如破竹，在一两个世纪里慢慢吞并着只有陶礼器体系的马家窑文化。东来的似乎弱小的良渚人拥有玉礼器和祭祀等先进的意识形态和宗教观念，逐渐成为齐家文化的统治阶层，而作为原住民的曾经强大的马厂人，则逐渐成为齐家文化的群众基础。有人说，战争是人类进步的动力，外来的良渚人和当地的马厂人肯定发生过不止一次的战争，齐家文化早期墓葬中残缺的人骨即是明证。他进一步问道：良渚人为何能够在长期的生存空间争夺战中不断获胜，进而发展壮大到全面统治了曾经盛极一时的马厂文化区？原因固然有多方面，但他指出，良渚人拥有宗教性的玉文化，或者说玉教文化，即玉礼器体系和葬玉制度，这种新的宗教文化，是他们能够战胜当地旧有的原住民文化，并最终取得绝对性胜利的关键因素。由此，甘肃中西部、青海东部一带逐渐成为齐家文化的核心区。

我们认为，这样的说法很难解释后来出现的“西城驿—齐家冶金共同体”，良渚人占主导地位，并非经由战争获得，而是通过文化认同，主要是以对玉文化的认同实现的。若以战争论之，马厂人以本土自居，以逸待劳，理应不会输给远道而来的良渚人，而且毕竟有了青铜技术的萌芽，以青铜文化来对决玉文化，取胜应当不在话下。

中国铜器之始，已见于马家窑文化，但孤匕一件，尚不足证。至马厂文化晚期，距今约 4100—4000 年，分布在河西走廊的那些文化遗址，才有了红铜锥、红铜块以及炼铜渣的出现，说明正式的冶金活动已经开始了。

当齐家文化到来后，马厂文化的接力棒不久便递到西城驿文化手里，在距今 4000—3700 年左右的河西走廊地区，西城驿文化和齐家文化形成了冶金共同体。西城驿和齐家，两支文化并行，在冶金活动中各有其分工。陈文指出，目前还没有直接的证据表明齐家人进行独立的冶金生产，齐家人在早期冶金活动中扮演的角色，更像是传播者。而河西走廊的马厂、西城驿、四坝人群才是冶金技术的真正掌握者和铜器的主要生产者，齐家人正是通过与这些人群在不同阶段的接触和交流，获取并传播冶金产品或冶金技术，对中国其他区域早期冶金技术产生了不同程度的影响。

西城驿文化兴起时，要面对两支文化来访，一支是从东边玉石之路来的玉文化，另一支是从西方青铜之路来的金文化，可以说它最早以文明共和的姿态兼收并蓄，既收金器，又蓄玉器，把青铜之路和玉石之路连在一起，成为金玉之路的先驱。

西城驿文化是由马家窑文化发展而来的一支，接着马厂文化兴起，率先开启了文明转型，从彩陶之路转向青铜之路，从人类大同之时转向文明共和的时期。西城驿文化与齐家文化，不仅冶金遗址多有共存，冶金面貌难以区分，形成了所谓“西城驿—齐家冶金共同体”，而且在发展路径上，二者一个向西，一个往东。西城驿文化西进，乃青铜之旅，一如汉家通西域，继以四坝文化接力至天山地区。而齐家文化则以玉文化与之同化，不光在冶金技术上，更在文化本体上融合东西方不同文明体系，而有文明共和的“金玉良缘”，但其发展方向则掉头而东。

西城驿人可以说是青铜之路冶金技术的先行者，是青铜文化技术路线的代表，而齐家人则是青铜文化与玉文化融合的先行者，是金玉之路文化路线的代表。

此一时期，距今约 4000—3700 年，齐家人与西城驿人联合形成的冶金共同体维持了约 300 年，西城驿文化便衰落了。接着四坝文化兴起，齐家人又与四坝人合作，从四坝人那里获得冶金产品和冶金技术，并使之东传，以金玉并行重归中原。

齐家人的优势不在技术，而在文化，在国家起源的道路上，齐家人没有采取技术路线，而是文化优先。若谓西城驿人和四坝人仅掌握了青铜技术，那么齐家人则把西方青铜技术以及与之相关的国家观念与东方玉文化相结合，开始形成自己的青铜文化——“夏”。“夏”就是大，是史前东西方一次文明的共和，还有比这更大的文化吗？

齐家人究竟从何处来？按照叶舒宪的说法，他们就是从东南出发往西北而来的良渚人。从头说起，或许如此，但从良渚到齐家，并非一蹴而就，而是一路行来，逐步到达。先是过了长江，同大汶口文化于江淮一海岱之间联合，形成了龙山文化，又以龙山文化进入中原，同仰韶文化的庙底沟二期联合，往晋豫的一支，发展出陶寺文化，往陕甘的一支，同马家窑一系联合，发展出齐家文化，往陕北的一支，在农牧分界线上与游牧文化联合，发展出石峁文化，三支文化互动，陶寺文化和石峁文化也参与了齐家文化。

在齐家文化里一而再地说起良渚人，似乎有说过头之嫌，毕竟时间离得太远，往远处说，相距千年，靠近里说，也有几百年。可以说良渚人是良渚化世界的一部分，展示了从越禹到戎禹的历史进程，但不好说在齐家文化里占主导地位的还是那些良渚人。与其说是良渚人，倒不如说是龙山人，是龙山人接力了良渚文化成为齐家文化的主导。

良渚人之于良渚化世界犹如希腊人之于希腊化世界。希腊人早已消失了，可希腊化世界还在，自文艺复兴以来，欧美之人便以古希腊人的子孙自居，近世欧美诸国，也可以说是希腊化世界的重现，或者说是古希腊的改良版和升级版。类似的情形亦见诸良渚文化，良渚人消失了，龙山人、陶寺人、石峁人、齐家人起而代之，形成了良渚化世界，但他们却有一个共同身份，那就是玉的传人，那是良渚人留给他们的文化遗产。

若说龙的传人是王朝中国的标志，那么玉的传人则是文化中国的标志。玉的传人萌芽于红山时期，成长于凌家滩时期，长成于良渚时期，其长成，是以神与国的出现为标志。唯玉的传人，有神有国，以神安身，以国安家，以玉安魂，得其根本。

良渚化世界虽然从良渚出发，但其发展早已超出了良渚本身。从良渚文化发展到齐家文化，文化虽然一脉相承，却经历了一代又一代、一个又一个不同人群和族群的更迭，经由了一处又一处、一方又一方水土和地域的转换。因此，我们已不能像叶舒宪那样肯定地说出齐家文化的主流社会是良渚人，也不能肯定到达甘青地区的齐家人就是从吴越太湖流域出发的良渚人及其子孙。但我们可以肯定，良渚文化的越禹，变成了齐家文化的戎禹。

韩建业在《齐家文化的发展演变——文化互动与欧亚背景》一文中谈齐家文化的来源，他没从良渚文化谈起，他找了最近的一支——近在西安的客省庄二期文化，作为齐家文化的来源。他指出，齐家文化应当主要是客省庄二期文化西进陇东南并与宁夏菜园文化融合的结果。同时，他也指出，齐家文化最终的源头还在东方的海岱和江浙地区。

齐家文化早期，陶寺文化、石峁文化便参与进来了，它们很可能成了齐家文化的主流，尤其石峁文化，以陕北为中心，使玉器西传，强势拓展玉石之路至甘青地区，以获取玉料。而此时，甘青地区已有马家窑一系的文化遗存，周围零散分布的欧亚草原文化遗址则宣告了那一时期青铜时代的到来。林梅村《吐火罗神祇考》指出，公元前 2000 年左右，印欧人在东方的分布已达新疆孔雀河流域至哈密盆地一线，他们就是后来定居在塔里木盆地的吐火罗人的祖先。齐家文化的早期发展离不开这个中西文化交流的渊源。

齐家文化中期向河西走廊发展，与西方文化有所接触，一个崭新的文明体系出现在它跟前：青铜器和冶金技术，权杖头与国家观念，还有小麦与牛羊……最早接触这些且拿来为我所用的，并非齐家人，而是与马家窑文化一脉相承的西城驿人和四坝人，但将它们作为一个文明体系拿来同玉文化结合，并产生新的国家形态的，是齐家人。

易华、唐士乾《正本清源说齐家》谈到夏起源时认为，齐家文化有可能就是早期的夏，二里头文化的兴起与齐家文化的影响有关，如果二里头文化是夏文化，齐家文化就是夏早期文化；如果二里头文化是商文化，齐家文化也可能是夏文化。他们甚至还联想到元昊的西夏、赫连勃勃的大夏，认为它们与大禹父子建立的夏朝有藕断丝连的关系，元昊和赫连勃勃均自认为是夏的传人，追认夏禹为祖先，夏、大夏、西夏疆域大体重合，这并非偶然，因为三者所在之地正好是齐家文化分布区。

良渚化世界形成的道路是联合之路，而非征服之路，龙山文化之于仰韶文化，齐家文化之于马家窑文化，都是文化大联合，天山南北的欧亚草原文化与之和平共处，走向文明的共和，而非文明的冲突，为汉唐通西域奠定了文明的基础。

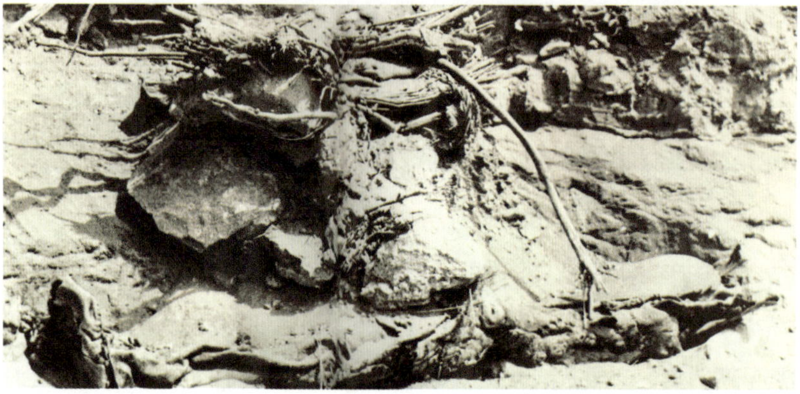

永远的楼兰美女

楼兰美女

楼兰遗址呈现了不同文明的共和样式。楼兰遗址位于新疆巴音郭楞蒙古自治州若羌县境内的罗布泊西北岸，是汉代丝绸之路上的枢纽，为西域三十六国之一，因处于西域东部，是西域诸国距离汉朝最近的小国。西汉时，楼兰老王死，匈奴先得到消息，立即遣回楼兰在匈奴的人质王子，并立他为王，然后联手楼兰、龟兹杀害汉使。公元前 77 年，汉昭帝遣使傅介子，杀楼兰王，另立楼兰在汉家的质子为楼兰王，改楼兰为鄯善，刻印，赐宫女和亲。公元前 60 年，西汉在西域轮台设西域都护府管理西域，直到南北朝时期才废弃。

“延年益寿大宜子孙”纹锦，楼兰遗址出土

“长寿明光”锦，楼兰遗址孤台墓地出土

1980年，罗布泊地区铁板河河湾附近发现了楼兰古城居民墓地。其中有一座长方形土坑墓，墓主是一位女性，用毛毯和羊皮包裹，面部用一块羊皮遮掩，头上戴着装饰羽毛的帽子，用芦苇秆和红柳枝覆盖尸体。据鉴定，这位楼兰美女具有雅利安人的人种特征。同一地点的其他墓葬有单人葬，也有多人墓葬群，葬具基本相同，随葬品有简单的陶器和木器等生活用品，少量的铁器和铜镜，偶有漆器。引人注目的是，除了锦、绮、绢等丝织品，以及毛、棉等织物外，还有一些织锦，巧妙地织入“延年益寿大宜子孙”“长寿明光”“望四海贵福寿为国庆”等汉字，以及大量的汉文书简和佉卢文文书。汉文书简内容主要是当地行政机构和驻军各项公文以及

彩绘四足木棺，楼兰遗址出土

往来书信，年代最早的纪年文书是三国曹魏嘉平四年（公元 252 年）。佉卢文文书主要涉及案件审理和买卖土地的契约等。在另一处墓葬中，则发掘出彩绘木棺，有朱雀玄武图案等。

西域在史前就有彩陶之路、玉石之路奠定的不同文明的共和底蕴，至汉代，楼兰再一次证明了不同文化也可以共和于一城。

据载，1900 年瑞典考古学家斯文·赫定第二次进入塔克拉玛干沙漠，不慎将一把铁铲忘在停留地。铁铲是用于挖水源的，是沙漠里的生命之铲，他只好命向导回去找铁铲。在他们重获铁铲返回罗布泊西北岸时，突然暴风卷沙，天昏地暗，迷失了方向。风过后，他们发现自己就站在一座古城遗址上。根据遗址中的佉卢文“Kroraina”，斯文·赫定认为这就是汉籍中记载的“楼兰国”。

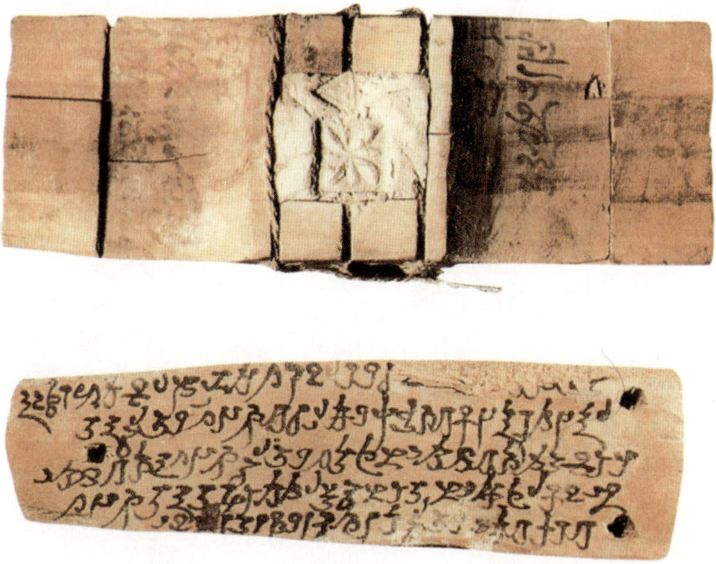

佉卢文书简，尼雅遗址出土

佉卢文书简

东西方相会还有佉卢文书简见证。佉卢文又叫“驴唇文”，起源于犍陀罗（今巴基斯坦北部、阿富汗东北部）一带，是丝绸之路上通商的主要语言，由贵霜帝国末期的移民带到塔里木盆地，公元 3 世纪前后在丝绸之路上的于阗、楼兰一带流行，大约两百年后消失。这件出土于尼雅古城的木制文书完好无损，是一封写在木板上的佉卢文书信，内容涉及收税。为保密用两块木板作信封，中间有寄信人的泥封印标识。尼雅古城位于丝绸之路南道上的和田、民丰一带，在楼兰西边，被考古人誉为“东方的庞贝”。另一件尼雅古城出土的佉卢文文书有两块封泥印章，一为汉字，一为西方人的头像，类似的头像还常见于犍陀罗印章，文书内容为奴隶、牲畜、土地等交易。

03

世界历史的玉帛之路

世界历史意识的觉醒，从亚历山大大帝开始。

《荷马史诗》吟诵的传说中的英雄阿喀琉斯，终于成长为现实版的亚历山大大帝。轴心期的万丈光芒都聚焦在他身上，使他成了哲学家王。觉醒了的世界历史意识化为他的行动，越来越接近现实，终于变成了亚历山大帝国，转化为希腊化世界。而那一切的起因是希波战争，正是希波战争开启了走向世界历史的道路，而其根源，则在雅利安人横跨欧亚的那条青铜之路上，青铜化的世界体系正在形成。

当时，文明古国世界解体，雅利安人三分天下，走了三条路线。一条是继承路线，由波斯帝国席卷三大文明古国并取而代之，继承了文明古国的历史遗产；那往东来的一支，同中国王文化相结合，走了一条改良路线，使古代王朝中国成为文明古国的改良版；而往西去的，走了否定路线，成为古希腊人的祖先。其中，东来那一支，就包含了公元前 2000 年的吐火罗人的祖先。印欧语系分东西两支，林梅村认为，吐火罗人属于西方一支，很可能与往西去的那一支同源。

本来，青铜文化世界体系的形成应该成为世界历史的开端，但那时，人类尚未有“世界历史意识”的自觉，“世界历史意识”的自觉，应该从雅斯贝斯的“轴心期”开始，古希腊哲人王亚历山大堪称代表人物，但真正能横跨欧亚贯通东西方形成世界历史的还是丝绸之路。“丝路”一说，出自德国地理学家费迪南德·冯·李希霍芬于1877年出版的一套五卷本的地图集，如此提法基于当时西方需求，却并未分别考虑中国方面的需求。西方人需要丝绸，中国人需要什么？一是玉石，二是战马。其于玉石，是国家制度化用玉，是礼制文明对玉的需求；至于战马，则是为了同匈奴作战。所以，对于中国人来说，这是一条化干戈为玉帛之路。

希腊化世界通过这条玉帛之路，把东方汉帝国和西方罗马帝国连接起来，形成了一个新的世界体系，使罗马金币与中国丝绸握手，但拒绝罗马与中国握手。

自亚历山大帝国解体以后，希腊化世界就被去中心化了，随着希腊化国家四分五裂，各自为政，又被匈奴帝国与罗马帝国东西方夹击，使之处于“非东非西”的尴尬地位，在近代欧洲文艺复兴运动到来之前，本应成为西方文明源头的古希腊，无论古代罗马帝国，还是中世纪罗马教会，都把它当作东方了，希腊化的基督教也被称作“东正教”。

尽管那时的东西方是通过希腊化世界连接的，但连接的同时，也是阻隔。从一体化的市场方面来看，它通过玉帛之路起到了连接东西方的作用，若以国家为本位分作三段来看，东方汉帝国与西方罗马帝国被两国之间的希腊化诸国分断了，以至于东汉使者甘英已经到达了地中海边，还是被那个《汉书》称为安息罗马、称为帕提亚的希腊化国家驱使着打道回府了。当时，只有一个帝国能穿透希腊化世界的阻隔打通这三段，那就是匈奴。

就世界历史而言，接着亚历山大帝国兴起的，既不是西方的罗马帝国，也不是东方的汉帝国，而是崛起于蒙古高原、游牧于欧亚草原、从阴山到天山、从黄河到顿河、从东亚到西欧的匈奴帝国。可以说，匈奴帝国是当时唯一具有世界历史面貌的马背上的帝国，它的活动范围和势力范围比亚历山大帝国大得多，就连后来以匈奴后裔自居的蒙古帝国，在地理上虽然横跨欧亚，但也只到了东欧，未及西欧，只有匈奴人的马蹄曾经踏上西欧的土地。

遗憾的是，匈奴人没有文字，也就没有留下自己的历史，让别的国家，尤其是敌国来写史，还不得把他们写成历史的罪人？都说胜负兵家常事，其实不然，真正的胜负，最终由史家来决定。兵家胜负与史家胜负，有时并不一致。若以兵家论之，匈奴人纵横欧亚，不仅为罗马人所不及，亦为汉人所不及。然以史家论之，匈奴穷兵黩武，暴虐至极，非灭之不足以平天下，故兵家之胜事，反成史家之罪行，无敌于天下，罪恶亦遍天下。因此，每一代王朝都有自己的史官文化，以本朝立场写前朝史，不但成为改朝换代的赢家，还成为历史的赢家。

匈奴人吃了没能写历史的亏，他们对世界历史的贡献无人称道，而通往世界历史道路的战争罪行却要他们来担当。但凡能写史的民族，无论罗马帝国还是汉帝国，都把匈奴人往坏里说。太史公以血统论认定他们都是夏桀的子孙，把中国历史的老账算在了匈奴人头上，却没有看到，正是同匈奴人的贸易和战争，使汉帝国开启了通往世界历史的进程，正是在通往世界历史的进程中，汉帝国同希腊化世界的历史遗产互动，形成了新的世界体系。

佛教就是从希腊化世界来到中国的。从佛教中，我们看到了希腊化的影响，佛教把希腊化的影响带到了中国，可以说，当时的中国也成了希腊化世界的一部分。希腊化世界同中国式天下共和，却被匈奴压迫，希腊化思想通过佛教影响中国，但自身解体了。

汉人通过两条路走向世界，一条是同匈奴人的战争路线，即干戈之路，还有一条，就是同希腊化世界的贸易路线，即玉帛之路，总之，还是化干戈为玉帛。而当时两个最大的文明体——汉帝国与罗马帝国，则分别在欧亚大陆两端遥遥相望，还派出使者去寻找对方，汉使甘英被安息阻挠，未达罗马，但中国丝绸却通过安息源源不断地去了，成为罗马贵夫人的神往之物，以至于连恺撒都说，只要让他做罗马皇帝，他就可以打通欧亚大陆，直接从中国获得丝绸，可他的建议没被罗马人接受，反遭杀害。

陆路走不通，罗马人尝试着从海路来到中国。早在公元前 1 世纪，他们就有印度贸易航线。在印度沿海一带出土的罗马钱币，证实了两地之间的贸易往来，沿此航线继续东行，就进入中国南海。由此看来，罗马人是海上丝绸之路的先行者，只可惜，那些罗马人里面，竟然没有一个马可·波罗，没人留下一本游记记录当时的场景。

虽然罗马已知汉朝存在，但从托勒密所绘世界地图来看，置汉朝于东南亚，这表明托勒密并不清楚汉朝的具体位置，很可能当时海上丝路交易在东南亚一带。据载，公元 166 年，即东汉延熹九年，罗马首批特使抵达汉朝，以罗马帝国皇帝安敦的名义向汉桓帝贡献礼物，归国时，罗马使者由济南郡出海至交趾，即今越南。此后，罗马或又派使访汉，但无考，至公元 3 世纪，魏晋时期，有记载称，魏明帝和晋武帝都接见了来自罗马的使者，罗马来使奉上玻璃制品等许多礼物。但历史上从无汉使回访罗马的记录。若欲回访，其实不难，随罗马使者同去即可，但桓帝时，宦官擅权，内斗不已，朝廷自顾不暇，已无远略，更何况班超不再，甘英难续，以至于来而不往，眼看着罗马使者自来自去，而无回应，也顾不得失礼。

当时，欧亚四帝国，除了汉与罗马，还有希腊化世界的安息与贵霜，汉与其他三国皆能共和，独与匈奴征战，然匈奴欲归化者，汉亦不计前嫌，大开门户，广为接纳，使匈奴分为南、北二部，南匈奴改弦易辙，归附于汉家天下，北匈奴一如既往，与汉为敌，汉也只是逐匈奴远遁，未曾赶尽杀绝，总之，还是奉行着化干戈为玉帛的文化原则。然而，被西方所认同的，并非这个王朝中国，而是那个令人神往的“赛里斯”——“丝国”。英国人艾兹赫德著、姜智芹译《世界历史中的中国》第一章第三节“公元前 200 年到公元 400 年的中外交流”谈到了在《以赛亚书》、《以西结书》、希罗多德和亚里士多德的著作中，可能都有关于丝绸的记载，但直到 4 世纪末，才有了罗马所有阶层都穿上丝绸的说法，而且穿法与中国不同。艾兹赫德指出，这是由于两国的喜好方式有所差异导致的，汉人喜欢住构造简洁的房子，穿厚衣服，故将丝绸织成锦，而罗马人则喜欢住结构复杂的房子，穿薄衣服，故以丝绸为透明薄纱。有人认为，这一喜好给罗马带来了贸易逆差，而且有伤风化。

与中国丝绸同时流行的，还有罗马亚麻。艾兹赫德说，《后汉书》中“又有细布”的记载，就是针对高级罗马亚麻布而言的，那是一种细腻而有厚重感的缎子，类似于中国的锦缎。他指出，汉人买的都是和他们的产品相似的织物，而罗马人则买和他们的产品不同的织物，这样的选择，他认为，反映了东西方消费喜好的根本差别。我们据此也可以认为，汉人的消费文化有一种对统一性的追求，而罗马人的消费喜好则追求差异化。

希腊人的雕塑多为裸体，好以裸体来表达人体美的理念，罗马人穿丝绸，那是最接近人的裸体美的穿着了，也可以说是对裸体美的理念的模仿，这就使丝绸从一种物质形式上升为一个文明样式，成为对人的理念之美的感性提示而进入世界历史。

单就贸易额而言，丝绸远不及香料，可为什么这一时期的世界历史不是以香料之路命名，而是以丝绸之路来提示呢？也许，就因为丝绸这种东方的物质形式能契合西方人的关于人体美的理念，是东方物质形式与西方美的理念的一次历史性的统一。

相比之下，罗马亚麻布对东方的影响就没有那么大，它充其量只是作为一种带有异域情调的奢侈品而被汉人接受。因为中国本土同样盛产亚麻布，而且中国织锦的品质非亚麻布所能及，所以，汉人不会像罗马所有阶层都穿丝绸那样来穿罗马亚麻布。罗马亚麻布在东方，没有像中国丝绸唤醒西方人那样，使东方人也产生超越商品品格的联想。

但这种联想在西方则由来已久，生生不息。希腊时期，希罗多德在《历史》中就说过，“东方文化是一切文化和一切智慧的摇篮”，那时，希腊人称中国为“赛里斯”（Seres），即“丝国”。到了罗马时期，罗马人视丝绸为无上珍品，称之为“东方的朝霞”，普林尼在《自然史》第六卷中称中国为“丝国”，还说，丝国“林中产丝，闻名世界。丝生于树上，取下湿一湿，即可梳理成丝”。当时的罗马人认为，丝国人“是很公正的民族，他们把货物放在旷野中，购货的人在卖主不在时来取货，这种经营方式是很著名的”。

这样的好印象，从公元前5世纪一直保留到公元4世纪：赛里斯国疆域辽阔，沃原千里，物产也很丰富，有五谷杂粮、干鲜水果、牛羊牲畜，真是应有尽有，品繁而量众。那里的城市较为稀疏，但规模较大，人烟稠密。赛里斯人完全不懂得发动战争和使用武器，最喜欢安静地修身养性，所以他们是最容易和睦相处的邻居。在他们那里，晴空万里，皓月当空，气候温和宜人，即使刮风也不是凛冽的寒风，而是和煦的微风。

让世界产生联想的，并非王朝中国的汉朝，而是文化中国的丝国，把世界联系起来，引导中国走向世界，并成为世界历史标志的，并不是作为王朝中国的汉朝，而是作为文化中国的丝国。汉朝作为地缘政治世界里的帝国，不可能让人产生童话般的联想。丝绸之路，穿透帝国地缘政治的重重阻隔，把中国的良渚化世界同西域的希腊化世界连接起来，将文化中国的丝玉气质表达于世界历史的进程里，在血雨腥风中，吹拂着审美的气息。

虎衔羊牌饰，长 9.4 厘米，宽 5.1 厘米，战国后期，北方游牧民族腰带饰品，内蒙古自治区博物馆藏

鎏金双驼牌饰，高 4.8 厘米，长 9.5 厘米，西汉，辽宁省西丰县西岔沟墓地出土，匈奴贵族服饰品，辽宁博物馆藏

匈奴人的金属牌饰

匈奴人吃了没有记录历史的亏，但他们留下了很多文物，表明他们金属工艺先进，审美彪悍，也不乏细腻。

蜡染蓝白印花棉布，尼雅遗址出土

丝绸之路上文明共和的见证

据说这件织物为棉质，出土于尼雅古城。图案异常醒目，有方格子、中国龙、手握丰饶之角的女神，似乎还有动物爪尾等，因残损依稀难辨。不过，手握丰饶之角的女神是古希腊城市的保护神堤喀（Tyche），常见于阿富汗一带的犍陀罗艺术中，而且堤喀常与赫拉克勒斯对应出现，所以动物的爪子和尾巴很有可能是狮子。龙与狮子共处，东西方文化在此握手交融。

丝绸之路万里行

丝绸之路是汉朝与西方的贸易大动脉。从首都长安到地中海、罗马，跋涉万里，将中国丝绸运到西方，再把西方的黄金、玻璃、马匹运到长安，途经各国，每到一段，都由中间商转运。

晚期安息铭文钱币（正面、背面），直径 5.5 厘米，汉代，甘肃省平凉市灵台县康家沟村出土，正面边缘列有一圈凸起的外国铭文，背面为涡形纹

安息货币

魏晋南北朝时期，因丝绸之路的存在，东西方各国贸易以及由贸易带来的文化交流更加频繁，由此还形成了一个“使节时代”，欧亚四帝国——罗马、汉朝、安息、贵霜互派使节。汉朝与罗马是当时世界上排名前两位的文明体，分别在欧亚大陆两端遥遥相望，均派出使者去寻找对方，汉使甘英被安息人阻挠，未达罗马，但中国丝绸却通过安息人之手，源源不断出现在罗马上流社会。

北魏时期的拜占庭物品

公元395年，罗马帝国皇帝狄奥多西一世临终前，将罗马帝国一分为二，即西罗马帝国与东罗马帝国，作为遗产给他的两个儿子继承。拜占庭为东罗马帝国，历经12朝，93位皇帝，延续千年之久。东罗马帝国首都君士坦丁堡是在原古希腊城邦拜占庭基础上建立起来的，疆域包括巴尔干半岛、小亚细亚、叙利亚、巴勒斯坦、埃及以及美索不达米亚。为和古罗马相区分，欧洲史学家又称东罗马帝国为“拜占庭帝国”。拜占庭帝国初始时期，正是中国的魏晋南北朝时期，这只网格纹玻璃杯，也许就是那时通过贸易来到中国，留在了北魏。

鎏金镶嵌高足铜杯，拜占庭制造，高9.8厘米，口径11.2厘米，山西省大同市北魏遗址出土

网纹玻璃杯，拜占庭制造，高6.7厘米，直径10.3厘米，河北省景县北魏封氏墓群出土

二　世界化的西域

01

佛教希腊化

佛教起源于哪儿？都说是印度。大体上，也可以那么一说。可具体来说，它应该起源于今之尼泊尔，更确切地说，是尼泊尔境内的迦毗罗卫国。据考，公元前 7 世纪，释迦族以马为图腾的一支，徙入今尼泊尔与印度的交界处，建立部落共和国，释迦牟尼之父净饭王是被推选出来的执政官，并非世袭国王。而释迦牟尼便是那位姓乔达摩的仙裔，名叫悉达多的王子。“释迦”，为种族之姓，意为“能仁”，“牟尼”，是对人的尊称，意为“寂默”，连起来解读“释迦牟尼”，就是“能仁族里那个寂默的圣人”，能仁族与共和国，可以说是佛教的根本。

今之尼泊尔为古印度的一部分，这一部分并非就现代国家观念而言，而是从文化传统来说，佛教本来是印度思想的产物，可它却不容于印度。

佛教出现以前，印度已有婆罗门教为国教，表达国家意志，维护国家体制。佛陀忽闪而出，以“天上地下，唯我独尊”的姿态挑战了婆罗门教的权威。

首先，它是佛陀基于对自身及人类命运的思考，以个人体验创教，并非为国家与民族神道设教，故与婆罗门教迥异。婆罗门教是国教，是印度民族性的宗教，而佛教则超越了国家与民族的局限，从个体性出发，成长为走向世界的人类性的宗教。

其次，在教义方面，佛陀有着怀抱普世价值的共和思想，以众生平等学说冲决了婆罗门教种姓制度的网罗。轴心期的理性之光，不光闪耀在佛陀一个人头上，在佛陀问世前，古印度就出现了沙门思潮，在思想史上，沙门专门与婆罗门唱反调。

沙门思潮的兴起反映了刹帝利地位的上升。在巫白慧译《梨俱吠陀》第十卷第 90 首《原人歌》中，有“原人之口，生婆罗门；彼之双臂，是刹帝利；彼之双腿，生吠舍；彼之双足，生首陀罗”一说，将人分为永远固定的四个种姓，诸神与人都被祭祀掌控，被婆罗门的话语权统治。到了《奥义书》时代，刹帝利已不甘自居于双臂，也来争夺话语权了，这有点像近代欧洲民族国家兴起时，为了摆脱罗马教皇的控制，都来支持宗教改革一样，刹帝利用古印度本有的轮回和业报观念，从思想上动摇了种姓制度的根基。

《奥义书》虽由《吠陀》发展而来，而被视为婆罗门教典，但并非都由婆罗门书写，也不完全反映婆罗门教观点。实际上，有的奥义书敌视婆罗门而具秘传性质，《歌者奥义书》说，关于梵的知识只能传给儿子或入室弟子，不能教给其他人。某些奥义书中，刹帝利已作为思想权威出现，自居于婆罗门教师。《奥义书》中，梵、我之教的最初来源，虽可追溯到《吠陀》和《梵书》，但关于轮回、业报和解脱，却非出于吠陀传统，而是基于刹帝利的沙门教义，成为后来印度宗教之本。

然而，梵书时代则奉行祭祀至上，祭祀本身成了目的，天神虽在，但只是祭祀对象通过祭祀仪式可以支配天神，而祭祀方法则被婆罗门专擅。其时，印土宗师或为婆罗门，或为沙门，其著名者，尊称“沙门六师”，载之于《佛经》，皆以自身苦修取代祭祀，以轮回、业报、解脱取代种姓。

在印度，轴心期的理性之光见诸沙门诸子的思想，而佛陀为其代表。

沙门思潮，其金声玉振者，则被佛教采纳了，但佛教却未能在印度光大。佛教再度兴起，有待于新的机遇，一个国家太小了，它需要一个世界。佛陀涅槃后，又过了两个世纪，终于等来了亚历山大，给它带来了希腊化世界，它便在这个世界里发枝散叶。

佛教诞生于印度，而印度是个婆罗门国，佛教因与婆罗门教对立，而一度在印度消失，所以，佛教中心不在印度，而在犍陀罗，佛至东土，由此起步。

犍陀罗，为印度列国时代十六国之一，今阿富汗之喀布尔、坎大哈以东，及印度之西北部，悉为其地，核心为一盆地，东、西、北三面被巨山环绕，南面顺流而下，是印度河流域。兴都库什山有喀布尔河，从西北往东南流，经由此地，入印度河水系，其东北，从喀喇昆仑山上，则有河流西南向，亦于此地，汇入印度河，这两条河谷成为外界从西北（阿富汗）和东北（中国新疆）进入犍陀罗以及印度河流域的通道。

犍陀罗又作健驮逻、乾陀罗，其国名也有译作“香林国”“香净国”“香风国”“香洁国”的。何以这么香呢？据载，乾陀罗树香气袭人，遍地皆植，即为香林，风化所及，香满国也，或曰为安息香，香气可以降龙……这就是犍陀罗国。从吠陀时代起，犍陀罗人就从喀布尔河以南来到喀布尔河口，进入印度河流域，后来又渡过印度河，到达旁遮普地区，地居印度北疆大道之要冲，成为亚洲内陆交通的核心区域。

这片核心区域的核心，是帕米尔高原，天山、喀喇昆仑山、兴都库什山在这里聚首，中亚三大盆地——费尔干纳盆地、吐火罗盆地、犍陀罗盆地，还有中国新疆位于天山南北的塔里木盆地、准噶尔盆地，都被这三座大山分开，形成一个个独立的文明空间，但也有通道相连，一条是从中国新疆往中亚去的天山走廊，还有一条是从阿富汗通往中国的瓦罕走廊，位于帕米尔高原南端和兴都库什山脉北段之间的一个东西向的狭长山谷，历史上是古丝绸之路的一部分，也是中国与印度往来的通道，犍陀罗就在这条通道上。

此地为枢纽，连着中亚、东亚和南亚，亦为门户，由此通道往南去，便展开了一幅辽阔的印度文明的图画。各地往来者，凡经此地，闻鸟语花香，而起冥想，而将异域思想因子注入深邃的文明子宫——印度河流域，从冰川到海洋，渊远而流长……波斯人来过，带来了青铜文化的血与火，接着希腊人也来了，在此留下希腊化世界的魂魄。不过，被希腊化的，当然不是基于种姓制度的婆罗门教的印度国，而是有着能仁族与共和国基因的佛国。第一个佛国便是孔雀王朝，只可惜，该王朝缺少历史记载，只是在佛经里和塞琉古国使者的嘴巴上留下了一些不着边际的传说。传说中的孔雀王朝是一个大帝国，立国之初亦曾奉行婆罗门教，到阿育王时，便放下屠刀转向佛教。

印度文化是宗教性的，而宗教信仰的确立，多半是对现实的否定。

佛教里有“华严大数”，因其出自《华严经》，故以“华严”名之。据说，“华严大数”是佛陀使用的计量单位，计有 123 个数，都是跟教义有关的天文数字，用了宇宙的尺度来衡量，有点像我们今天所说的云计算和大数据。最大的一个数，叫“不可说”，比它大的，是它的叠加——“不可说不可说”，还有更大的，是“不可说不可说转”，加了一个“转”字，就显得“佛法无边”。据说，“不可说不可说转” = 10^（3.721837388 × 10^37），若秒写一 0，要写 1200 亿亿亿年。

若放在这样大的宇宙尺度里，人类历史活动的纪年就不值一提了，因此，历史上，印度从未有过像样的编年史，而中国文化则相反，远离宗教趋于历史。

老子的《道德经》也以“不可说”开篇，“道可道，非恒道”就是“不可说”的意思，但老子对数字则换了极简主义的“一是一切”的尺度，而以“一生二，二生三，三生万物”的运算方式有别于“华严大数”。《易经》里也有个阴爻和阳爻互动的算法，以 64 卦 384 爻建立了一个人类历史活动的数据库和演算模式，以历史肯定现实。

“华严大数”也许受了希腊化的影响，也许是希腊方式能进入佛教的原因。公元前6世纪，与佛陀大约同时，有一位古希腊哲学家，名叫毕达哥拉斯，有可能受了音律中整数及整数比的启发，提出“万物皆数”，引发了天文学的“天球的音乐”。天体运行的声音，人类听不清，但毕达哥拉斯告诉我们，可以通过数学概念，在数学运算中来倾听。这还不够，亚里士多德说，毕氏以数为“整个自然的初始之物”，来到量子力学的世界，那“天球的音乐”或许能够转化为“上帝粒子”的歌声？

卢昌海《毕达哥拉斯的数》一文指出，毕氏还区分了纯数学和应用数学，认为算术与几何属于纯数学，是以心智想象建构世界，音乐和天文属于应用数学，以感官探究把握世界。或曰，算术即数本身，几何与音乐，一为数的空间形式，一为数的时间存在，而天文，则是数的时间和空间统一。毕氏还以1、2、3、4标志点、线、面、体，而4，就意味着万物起源，因为4代表体，体可以构成世间万物，实为创世本体。由1、2、3、4相加而得之10，被视为十全十美的完美数，这种完美的数字想象，被形式逻辑的要求赋予了必须的实在性，完美的宇宙，天球数目要等于10。可当时所知天球只有9个，即地球、月亮、太阳、金星、水星、火星、木星、土星以及最外层的群星，故毕达哥拉斯学派又提出，宇宙有个中心即中央火，在中央火的另一边，有一个与地球相对应的“反地球”，因隔着中央火，人们看不到它。对此，亚里士多德说：这不是在为现象寻找理论和原因，而是试图强迫现象满足他们的某些理论和观点。

完美是个坑，思想已塌陷，外部的宇宙缺陷还可以用想象的存在来弥补，可来自内部的缺陷——从“毕达哥拉斯定理”即勾股定理自身的发展中发现的“无理数”，却使得基于数的哲学想象的短板出现了，被无理数拉下马的和谐与完美，从此就变得灰溜溜了，“万物皆数”的理念世界也跟着塌了一角，给毕达哥拉斯学派带来了危机。

而“华严大数”，则将对修行的自我体认数字化，试举例言之。例如“无尽”，指无为法，《维摩经》云：何谓无尽？谓无为法。又说：传法如传灯，以一灯燃百千灯，故有无尽灯，照亮无明。《华严经》亦云，信心为烛，慈悲为油，以念为器，光为功德。

然而，人言“无尽”，佛曰有数，于《华严经》中，佛陀为心王菩萨解说“华严大数”，便算得“无尽”为一大数，不仅作为语词存在，而且作为数字存在。

还有“无量大数”，按照字面的意思，就是没有比这更大的数，或大不可测的数，该数是佛教无量智、无量心的数字化存在——“无量”为1068，“大数”为1072，还可以细分为无量、十无量、百无量、千无量，大数、十大数、百大数、千大数。

在“华严大数”中，也有“无量”，但不是作为“无量大数”出现。元人朱世杰撰《算学启蒙》，其中言“数”，分为“大数”“小数”。“大数”之中，有传统算书里的“大数”：一、十、百、千、万、亿、兆、京、垓、秭、穰、沟、涧、正、载，还有非传统算书中的“大数”：极。由佛教带来的“大数”则有：恒河沙、阿僧祇、那由他、不可思议、无量大数。那“无量大数”，便首见于此。“小数”之中，也有算数：分、厘、毫、丝、忽、微、纤、沙、尘、埃、渺、漠。有佛数：模糊、逡巡、须臾、瞬息、弹指、刹那、六德、虚空、清净、阿赖耶、阿摩罗、涅槃寂静。

我们发现，上述“大数”“小数”都分为算数和佛数，都指向物质和精神两极。物质形态的算数我们还好理解，可精神现象的佛数，该怎么解读？两极算术，无论大小，亦各有其三观——宏观、微观、宇观。物质层面的宏观部分为日用之数，可用于日常算术，其微观、宇观部分乃心智想象之物，其大为“极”，其小为“净”。而精神层面的佛数，不仅“致广大”——至大无量，而且“尽精微”——至小涅槃，为 10^{-24}。

由此看来，佛教数学不仅“万物皆数”，而且将人的感知、体认、思想——思惟修都纳入算数范畴，都与“华严大数”或“无量大数”中的某个数字有关，也就是说，每一种精神现象几乎都对应着一个大数据，大数据不仅能掌握人的物质世界，还能反映人的精神活动，不但无量四心可以数字化，并用数据来表达，“不可思议”同样可以。“不可思议”出自《维摩诘所说经·不思议品》，谓佛陀神妙，非凡人可“思”，无语言能“议”，却能以数字表达，在“无量大数”中，“不可思议”为1064。

思想的数字化，是印度本土佛教固有的，还是在希腊化的过程中形成的？我们认为，应当与希腊化有关，有可能是将毕达哥拉斯“万物皆数”的思想引入佛法。如果说“万物皆数”一说还是将客观的认识对象数字化，那么在佛法中作为认识主体的思想者本身也被数字化了，佛家三法印——诸行无常、诸法无我、涅槃寂静，都可以被数字化。

谈到希腊化，还有一例。古希腊数学家阿基米德在《论数沙》中说道：我要告诉大家，用我找到的方法，不但能表示出占地球那么大地方的沙粒的数目，还能表示把所有的海洋和洞穴都填满的沙粒数，这些沙粒总数不会超过1后面有100个零。佛教“华严大数”和“无量大数”中，也有一个数跟沙有关，那就是“恒河沙数”，但“恒河沙数”只是阿基米德数沙的一部分，包含在阿基米德大数之中。阿基米德大数是所有大数中最大的那一个，比佛教无量大数还大。后来，一个九岁美国男孩模仿布谷鸟发声，给它起了个“googol”的名字。后来，又有一家搞大数据的公司，就用这个名字，用阿基米德大数，给公司命名。

看来，佛教数字化受了希腊化影响，而佛教希腊化的中心就在犍陀罗。

公元前334年，亚历山大东征，犍陀罗亦被征服。大帝逝后，帝国分裂，犍陀罗属塞琉古王国。约公元前256年，希腊人在犍陀罗自立希腊—巴克特里亚王国，中国史籍称之为大夏。公元前2世纪，大月氏人被匈奴追杀，西迁中亚，席卷大夏，分拆大夏国为五部翕侯，其中，贵霜部崛起，攻灭四侯，统一五部，建立贵霜王朝，故贵霜王朝的兴起当可视为希腊人的一次复国运动，王朝的贵族都是希腊人，他们重新回到了犍陀罗。

还在巴克特里亚王国时期，希腊人就以自己的方式接受了佛教影响，并对佛教做了改造，到了贵霜王朝时期，希腊人就把佛教的影响推向整个希腊化世界了。

有人说，犍陀罗是人类文明全球化的最早尝试，各文明于此共和，并从中受益，以佛教为例，本为孔雀王朝阿育王派人传入，初期仍带着婆罗门教残余，亦有等级意味，当它来到犍陀罗，遭遇希腊文明时，就重启了原始佛陀的能仁精神与共和品格，一变而为强调平等的世界性宗教。希腊思想也与佛法相通，如《弥兰陀王问经》，纯问答体，一如柏拉图行文风格，而早期高僧那先的老师法铠即希腊人，那先很可能也是希腊人。

或曰，佛教东传，传的是希腊化佛教。希腊化的一个显著标志就是城市化。佛教在印度本土，原以乡村为基础，至犍陀罗时，便向城市文明转型——走出乡村社会，走向城市文明；走出种姓制度，走向众生平等；走出宗教信仰，走向思想共和。

艾兹赫德在《世界历史中的中国》第一章第三节“公元前 200 年到公元 400 年的中外交流”第五部分“思想交流”中，举了三个例子，一个是音乐，一个是炼金术，还有一个就是佛教传播，从贵霜王朝向中国传播。其中，他提到了两位最著名的佛教传教士，一位是小乘佛教的安息王子安世高，而另一位，则是大乘佛教的贵霜梵文学家支娄迦谶。

这两位的中国姓名，都是以国为姓，安世高是安息国的太子，故姓安，支娄迦谶是大月氏国人，故姓支。西域佛教传入中国，早期主要是由这两姓推动，从这两国传入。安姓，除了安世高，还有安法贤、安法钦等，小乘佛教，传者多为安姓，大本营在安息帝国。支姓，除了支娄迦谶，还有支曜、支谦、支法度、支道根等，大乘佛教，多由支姓传入，其根据地在贵霜王朝。安息偏于小乘，贵霜趋于大乘，它们的价值偏好有可能反映了不同的文化底蕴，安息是波斯文化底子，贵霜是希腊文化底子，它们都被佛教化了。

还是中国胃口大，适应性强，兼容并包，管你大乘、小乘，全都容下，无论小乘思想的种子，还是大乘教义的苗芽，在中国都能找到相应的文化土壤生根开花。

艾兹赫德指出，小乘宗旨同那时的中国文化原本迥异，但有一点相通，小乘教强调，人可以通过禅修把自己从轮回中解脱出来，也就是主张自己解放自己。这一点类似于中国方士以修行与服食丹药实现自我超越，当然也就可以尝试禅修达到游仙。宗旨虽有不同，但方法颇为一致，都是通过体认的方式——修行，来达到自我预期的目的。而大乘教义，则被艾兹赫德说成了“没有教义，一切都是辩证法”，那便是“空”的辩证法，轮回也好，涅槃也罢，都是“空”，既然一切都是空，也就没什么可以解脱的了，小乘教便到此为止了。他认为，这样的大乘思维，应该是中国人最陌生的，可中国人同样照单接收。殊不知，中国文化里早就准备好了老庄思想与之对接，通过“以无为本”的后门，也能进入佛教“空”域。老庄思想，成为佛教进入中国的桥梁。

追随佛的脚步

距今2500多年前，人类文明进入理性觉醒时代，即雅斯贝斯所谓“轴心期”，就在这一时期的某个夜晚，悉达多王子在一棵菩提树下盘膝而坐，整整49天保持莲花坐姿，进入冥想，在第49天的清晨，王子悟到了真理，成为“大觉者”——“佛”。

佛教初始，被本土宗教婆罗门教抵制，却受到了希腊化世界的欢迎，与希腊文化融合，形成了犍陀罗佛教艺术。这尊灰片岩石雕刻的佛像出自犍陀罗，大约公元2世纪到3世纪，是犍陀罗艺术的黄金时代，产生了典型的犍陀罗风格雕塑。

犍陀罗佛像，2世纪至3世纪

阿育王石柱上的石狮雕塑

阿育王石柱

公元前3世纪，孔雀王朝统一了印度，从阿育王开始，印度本土从信奉婆罗门教改信佛教。阿育王在今天尼泊尔边境附近树立了一根9米多高的砂岩石柱，柱顶上盘踞一只庄严的雄狮，表示阿育王的饬令和法规不可违逆，以教化人民认同阿育王的统治权威。阿育王石柱与罗马皇帝图拉真石柱并誉。

巴米扬石窟大佛

巴米扬石窟在今天阿富汗境内。阿育王统一的印度包括阿富汗，这里曾经是希腊、印度和波斯文化汇聚以及交流融合的繁盛之地。巴米扬石窟以及石窟中的佛像，皆具有希腊化的犍陀罗艺术风格。东晋的法显和唐朝的玄奘都曾瞻仰过大佛。大佛于2001年被“塔利班”炸毁，目前德国、意大利、法国、日本参与修复。

02

佛教中国化

佛教何时传入中国？或曰，在秦汉之前，春秋战国之时。

王嘉《拾遗记》曰，燕昭王七年，沐胥之国即印度，有术士来朝，云“发其国五年乃至燕都”，俞樾《茶香室丛钞·卷十三》说是“佛法入中国之始”。

《列子·仲尼篇》有“丘闻西方有圣人焉”，故唐代道宣《感应记》便以此得出“孔子深知佛为大圣”的看法，可经考证，今本《列子》为晋人伪作。

隋《历代三宝纪》载，始皇四年，曾有沙门十八贤者携经来化，始皇囚之，半夜，金刚破狱，逃亡。此说貌似不经，但梁启超在《佛教之初输入》中指出，始皇帝与阿育王同时，阿育王曾派遣宣教师于各地传教，其时，中印之间似有海路交通，故所遣教师或有至中国者亦非不可能。然来者命运一如被坑之儒，唯有逃生而已。始皇时传入，有可能先在民间流传，秦以其乱法禁，而囚之以狱，但囚不了佛法的种子。

佛法的种子也许就混迹于神仙术中生长，潜移默化，到了汉代，便悄悄地发芽。汉武帝时，虽然独尊儒术，罢黜百家，但游仙之心常在，故汉人之于佛，多以神仙视之，未见其本来面目。佛像出现希腊化之后，阿育王时期佛教传入中国，似乎未带佛像来，故有可能是来自恒河流域本土的原始佛教，若从海上来，则为南传一路。后来的汉传佛教则从西域来，为北传一路，由恒河北上，从南亚往中亚，从兴都库什山抵天山，从犍陀罗至敦煌，经由佛教传播，将希腊化世界同中国式天下连接起来，以中国丝绸、印度佛教，还有希腊化货币为纽带，维系着东西方横跨欧亚的一个世界格局，使之一体化，经过希腊化和中国化以后，世界历史的统一性就用佛法表达。

中国引入佛法，就是对世界历史统一性的追求和表达，此固然与汉唐时期通西域的历史活动有关，带有明显的王朝地缘政治意图，但从根本上来说，还是跟中国传统文化的抱负有关，对于世界历史的统一性有一种使命感和民族性的诉求。

中国文化对佛法的追求，是从中国皇帝的一个梦开始的。东汉永平年间的一天夜里，汉明帝刘庄做了一个梦，梦见一位金人，身高六丈，背项发光，从空中飞来。明帝询梦于臣，或曰：所梦者，即天竺圣人。故遣使，从洛阳出发，前往天竺，以求佛法。汉使过天山，越葱岭，辗转至大月氏，遇僧人摄摩腾和竺法兰，于是两僧人以白马驮经，与汉使东返，在洛阳城正西门外，悉依天竺旧式，造白马寺。

此前，中国人与佛教虽也有过接触，如张骞通西域时，已知天竺与中国有交通，还有汉哀帝时景卢出使大月氏，其王使人口授《浮屠经》……但这些均非中国主动获取，而是被告知、被传入。第一次西天取经就从汉明帝开始，取来的第一部经书便是《佛说四十二章经》，此经由摄摩腾和竺法兰二人合作，于中国第一寺——白马寺译出。二人译经，为传教方便，从编译入手，选佛陀语录，以一段话为一章，共四十二段，即为《佛说四十二章经》，又描绘佛像供养，由是，东土佛法僧三宝具足。

这是佛教传入中国之始，中国佛教的历史由此开端，中国有了第一个寺院，有了第一部经书。二僧居中国，传佛法，住洛阳白马寺中，一代高僧均卒于中土。

《佛说四十二章经》为语录，形式上颇似《论语》，是二僧因势利导，面对儒生有意为之，还是无心插柳，儒佛相通？总之，梵文译成汉语，就被汉化了。

《佛说四十二章经》这七个字，有通，有别。“经”就是通；在“经”前又有别名，“佛说四十二章”就是别名。别名又分人法立题，佛是人，四十二章经是法；佛说为经，“说”，悦也，即悦所怀也，就是将自己的心喜道出。佛说了四十二段话，即《四十二章经》，“经”如涌泉，水从地出，其义自明，如准绳，可以衡量万物，立法度，还是一条修行之路——“径”，即“所行道也”。

或曰，《佛说四十二章经》为小乘家言。其实不然，来自西域的佛法，无论其希腊化还是中国化，都是但求统一，无分大小。因此，汉传佛教所谓“大”，是大乘与小乘合流，而成其“大”的，并非将二者区分开来，排斥他者，而以一乘为独大。故以汉传佛教为大乘者，是包含了小乘在内的。实际上，被认定为“小乘教”者，从来就不肯承认自己为“小乘”，这是“大乘教”对其他部派佛教的歧视和贬称。而被贬入“小乘教”的那一边，对佛教派系也有自己的划分，他们将佛灭度后分化而成的部派佛教，统分为上座部和大众部。正如孔子死后，儒分为八，佛亦如此。佛陀时代，以佛为师，称为“根本佛教”，其律制乃“尊上座而重大众”，以长老居上座，但开会时，则依大众决议。佛寂后，大迦叶在王舍城第一次结集，优婆离诵出律藏，阿难诵出经藏，而无法参与此次结集的大众却在附近二十余里处发起万人大结集，称为界外结集。佛教各部派都记载了佛教僧团的此次分裂，成为部派佛教的开端。大迦叶号召“第一次结集”后，至佛灭百年，“第二次结集”时，佛教僧团已分为传承经法的阿难系僧团和传承律戒的优婆离系僧团。阿难系僧团传化于北方，优婆离系僧团传化于东方和西方。两大师承，三大僧团，共承佛陀教法与律戒。

若仅为僧团内部分裂还好弥合，可王权介入了，孔雀王朝的阿育王参与进来，使得僧团“根本分裂”。当时，孔雀王朝都华氏城，阿育王于城内筑鸡园寺，供养十方僧众。三大僧团共居一寺，发生分歧。优婆离系僧团有大天，升座说戒，诋毁阿罗汉，与阿难系僧团起了争执。阿育王闻之，问大天：孰非？谁是？我等当何选择？大天回答：戒经中说，若欲灭争，依多人语。阿育王遂分二部，令众僧自选，分别居住，年高位高者择居一处，但人数少，是为上座部；年少者位卑，但人数多。

阿育王依据大天语，论是非，断对错，从众不从贤，倒有那么点少数服从多数的意思。然而，在一个需要思想与信仰的领域，是追随贤者，还是发动群众？值得一问。

追随贤者，说明你对真理还有谦卑的意愿，对宗教应不乏信仰，反之，走群众路线，则是王权的一种本能，而阿育王正是这样。王权之于宗教，往往别有怀抱，总不离神道设教。欲政教合一，他派人去数了数人头，就像裁判那样做出决定，宣判孰是孰非。

贤者没有得到应有的尊重，群众成为英雄，群众背后，王权才是赢家，先是作为调停者，继而作为仲裁者。王权把那说多长就有多长的手腕伸到人性的薄弱处，去揣摩宗教的命门和软肋，有时也会在历史的幽暗处抛下权力之锚，让宗教的破船行驶血账。

而阿育王竟然就这样做了。诸贤被群众反对，便要离开鸡园寺，欲往他处去。阿育王闻之，下旨：要将他们引到恒河边，载以破船，中流坠溺，这样就能检验这些贤者是真贤还是假贤，斯辈是真圣还是凡人。大臣奉阿育王旨，在船上做了手脚，诸贤乘之，果然船沉。据说诸贤各起神通，有种种奇迹发生……阿育王听说后，深生愧悔，气闷而绝，昏倒在地，众臣用水泼，他才苏醒过来。一醒来，他便遣人去寻找诸贤所在。使者还报，说诸贤已至迦湿弥罗，即犍陀罗。阿育王想请他们回来，被他们回绝了，故就地建造寺院，安置诸贤。

这故事出自《大毗婆沙论》卷九十九。何谓“毗婆沙”？顾名思义，“毗”意为广，为胜，为异，“婆沙”名说，与前者统称，则为“广说”、胜说、异说等意思。说什么呢？说“论”。佛学中，对经的注释称“优婆提舍”，对律及论的注释称“毗婆沙”。说何“论”？说的是《阿毗达摩发智论》，此论原是印度二十部派中说一切有部的根本。

谁来说？五百罗汉说。第一次说，在佛陀灭度后，大迦叶与五百阿罗汉在王舍城的结集；第二次说，在阿育王时，五百罗汉僧与五百凡夫僧在华氏城结集而起僧争；第三次说，在迦腻色伽王时，结集造《大毗婆沙论》的竟然还是这五百罗汉。

新的王权介入了，这一次是大月氏人建立的贵霜王朝。贵霜王朝和孔雀王朝对佛教有着不同的追求。在恒河流域崛起的孔雀王朝，对佛教有一种民族性的乡愁。它在同希腊化世界的对抗中兴起，所以没让佛教跟着希腊化走。它让佛教说着摩揭陀国的方言——巴利语，散发出恒河流域那一方水土固有的乡愁，那是亚历山大大帝从未能征服的乡愁，那是未被希腊化污染过的乡愁，它曾经用武力把佛教带到那个缤纷的希腊化世界，却不肯使之脱离原始佛教的恒河乡愁。阿育王没被希腊化，他倡导的佛教很难进入希腊化世界，因而将传教的重点从中亚转向东南亚，开辟出南传佛教一路。这一路，最远来到了中国。秦始皇帝时，有关佛教传教士的传言并非空穴来风，而是其来有自，但传教士很快就从中原匿迹了，只留了个受迫害的传说在那边，其最后落脚处就在滇傣间，未能发展出来。

何以南传佛教在中国未能进入汉传佛教的主流？根源就在阿育王第三次结集时，那一场未遂的谋杀。北归的阿难系僧团的幸存者对此念念不忘，以至于过了三百多年以后，到贵霜帝国最强盛时，迦腻色伽王第四次结集时，还将此次罹难写入《大毗婆沙论》中，而此时的孔雀王朝，早已灰飞烟灭，退出了历史舞台，与之对立者唯有南传佛教，故不往来。

迦腻色伽王第四次结集，对上座部佛教做了总结，确立了一切有部对佛教的主导地位。但新王权的目标未止于此，它对佛法和世界历史有更高的追求。正是这一追求推动了大乘佛教的兴起，形成了第一个以思想观念连接世界的世界性组织和世界观体系，而此前，东西方分离，天各一方，中国思想和希腊思想分别发展，孔子和苏格拉底，还有佛陀，他们各说各的，谁也不知道谁，柏拉图学园与稷下学宫，各自存在，互不影响。

可第四次结集以后，世界就改变了，希腊化世界和中国式天下通过佛教世界观走到一起来了，希腊思想以佛法的形式，希腊艺术以佛像的样式，潜移默化，都进入了中国，对中国的思想和艺术产生影响。如果说丝绸以物质文明的样式把世界联系起来，那么佛教则以精神文明的思想的方式把世界统一起来，形成新的佛教世界观和世界体系。

对世界历史统一性的追求，东西方早就开始了。在西方是古希腊的亚历山大大帝，东方是中国的秦始皇帝。他们都是靠着武力征服，各自征服了半个世界。亚历山大大帝，自西往东，所向披靡，但终究未能越过帕米尔高原进入东亚，甚至连恒河流域也未到达，就在人心思归的怨声中，掉转马头回去了。大帝一死，帝国便解体，留下个四分五裂的希腊化世界。秦始皇帝亦如此，其兼并六国，统一天下，也是自西往东，再往东，就到了海边，到天尽头了，于是，也掉转马头，也死在回去的路上。他一死，帝国也崩溃了。但有所不同的是，中国并未解体，秦朝很快就被汉朝取代了。在印度，与秦朝大约同时，孔雀王朝也统一了印度，并从恒河流域出发，通过弘扬佛法，开始了对世界历史统一性的追求。可阿育王死后，孔雀王朝就分裂了。

看来，真正能表达世界历史统一性的，不是这三大帝国中的哪一个帝国，而是从恒河流域兴起的佛教。三大帝国消亡后，佛教还在，婆罗门教复辟了，它就往南去，向北走，形成南传佛教和北传佛教两条路线，完全走向世界了。对于佛教而言，这两条路线都是成功的，但相比之下，北传一路，由于希腊化世界与中国式天下的加持，有了更为深邃而辽阔的世界性，要将这世界性表达出来，传统佛教无论上座部还是大众部，都显得捉襟见肘，均落入小乘范畴。要使一切有部化有为空，世界历史的统一性唯大乘可求。

大乘，是对世界历史统一性的表达，它对于人类的担当，要有菩萨。衡量菩萨，要用历史观，而非宇宙观，要以历史尺度从历史的进程中去寻找真人，而非用宇宙尺度，从华严大数和无量大数中去推算轮回与转世的劫数。

迦腻色伽王就是佛教思想转型的推动者，他从自己的历史活动中找到了菩萨。马鸣菩萨对一切有部经藏做了总结，并执笔综述由五百罗汉集思的《大毗婆沙论》，且从有入空写了《大乘起信论》。他是佛教诗人、思想者。这位菩萨并非从天而降的祥瑞，而是王权之间交易的产物，是战胜国贵霜王朝向战败国勒索的战利品。那时的马鸣以辩才比丘闻名，据说，当其方为外道之时，便运思如电，辩舌如剑，辩风所及，无不披靡。其态度之决绝，正所谓辩者进道场，用头颅作抵押，与对手赌的是思想的力量。可有一天，来了一位胁尊者，仅用了一句话，就将他打倒了。尊者说了什么？他说：当今天下泰平，大王长寿，国土丰乐，无诸灾患。放在入世的中国文化里，这句话其实很平常，无非家国天下，儒家老这么说，道家也这么讲。可在印度，就不太一样，对习惯于出世想法的印度人来说，那是一种新思维。印度人活在世上，却充满了出世思想，用宇宙观表现神性思维，而中国思想则以历史观出场，在通古今之变中表现家国情怀。对此，马鸣居然无言以对。

这话是个契机！习惯于出世的印度思想，怎会有家国情怀？以出世为归依，追求长寿还有何意义？这是个中国问题，却要佛教来解答，佛教的中国化因此一问缘起。

马鸣追随胁尊者，由外道入佛教，开始了对中国问题的思考。与其说他是来传教的，毋宁说是来搞宗教改革的，而改革的契机是中国需要佛教，佛教也需要中国。汉传佛教成为佛教发展的新目标。

新目标决定了新方向，新方向产生新佛教。以中国为参考，佛教有了一个新的划分：能回答中国问题，使佛教中国化的是大乘教，不能回答的便是小乘。马鸣的新思维要有个新世界来怀抱，在原始佛教的大本营里，根本用不着点燃新思维的火苗。

刚好，贵霜王带着军队到恒河流域来了，将中天竺王城围住，要求三个亿的战争赔偿。天啦！我们哪有三个亿的金钱？可你们有两件宝贝，可以抵两亿。问：哪两件？曰：佛钵与马鸣，各抵一亿。就这样，马鸣作为战利品被带回贵霜王朝。

凭这两件佛宝，迦腻色伽王搞定了佛教，一件是佛祖遗物，为各派所宗，另一件是个活人，能继往——为佛教集大成，能开来——开创世界历史性的新佛教。所以，当第四次结集时，他就让马鸣出手了。据说，《大毗婆沙论》就由马鸣执笔而成，因为《大毗婆沙论》中的偈颂多与马鸣之诗《佛所行赞》相同。

若谓《大毗婆沙论》是继往，那么《大乘起信论》就是开来。“起信”，是建立信仰，“大乘起信”，就是建立“大乘”信仰。信仰的源头当然还是在佛陀那里，但若仅满足于佛陀的言传身教——“声闻”，那是不够的，还要能体会佛的初心，像佛那样为了全人类的命运而思考。

马鸣的思想并非接着各部派的三藏往下讲，而是回到佛的思想的起点，从头开始讲，不是作为传教者来讲，而是作为开创者来讲，发出大宗师的光芒。他要像佛陀那样，在自我的觉悟中把个体性与人类性统一起来，经由普度众生，达到自我解放，正如马克思所说的，只有解放全人类才能最终解放自己。于是，在丝绸之路上，在世界历史的统一性里，出现了与佛教有关的两个最世俗化的形象，一个是在希腊化世界的金币的两面上出现的佛陀与迦腻色伽王的形象，还有一个就是在丝绸之路上被中国民众奉为蚕神的马鸣的形象，它们体现了佛教对世界历史统一性的担当。

白马寺

东汉永平十一年（公元68年），汉明帝下旨在洛阳西郊修建僧院，为中天竺（印度）僧人摄摩腾和竺法兰居住，因两僧人用白马驮佛经至洛阳，故取名白马寺。据说，白马寺建成之前，汉明帝非常高兴，赐两位异国僧人下榻“鸿胪寺”，从此，凡建僧院，皆以“寺”为佛所建筑名称。

洛阳白马寺

佛教东传

孔雀王朝的阿育王信奉并推广佛教，佛教开始向东南亚、中国西藏和中国西域传播。借助亚历山大东征打通的希腊化世界以及汉朝开辟的丝绸之路，佛教以建造石窟的方式一点点拓展，并沿袭了希腊文化与中国文化入乡随俗的融合路径，特别是从北路东传进入中国的这一支，形成了一条佛教石窟之路。

克孜尔石窟，第 14 窟壁画，智马本生图，约 6—7 世纪

克孜尔石窟，第 38 窟壁画，萨薄燃臂引路本生图，约 4 世纪

龟兹国是佛教东传的重镇。克孜尔石窟位于古龟兹国，今新疆拜城县克孜尔乡东南附近的木扎尔特河河谷北岸。公元 1 世纪，佛教就进入了位于丝绸之路要冲的西域古龟兹国，克孜尔石窟从公元 3 世纪左右开凿。

阿艾石窟，卢舍那佛像，约 8 世纪，新疆库车

阿艾石窟，药师琉璃光如来像，约 8 世纪，新疆库车

阿艾石窟将自己隐藏在库车大峡谷里，壁画上有佛像、动植物、几何图案、汉字与龟兹文字。

莫高窟，第 249 窟壁画，飞天，西魏，甘肃省敦煌市

莫高窟，第 249 窟壁画，狩猎图，西魏，甘肃省敦煌市

莫高窟，第 220 窟壁画，献花菩萨，初唐，甘肃省敦煌市

敦煌莫高窟于公元 4 世纪开凿，到唐宋盛极。几个世纪以来，敦煌莫高窟不仅是佛教艺术圣地，更是多元文化共和的典范。

榆林窟，第 25 窟壁画，甘肃省瓜州县

榆林窟始凿于北魏，洞内壁画内容、艺术风格、供养人题名等，与敦煌莫高窟一脉相承，应属同一佛系，因“唐僧取经”壁画而闻名。

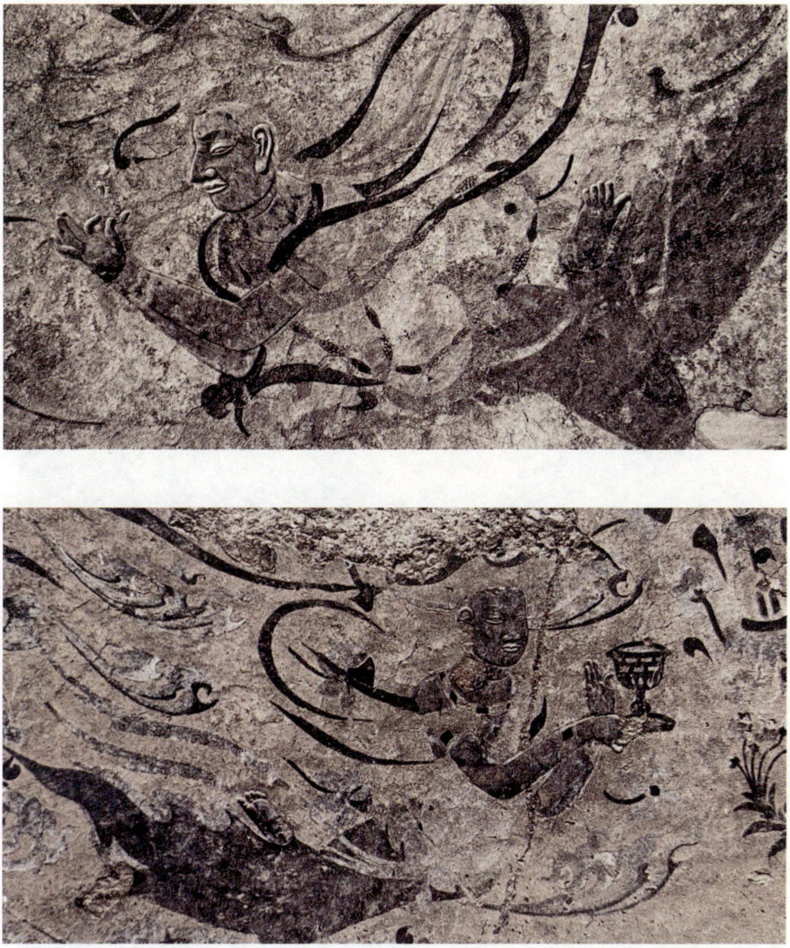

麦积山石窟，薄肉塑，北周，甘肃省天水市

麦积山石窟就像藏在深山里的麦垛，丰厚殷实着这一带风水，石窟开凿于公元4世纪，绝壁搭栈，凿窟为宇，安放信仰。

天梯山石窟壁画，彩绘供养菩萨像，北凉，甘肃省武威市

大波浪卷曲头发垂肩，披袒右肩袈裟，微笑，盘坐合掌，四朵莲蕾花围绕。介质为打磨细腻的草泥，敷上朱砂红色，再用墨线勾勒，呈现了印度、西域和汉风融合的早期过程。

天梯山石窟壁画，彩绘菩萨像，北凉，甘肃省武威市

这幅壁画里，菩萨头梳大圆髻，波浪卷发垂肩，高鼻深目，双耳珠饰，白色项圈，袒露上身，两臂穿镯，帛衣绶带飘逸，带有浓郁的印度西域风。

云冈石窟，第 20 窟，主尊高 13.7 米，北魏，山西省大同市

云冈石窟开凿于北魏时期，是佛教自新疆、甘肃以东，进入中原的第一座巨型石窟，既有犍陀罗艺术佛教风，也有中原传统意蕴。

昙曜五窟中的第 20 窟，犍陀罗佛教艺术风格中有浓郁的中原皇家的宏伟格调。北魏地理学家郦道元对云冈石窟有详尽的描述：“凿石开山，因岩结构，真容巨壮，世法所稀，山堂水殿，烟寺相望。”

巩义石窟，帝后礼佛图（局部），北魏，河南省巩义市

巩义石窟，帝后礼佛图（局部），北魏，河南省巩义市

巩义石窟位于河南省巩义市伊洛河畔大力山下，始凿于北魏，规模不及云冈石窟与龙门石窟，但独具风格，小巧玲珑，特别是服饰，具有北魏皇家和贵族特色。

龙门石窟，河南省洛阳市

龙门石窟始凿于北魏孝文帝年间，盛于大唐，终于清末，属于皇家佛造像石窟。

佛教东传的线路，从空间上讲，石窟开凿由塔里木盆地北缘而河西走廊，由西北而中原，由北方而南方；从时间上讲，大约从公元3世纪起，佛

教传入西域，开始凿造佛造像石窟，将犍陀罗风格带入西域。公元 4 世纪到 5 世纪，佛造像石窟遍及西域，形成石窟艺术的“凉州样式”，这种具有浓郁的西域特色的艺术风格随后进入中原。公元 5 世纪到 9 世纪，中国石窟艺术达到巅峰。完成了从龟兹向凉州再向山西云冈石窟的发展，最终在洛阳龙门完成了中国化石窟的过程，使佛教艺术汇聚为中华文明的一部分。

03

佛教的资本主义

——从犍陀罗到敦煌

古代世界有没有“资本主义”？是个值得一提的问题。

若按照五种社会形态来说，“资本主义社会”只有近代有，而古代未有，即使有，那也是作为将出未出的芽存在，要到封建社会晚期才会发个芽出来。

如果我们放下五种社会形态的说法，换个说法呢？那就不一定了。比如说，放在国家形态上来看，国家的货币政策及其货币经济，是否包含了国家资本主义的因素呢？还有国家之间的贸易及其对国家利益的追求所表现的重商主义，是否属于资本主义的国家样式呢？若谓之是，那么我们就可以说，人类自有国家以来就有资本主义。

我们还可以把它放到人性论上来看。资本主义的根源就在人性好利中，正是人对利益最大化的追求产生了资本主义。因此，从人类有了自己的生产方式，将人自身从自然界里解放出来，开始有了生产交换和社会分工，资本主义就出现了。

就此而言，资本主义古代有，近代也有，但各有各的样式。佛教的资本主义就是古代世界资本主义的一个宗教样式。

然而，佛教不是要“六根清净”吗，怎么还搞资本主义呢？

清净，是针对自我修行而言的，若要普度众生，还真得搞点资本主义。试问，普度众生最方便的法门在哪里？当然在流通领域。在流通领域普度众生，还有什么比流通的佛币更有力量？佛教资本主义最为明显的标志，便是贵霜帝国的迦腻色伽王将自己的头像同佛陀的头像铸在同一枚金币上，将国家信用建立在宗教信仰上，再以货币经济开显佛法之光。贵霜王朝发行佛币，使佛教走在了国家资本主义的道路上。

大乘佛教不再是那个土生土长说着巴利语的乡下佬，而是在希腊化世界里说着庄严梵语的天之骄子。为了让佛币统治丝绸之路，还要让佛法说汉语。刚好，中国人来了，在通往世界历史的道路上遇到了佛法。

本来张骞通西域就是奔着大月氏去的，而大月氏即贵霜王朝前身，对二者，汉人未加区分，一概称之为大月氏。汉人原指望与之联合夹击匈奴，但新的大月氏人加入了太多的希腊化成分，对匈奴的仇恨早已淡薄，加上他们已经掌握了丝绸之路的贸易通道，正是“无边法雨潇潇下，不尽财源滚滚来”，能以贸易立国，何必还要战争？

印度的香料、中国的丝绸、罗马帝国的追求，都被贵霜王朝掌握了。罗马帝国因与安息长期战争，陆路被阻，故其与东方的贸易转向海路，从地中海到红海，从红海进入印度洋，来到印度。这条航道，公元 1 世纪就被希腊人发现了，这与其说是献给罗马帝国的一份厚礼，毋宁说是贵霜王朝分享天赐良机，从陆上到海上，都被它枢纽。东西方两个最强大的帝国——汉帝国和罗马帝国，都要通过它来连接，而它则是与之并驾齐驱的第三大帝国。它一手拿着佛币，一手拿着佛法，往东，翻山越岭，开辟汉传佛教的通道，往西，漂洋过海，却未能开发出一个佛教资本主义的新世界。

罗马之于东方，唯求丝绸、香料，其于佛法和佛币概不需要。而中国之于中亚，先要战马，后要佛法，以战马击匈奴，用佛法治西域。至于佛币，则因汉家自有铜钱，与西方币制不同，若以君王头像铸币，那便犯了大忌。君王头像岂能任人把握，玩于掌股？王如此，佛也如此，故但取佛法，不取佛币。然佛教资本主义不独体现于佛币，亦隐含在佛法中，同佛法一道进入中国，并得以发展。

法国汉学家谢和耐指出，佛教东传不仅传入宗教观念，还传入了一种“近代资本主义的形式”。这跟我们的说法不太一样。我们认为，佛教在古代世界里存在，如何能发展出“近代资本主义的形式”来？“近代资本主义的形式”是在欧洲产生的，怎么会跑到古代东方的佛教中来？这样未加思索的说法，很可能会使人误以为“近代资本主义的形式”是从古代佛教资本主义中来的，不知不觉落入“西学东源”的套路。

其实，资本主义虽有古代、近代之分，但本质上都是一样的，都是基于人性好利的表现形式，所以看上去大抵相似。更何况佛教资本主义里有着广泛的希腊化因素的存在，故与西方兴起的“近代资本主义的形式”具有古代的亲戚关系。

佛教资本主义出现在希腊化世界里，选择犍陀罗为飞翔地。为此，汉传佛教对原始佛教做了根本改造，而有《燃灯佛授记》。尽管历史上佛陀从未到过犍陀罗，可《燃灯佛授记》却把佛陀的前世放在了那儿，把佛传故事的开端和佛教神圣的起源——前世因果，定位在犍陀罗。

今生佛在印度，前世佛在犍陀罗，这样安排下来，应当还有个未来佛。佛陀已授记于弥勒，弥勒会出现在哪里？在中国。他就是那个布袋和尚，手提着包罗万象的乾坤袋。无论袋子里装了什么，日月星辰，风雨雷电，还是前因后果，他背起来就走，然后坐在每一个寺院的大门口，于红尘中面向未来，笑口常开。从华氏城到犍陀罗，从犍陀罗到敦煌，对应着三世佛，佛教说着汉语，前往中国。那三座佛法之城，分别标志着佛教的今生、前世和未来，未来就在中国。

贵霜王朝时期，佛教再次起飞，从希腊化世界飞向中国式天下。前一次，是在孔雀王朝，从恒河流域起飞，飞向希腊化世界，那也可以说是佛教凤凰涅槃第一期。而这次，则以犍陀罗为中心，开启了佛教凤凰涅槃第二期。

本来，贵霜王朝兴起，从新佛教里一度发展出国家资本主义，可好景不长，在通往帝国的道路上，先是遭遇了萨珊波斯的狙击，接着突如其来的白匈奴给了它致命一击。帝国倒下了，佛教东去贵霜前世被称作大月氏，于是，从哪儿来，回哪儿去。

想当年，大月氏人被匈奴从中国西部赶出去，一路逃亡到西域，在希腊化世界里找到了一块立足之地，并以此为根据逐步主宰了西域。贵霜王朝接踵而起，虽然是希腊裔复辟，但在中国人看来，还是大月氏，还把他们看作炎黄子孙的一部分。不知他们是否还有故国之思和故土之恋。作为大月氏人的新生代，他们终于回来了，以一种最好的方式，不是以战士，而是以传教士，不是以牧人，而是以商人。他们不仅带着佛法和佛造像，还带着资本主义的佛光，从犍陀罗出发，往敦煌来了。

经商与传教相结合，他们来了！他们不仅走出一条自由贸易的佛教资本主义的丝绸之路，而且走出一条思想共和三教合一的汉传佛教之路。他们两条腿走路，带着希腊化世界的思想与财富，经由龟兹，走向敦煌，走向中国式天下，他们真是如归故里。

因太史公在《史记·大宛列传》中早就说过“始月氏居敦煌、祁连间”，东汉应劭注《汉书》也说“敦，大也；煌，盛也”，所以，到了唐朝，李吉甫编《元和郡县图志》时就接着说：“敦，大也，以其广开西域，故以盛名。”这是汉唐气象的说法。不过现代学者却另有说法，说“敦煌”词源并非来自汉语，所以不能用作“大”呀、“盛”啊的说法。他们认为，在《山海经》之《山经》第三卷《北山经》中，有所谓“敦薨”，即为“敦煌”之初名，观此名，当为本地人称呼的汉语音译。而希腊人则称“敦煌”为“都货罗”。“都货罗”即“吐火罗”，也就是原居于敦煌、祁连间的大月氏人，故“敦薨”或“敦煌”皆为“吐火罗”音译。

因此，汉唐之间，所谓“敦煌人”应该就是大月氏人。在汉家天下里，以“敦煌”为城，其实就是在召唤大月氏人归来，一同对付匈奴人。

倘若放在齐家文化，他们还没有汉语名称“大月氏”，但总应该有个印欧语系的称呼吧。叫什么？难道就是“吐火罗”？总之，他们的祖先早就来到这里，带来了青铜文化，那是青铜时代的整个的文明体系，同齐家人有过那么一次“金玉良缘”。

这次，他们又来了，像他们的祖先那样带来一个新的文明体系。如果说他们的祖先带来的是以物质文明为主的青铜文化的世界体系，那么他们带来的则是以佛教为标志的精神文明的希腊化世界的体系。于是，汉传佛教在中国思想与古希腊、古印度思想的共和中出现，这三大轴心期文明一体化所产生的思想，是第一次真正具有世界性的思想。

从犍陀罗到敦煌，从大月氏到汉唐，我们看到了人类历史上最美妙的文明景观，希腊化世界和中国式天下通过神圣的佛法结合，东西方都能装下，不就是普度众生？想想吧，这有多大！让世界历史的车轮满载着人类文明运行，这就是大乘！

敦者，大也，煌者，盛也！汉唐盛世的盛大格局，是因为有了希腊化世界的加入，不是以帝国方式，亦非以王朝面目，而是让汉传佛教以市场经济安身，在文化江山立命，走了一条与文化中国相结合的路。以往，佛教在印度与孔雀王朝结合，在希腊化世界与贵霜王朝合作，靠着王朝扩张，它也扩大影响，随着王朝消亡，它也跟着流亡，从印度流亡到中亚，从中亚流亡到东亚，有了文化中国托底，它可以脱离王朝自立。佛教历经风雨，已成为文化中国的一部分。

它不再依靠一代王朝去追求国家资本主义，而是用佛教资本主义的方式去发展自主的寺院经济，不仅像犹太教那样放贷生息，如谢和耐说的使"供物资本化"，还经营土地与商业，形成如吕澂所言"以庄园经济为基础的义学"。佛教资本主义何以能在中国同佛教教义兼容，发展出财源茂盛的寺院经济？在佛教到来之前，中国究竟是一块如谢和耐所说的资本主义的僻壤，还是资本主义的温床？

谢和耐所言显然忽略了中国道家思想，佛教进入中国，首先就与中国道家结合，不光在教义上和修行上寻求结合，还使佛教资本主义通往道家自由主义。

西方人习惯站在他们固有的自由主义的立场上来看中国道家思想，把道家的自然主义也看作自由主义，还给它起了个名字，叫"天道自由主义"。不光现代西方人这样看，三百年前的西方人也这样看，最早把老子的《道德经》当作西方自由主义的源头的，是被马克思称为"现代政治经济学的真正鼻祖”的法国重农学派的弗朗索瓦·魁奈，他从传教士那里了解到老子的“无为”思想，将它译为“自由放任”，作为其“自然法则政治论”要义，这一点很可能对亚当·斯密有影响。“自由放任”的依据是什么？当然是天道。市场背后的那只“看不见的手”从哪里来？当然也是从天道来。政府管不了，也不能管，也许这就是亚当·斯密从老子那里得到的灵感？

如果说自由主义之于中国表现为天道自然，那么在西方，其自由主义的传统还是基于天赋人权。在市场经济方面，天道自由主义具有启发性，亚当·斯密的《国富论》中就留下了一些启发之痕，但在国家观念上，他们信奉的则是天赋人权。20世纪中叶，针对凯恩斯主义，哈耶克提出“自发的秩序”，又从老子那里获得了新的灵感，用“我无为而民自化，我好静而民自正”，反对国家干预。

佛教资本主义与道家自由主义相遇，比西方人早了上千年，不知佛教资本主义有没有从《道德经》中获得市场经济的灵感。但佛教进入中国时，中国在资本主义方面并非像谢和耐认为的那样是一张空空如也的白纸，而是早已准备好了《货殖列传》那样的资本主义温床，我们从佛教史上还未见有过《货殖列传》似的资本主义篇章。

不光道家有自由主义的思想，儒家也有。1912年，凯恩斯在《经济学》杂志上发表了对陈焕章的《孔门理财学》所做的书评，其中就提到了儒家经济学中的自由主义思想。耐人寻味的是，西方经济学两个对立学派的代表人物凯恩斯和哈耶克，一个提倡为国理财的儒家经济学主张，另一位则从“自发的秩序”中看到了老子的思想，虽然都提倡自由主义，但一个要国家干预如孔门仁政，一个要“自发的秩序”似老子无为。

由此可见轴心期思想的两个基本特征，一是具有“永远的现代性”，孔老之学，历时二千余年，几乎每一个历史时期都有人推尊，因而与时俱进，这还不是“永远的现代性”？而且轴心期思想除了不为一时所限，还能不为一地所止，不光在中国普及，还在西方流行，这就反映了轴心期思想的第二个特征，亦即具有“必然的普世性”。

佛教入中土，同时相遇了道家与儒家，道家相近，也足以相容。而儒家则不同，佛教教义本就与儒家政治伦理犯冲，佛教要求出家，已非儒家倡导的家国情怀所能容，更何况佛教资本主义也难以纳入孔门为国理财——“足食，足兵，富之，教之”的纲领中。

佛教虽与儒家宗旨不同，但于资本主义尚能通融。寺院经济的发展，只要不影响到儒家为国理财的“足食，足兵”计划和“富之，教之”的仁政方案，儒家也不是非要重农抑商，抑制佛教资本主义抬头。

所以，我们说，佛教资本主义在中国有着足够的发展空间。尤其在中国西域，一个文明的大熔炉——敦煌出现了！西域，不仅是佛法的通道，敦煌，也不单是大乘的驿站，它更是一个文明的大熔炉，中国、希腊、印度三大文明在那里融治，形成了一个真正具有世界性的新世界，令汤因比为它喝彩。唐代敦煌出现了新世界的曙光，被寄托了人类性的理想。它比长安精彩，若仅以长安为代表，唐朝还不能称为大唐。要有敦煌，大唐才成其为大。长安只能代表王朝中国，而西域是个希腊化世界与中国式天下共和的人类命运共同体，长安不能代表它，要有敦煌来代表。佛法不到敦煌，不能成为大乘。敦煌，不是大乘的起点，也不是大乘的终点，它是大乘的枢纽处，是大乘的集合场，乃所谓集大成者也，此前，无有其大者，此后，亦无过于其大者。

读世界史，我们发现，有人把敦煌称为“东方的佛罗伦萨”，这是本末倒置了。同样复兴希腊方式，敦煌比佛罗伦萨早了好几百年，无疑敦煌优先。在三大文明的结合处，敦煌成为三位一体。希腊化世界在中亚解体，却被丝绸之路和汉传佛教带到中国西域，为文化中国输入新鲜血液，一个兼容了希腊化世界的文化中国重启于敦煌。一代王朝——孔雀王朝垮了，一个帝国——贵霜帝国倒了，新的人类命运共同体——文化中国出现了，普度众生难道还有比大乘更大的车子？那可是一辆要开往“天下为公，人类大同”的天命之车啊！其交通枢纽，四通八达，就在敦煌。敦煌，只有在敦煌，文化中国的光芒才能将那位于欧亚大陆中央的世界的心脏照亮，有人说，那就是文艺复兴的光。

那光，就是轴心期三大文明在中国西域放出的新的思想共和之光。

笈多王朝皇帝沙摩陀罗像金币

笈多王朝是中世纪印度第一个统一王朝（约 320—540），首都是华氏城（今巴特那附近）。公元 3 世纪末，贵霜帝国逐渐衰落，印度北部小国林立。4 世纪初位于恒河流域的旃陀罗笈多家族逐渐强盛，旃陀罗笈多一世开始统一战争，至沙摩陀罗之子旃陀罗笈多二世（超日王，380—413）时，北印度被平定，笈多王朝进入鼎盛期，中国的法显和尚便于此时抵达印度求佛法。公元 430 年前后，超日王的儿子鸠摩罗笈多一世，王朝出现危机，那烂陀寺修建于此时。笈多王朝是印度中世纪的黄金时代，信仰宽容，毗湿奴、湿婆、梵天之各教各派自由发展，大乘佛教盛行，印度教虽然仍为国教，但佛教已上升为主流教派。大乘佛教中心那烂陀寺成为宗教以及学术文化中心。

两枚金币属于笈多王朝第二任君主沙摩陀罗笈多（海护王，约 335—380年在位）时期。沙摩陀罗笈多文武双全，被称为诗人国王，他继续武力统一印度的大业。一枚金币上，沙摩陀罗笈多端坐，头上有光环，手上弹奏一种被称为维那琴或锡塔琴的乐器。另一枚金币上，一匹骏马，上方飘扬着旗帜，据说是举行马祭仪式，以纪念沙摩陀罗笈多取得各个战役的胜利。

莫高窟，第 285 窟，西魏

敦煌石窟

敦煌石窟是指敦煌地区石窟的总称，包括莫高窟、东西千佛洞、瓜州榆林窟等。石窟开凿于公元4世纪初，即十六国的前秦时期。那时，敦煌先后有前凉、前秦、后凉、西凉、北凉五个政权的辖制，这一带还算安稳和平，而中原正值战乱，为避战乱，中原人多有西行。除了生活，他们依然不忘设馆讲学，培养子弟，著书立说，传播汉晋文化。同时，佛教东传与西行求法的中原僧人，也皆因此地文明便利而往来，一时敦煌出现了多元并存的文艺复兴的景象，且灿烂近千年，见证了敦煌人的心灵生活与精神样式。作为物化载体留存至今的是佛教石窟艺术，经历北朝、隋、唐、宋代，直到元代停止凿窟，历代皆有供养人不断增凿石窟。敦煌石窟艺术，其实是在石质疏松的砾岩上塑像或彩绘，因质地不宜精雕细刻，所以，大部分塑像基本由木架立型，再用草泥塑像定型，然后施以彩绘，形成彩绘塑像，成为石窟艺术的主体，其次，再配以大量的彩绘壁画，叙述佛教故事。从石窟艺术的表现来看，有汉画像砖与犍陀罗的艺术影响，画家大部分是画僧和画工。

莫高窟，第 249 窟，说法图，西魏

北朝时期的石窟艺术包括北凉、北魏、西魏、北周四个时代，属于敦煌早期的石窟艺术，受西域的佛教艺术风格影响较大，但已初露北朝汉化之后的汉晋之风韵。由于主流信奉佛教，石窟开始发展起来，尤其是莫高窟第 249 窟，属于西魏时期的画风，一派异域风光。

莫高窟，第 412 窟，飞天，隋

隋朝统一南北朝后，继续保持中原与丝绸之路畅通。隋文帝和隋炀帝信奉佛教，各地便开始大力建造佛寺，敦煌也大兴建寺起塔之风，皇室宫廷的写经也同时传到敦煌。

初唐，在安西设置都护府，驻军设防，阻止了西突厥的东进，丝绸之路全线畅通，商旅往来，经济繁荣，东西文化交流畅通，开凿敦煌石窟极盛。凿于初唐的 220 窟，因壁画《舞乐图》而闻名。《舞乐图》居于《东方药师经变》下部，以灯楼为中心，分为两组，左右对称，乐工的服饰、肤色、发型各不相同，演奏的乐器也来自不同地域或国家，中原的、西域的，甚至更远的。筝、排箫、竖笛、方响、筚篥、五弦、横笛、腰鼓、都昙鼓、羯鼓、答腊鼓、毛圆鼓、拍板、箜篌、法螺……在这些乐器的伴奏下，舞者或旋舞或踏舞，丝带飞扬，却不逾越圆毯，大概就是传说中的西域传来的胡旋舞或胡腾舞，是敦煌壁画中规模最大的舞乐图。

莫高窟，第 220 窟，东方药师经变，初唐

莫高窟，第 158 窟，西壁佛床上，涅槃像，中唐

莫高窟第158窟“涅槃窟”以释迦牟尼涅槃为主题，释迦卧像为石胎泥塑，长15.80米。释迦头一侧立迦叶佛，脚侧是未来世弥勒佛。与释迦主尊组成三世佛像，代表过去、现在和未来。背景壁画为释迦所冠名的众弟子举哀图。洞窟始凿于吐蕃统治时期，吐蕃国为藏人建立的政权，立国者松赞干布娶大唐文成公主。

莫高窟，第 205 窟，弥勒经变之一种七收图，中唐

“经变画”，顾名思义，将佛经内容变成绘画的形式，讲述佛经故事。据统计，敦煌石窟有 30 多种经变画，弥勒经变除了说法，还有耕稼等世俗生活场景，在展示弥勒世界的美妙景象同时，也留下了可供了解并研究当时人生活的宝贵资料。

莫高窟，第 112 窟，观无量寿经变之反弹琵琶舞，中唐

榆林窟，第 2 窟，水月观音，西夏

04

佛化西域

——从天山到玉门关

中国历史上有过两次“西学东渐”，分别来自西域和西洋。来自西域的，是以佛教为主流的西学，从印度和希腊化世界来；来自西洋的，是以基督教为主流的西学，从欧洲经由大西洋、印度洋，往中国的南海来。这两次“西学东渐”，一次发生在汉唐时期，一次发生在明清时期，它们都改变了中国文化的面貌，还改变了中国人的思维方式。

佛学东渐，其来路若画一条线为标志，拟从西北往东南，从天山一直到天台山，跨越黄河、长江流域，从面对高山，到面向大海，基本上将中国贯穿了。第一个这样走来的，便是那位安息王子安世高。东汉时，他从中亚入中土，崎岖而行，往东，往东，再往东……假如他从犍陀罗到敦煌一路走来，他会看到怎样的情景？葱岭以西那就不必说了，进入天山走廊，他应该遇到龟兹吧？

龟兹，最早出现在班固《汉书·西域传》里，为汉代西域三十六国之一，离长安7480里，6970户，人口81317人，兵21076人，在西域还算个大国。安世高经过时，龟兹还未成佛国，闻名于世的壁画与克孜尔千佛洞等还在孕育中，要等人来播种。据说，迦腻色伽王曾派人来传过教，播了佛法的种子。安世高也是播种机吗？我们就权当他也留下了佛教的行迹吧。

所过者化，后来，这里不仅有了千佛洞，还出了一位高僧，那就是鸠摩罗什。据说，为了这位高僧，迦腻色伽王之于马鸣的故事在龟兹重演了一遍。当前秦苻坚之时，有僧人自龟兹归来，盛赞鸠摩罗什，僧道安劝苻坚请鸠摩罗什入中土，苻坚求之不得，遂出兵西域，伐龟兹而得之。然，鸠摩罗什归来之时已时过境迁，前秦也变了后秦。

安世高毕竟是先行者，比鸠摩罗什早了二百来年，他往中国去，既没有皇帝来请，也没有国王来抢，他独自而去，据说有前世因缘要在中国了断。龟兹之外，他可能还到过于阗，不过，于阗在南道，龟兹在北道，安子之行，当择其一，怎能同时走两条路？这不过是说，借安子之行泛言西域风土，借他曾“遍游西域诸国”之眼略见文化中国西域之一斑，非实指安子所行之路径。

于阗开国，佛缘甚深，有种种传说，都跟阿育王有关，把它看作孔雀王朝在喜马拉雅山北麓下的一个蛋，当然，是一个融合了多元文化基因的蛋。安子到此，应当见过“汉佉二体钱”，因钱币上铭有汉文和佉卢文，又饰以马纹，多见于和田，故称“和田马钱”。难道和田不仅多美玉还多战马？币正面有佉卢文：大王，王中之王，伟大者，矩伽罗摩耶娑；背面有汉文：重廿四铢铜钱。佉卢文，意为“驴唇”，传为驴唇仙人所创，又名驴唇体文书。佉卢文初起于犍陀罗，可追溯至公元前，在希腊化世界流行了好几百年以后才逐渐消失，但丝绸之路沿途各国仍在使用，可能沿用到7世纪才放弃。这应该是中国式天下同希腊化世界相结合的一个金融性标志。后来，龟兹也出现了“龟汉二体钱”，但在币制上已从希腊化货币转向中国式铜钱，被称作“龟兹五铢钱”，不过，那已至三国时期，安子未曾看见。

还有和田玉，也是玉文化里的一顶皇冠。那使人产生了良渚人的诗与远方的和田玉，就在齐家人的卧榻下，在金玉良缘中追求文化中国梦的和田玉，又在西域用它温润柔美的和平之光发出四方来会、八方共处、天下一家、人类大同的蕴意。

有了人类大同，那位安息王子才有前世因缘，要来中国了断。总之，他带着佛教上座部的轮回和因果的种子，往东土去了。

从于阗国往东去，还有一个附属小国，叫精绝。像于阗人一样，精绝人也信佛，也用佉卢文和汉字治国。精绝人把他们的信仰雕刻木板上，留下一块块木板佛像，把他们的文字也写在木板上，除了佉卢文木牍，还有汉简，也许这是当时西域通用的文字。

西域城邦国家本就希腊化，早就开始用佉卢文写驴唇字了。汉字来得晚，张骞通西域以后，汉设都护府治理西域，令西域人说汉语，写汉字。汉字成为官方文字通行西域，因此才有西域诸国双语齐下，并为佛教传译准备好了译者。

安世高就是汉传佛教初期一位卓越的译经者。他译经三十四部，四十卷，现存安译佛典二十二部，二十六卷。安世高是到了洛阳以后才译，还是一路行来，边走边译？今已无法辨认。我们已知他来华时间——“汉桓之初，始到中夏”，大致在 2 世纪中叶，但他何时从安息出发，在西域游历了多长时间，今亦无从考察。

相比之下，唐玄奘取经就会按照时间和地点的顺序口述一本《大唐西域记》（辩机编），展现自己的行程与见闻，因为他脑子里有个东西叫“历史”，历史的经验告诉他应该做什么和怎么做。而安世高的脑子里都是轮回和因果，对于当下正在发生、未来可能成为历史的东西，他一概视而不见。因为跟轮回比起来，历史实在不算什么，跟因果比起来，现实也不值一提，所以，他可以放弃在安息王朝的王位，往中国去，赴前世之约。

他只身前往中国，没带公务，纯属自由行，虽然不在王位，理应不乏盘缠，更何况，他所到之处皆为佛国，能来讲经说法，各国已然求之不得，故其或以传教，或译经，行万里路而能安身立命，让佛教说汉语，讲轮回和因果，他可是当时第一人。

他本是安息王子，但他的舌头却能在佉卢文和汉语之间转换不已，这应该得益于他在西域诸国的深度游历。木简上的那些汉字，不光精绝有，还通用于整个西域，不光汉简上有，汉锦上也有，汉简有可能是官方文书，而汉锦则多为个人财富。

在尼雅古城遗址的墓葬里，发现一对合葬夫妻，身上覆盖着汉锦，缤纷中还绣着“王侯合昏千秋万岁宜子孙”。“昏”为婚，这难道是大汉天子赐婚？如此一床锦被，是怎样的一笔财富！佉卢文书提到了一次交易，因为饥荒，国王出售了一件丝质短上衣，换来 16 弥里码赈灾谷物，约 300 公斤。墓葬里还出土了一截织锦护臂，绣着“五星出东方利中国”。护臂上，神鸟、白虎、瑞兽游走于云纹间，与文字交相辉映。这句话出自《史记·天官书》，原句是“五星分天之中，积于东方，中国利；积于西方，外国用者利”。以五星之天文，对应东西之地理，再应之以夷狄，这便是太史公所谓“究天人之际”，谁能想到它竟然会出现在西域的精绝国里。有人说，这片汉锦可能与汉宣帝有关。汉宣帝时，羌人叛乱，宣帝命赵充国平叛，最终得胜，因为另有一片织锦绣着“讨南羌”三字，连起来读，就是“五星出东方，利中国，讨南羌”。自周秦以来，国之盛事皆以铭金刻石为记，唯于丝绸之路，才把天命织入锦绣中。大概汉人就用这样一种高度审美化的国家权威来通西域吧。

再往东去，我们就跟着安子进入那个神往的楼兰古国了。楼兰古国，汉称鄯善，其国虽小，但位置重要。楼兰地处天山南道，成为连接天山走廊与河西走廊的枢纽。从此出发，沿丝绸之路西行，环塔里木盆地分布着一块块绿洲，盘踞着一个个小国，北路可通龟兹，南路直达于阗，而精绝或依于阗，或属鄯善，一如鄯善国面对匈奴与汉。此固由国际地缘政治博弈，亦由西域水土习性使之然。西域之水行于绿洲与沙漠间，游移不定，人逐水而居，遂亦习于游移。立人如此，立国亦如此，形成了“行国”特色。此乃适者生存，为国之生存本能，非以道德可求。

楼兰位于塔里木河下游，有支流孔雀河贯穿其间，然孔雀河时断时流，出没无常，立国于此，国亦如之，故其于汉匈之间，亦自摇摆不已。当断不断，必受其乱。汉军进驻，即在楼兰屯田，亦耕亦战，从下游往上游进展。楼兰本一畜牧小国，水土资源有限，怎经得起汉军大规模屯田？楼兰国民总动员，男女老幼全体才四万余人，而汉家将士乍到就有万余人驻此。小国难以供养，唯有军屯，以战养战，耕战合一，才能进取西域。

军屯，为楼兰提供新的生产方式，此虽可致一时繁荣，却难以持续。一个本来可以在零增长中自给自足的小国，被绑在了做大做强的汉王朝发展的车轮上。当整个塔里木河流域都被屯垦时，原本缺水的楼兰国就更加缺水，被沙化只需待以时日。

有时，一种新的生产方式所蕴含的风险比一场战争更为深远，会给一个国家带来根本的改变。就沙漠边缘那几块绿洲，水土有限，哪经得起长期屯田？而战争当然要顾眼前，即便为了当下的胜利，也要敢想敢干！治国先治水，要把河流管起来，将国家命脉抓在手，再把河源找出来，握住天下人的命根。

汉人用剑与犁驯服着西域。“立屯田于膏腴之野，列邮置于要害之路。驰命走驿，不绝于时月，商胡贩客，日款于塞下。”《后汉书·西域传》中如是说。但这致命的自负却要了楼兰古国的命。安子到来时，楼兰尚且繁荣，汉锦遍地，佛塔高耸，美女无数，等晋僧法显路过此地时，已然面目全非，若据《佛国记》中所言，已是“上无飞鸟，下无走兽，遍望极目……唯以死人枯骨为标识耳”。

从繁华商邦，到死亡之地，这一转变，当问究竟如何发生。据说，为了保护环境，楼兰还曾立法，规定：不论是谁，凡连根砍断树者，处罚马一匹！砍掉树枝者，处罚母牛一头！可面对汉军屯田，立法就没用了。除了军屯透支水利，瑞典人斯文·赫定在《游移的湖》中指出了一个更为严重的情况，那就是公元 330 年，塔里木河改道，罗布泊游移，使得楼兰被弃。在赫定看来，罗布泊是楼兰的命根子，命根子移走，楼兰就死了。而罗布泊天然就是个“游移的湖”。即便如此，我们还是要问，塔里木河改道难道就跟军屯无关？军屯，反映了农耕文明对于游牧的自负，以及王朝中国对于西域的自负，从这两种自负中产生的治水文化，对楼兰来说就是致命的自负。屯田从楼兰一直屯到龟兹，龟兹位于塔里木河上游，而屯田必须蓄水，上游蓄水，而使旧河改道，旧湖干涸，下游断流，此即致命的自负带来致命一击。

安子其来，便行于这致命的自负中，佛法在他心头格外沉重。首要的想法便是，汉治西域当以佛法，不能全靠兵法。汉唐异代，其于西域亦各有其治。汉治西域未以佛法，何也？佛法东传，尚在半路，如安世高等。其时，佛经方译，佛法初兴，未能普及而成国之利器，至唐治西域，中国佛教已盛，遂于兵法之外大兴佛法，故能胡汉共和，中西一体。

从楼兰再往东去，那便是敦煌了。进入敦煌，已有两个关口。一个是阳关，为南道出入的关口，另一个就是玉门关，为北道出入的关口，从和田来的玉由此入关，所以叫玉门关。安世高就从玉门关随玉流而入。他这一路行来，所游历者皆为佛国，可一到敦煌，佛就不见了，触目都是长城。敦煌汉长城非以砖石砌之，而是以红柳、芦苇等植物枝条打底，铺土和沙砾，再夹芦苇，再铺土和沙砾，层层夯筑而成，以此分段修筑，相连为墙。长城内，于洼地上覆盖细沙，号"天田"，用来观察脚印。长城沿线，每十里许即有烽燧，十里一大墩，五里一小墩。烽燧，以戍卒守，敌来，白日起烟，黑夜举火，警示三十里。敦煌境内有烽燧八十余座，为土筑梯形方柱，其筑造方式计有三种：一以黄黏土夯筑，二以天然板土、石块夹红柳等垒筑，三以土坯夹芦苇等砌筑。烽燧，大都位于长城内侧，建在高处，高达 7 米以上。

到了河西走廊就会发现，这里跟天山走廊明显不一样，最显著的就是长城。天山走廊未见有长城逶迤，长城化管理是中央集权的标志。将国家边界沿着农牧分界线，用长城划分出来，长城所到之处，都被纳入郡县制。长城以外则为邦国制，设都护府管理。西域虽不由中央集权所治，但也未脱大一统樊篱。

长城是国家主权的标志和军事防御体系，具有国防功能。沿着长城一线，在边疆还造就了一个个城市，发挥着经济开发和城市建设的功能。河西四郡兴起就是长城往西域延伸的产物。汉代最早的玉门关，原在嘉峪关的石关峡中，随着汉长城穿越河西走廊而向西去，从石关峡迁往敦煌西北。

提起玉门关，人们首先就会想到唐诗，那是唐人的诗与远方。我们可以通过唐诗对玉门关的想象来确定玉门关的大致位置。王昌龄咏李广“不教胡马度阴山”，胡曾咏班超“西戎不敢过天山”，这两句诗反映了两汉时期汉家天下在西域的进展，从李广“不教胡马度阴山”的国土保卫战中，我们没有看到玉门关，到了班超时，已是“西戎不敢过天山”，他开始想念玉门关了——“唯思生入玉门关”。书生从戎，白发戍边，人在西域，玉门关就是当时中国的代表。那时，天山还是西域，还不能算作中国之地，那些迷你型城邦小国尚属希腊化世界的遗产，虽被纳入中国式天下管理，但未能与当时的中国融为一体，我们很难想象，像班超那样的史家子弟会落叶归根在只有佛国的世界里，对他来说，玉门关外，天山脚下，就是西域，能入玉门关才算回到中国，回归故里，故班超“唯思生入玉门关”。

那班超，是人在天山，回头看玉门关，那心情便异于王之涣。王之涣《凉州词》写玉门关，是人在凉州，从凉州看，想象着黄河，从那飘浮着白云的高原上奔流而下，万仞千丈中，有一座孤城耸立，那就是玉门关。那里的羌笛声穿云裂石满天飞，却不知杨柳依依是何种模样，就因为“春风不度玉门关”。

克孜尔石窟，第 205 窟，阿阇世王闻佛涅槃闷绝后复苏，现藏于德国

居延汉简

居延汉简出自汉代烽燧遗址。1930 年，西北科考团瑞典考古学家贝格曼在额济纳河流域对汉代烽燧进行发掘，在 30 多处遗址中出土一万多枚汉简，大部分为屯戍档案，还有私人信件和书籍，为了解汉代居延要塞的政治、军事以及经济制度等提供了珍贵的史料。

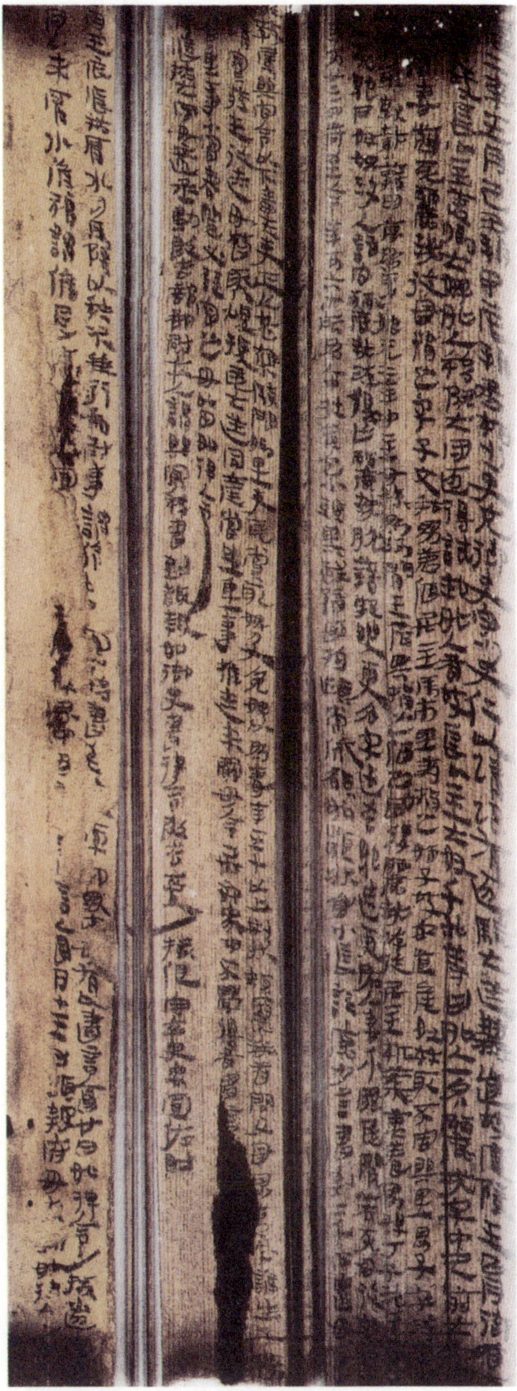

《甘露二年御史书》简册，
甘肃省酒泉市金塔县肩水
金关遗址出土

尼雅古城在丝绸之路的南道上，位于新疆和田地区民丰县北的塔克拉玛干沙漠中。1901 年被英国探险家斯坦因首次发现，50 多年后，中国与日本考古学界联手，开始大规模调查发掘，先后发掘了东汉贵族夫妇墓、古城遗址、寺院、佛塔及官署遗址等。除了覆盖在贵族夫妇上面的锦袍上绣有“王侯合昏千秋万岁宜子孙”字样外，还有“五星出东方利中国”锦绣护肘、“延年益寿长葆子孙”“恩泽万岁”“登高明望四海贵富寿为国庆”“世毋极”“金池凤”等汉锦，还有“大王”“王”“且末夫人”“大宛王使羡左大月氏使上所”等汉简。尼雅古城遗址，布局以佛塔为中心，由寺院、民居、官署、宗教建筑、墓地构成。西汉时期，丝绸之路是商旅、使节甚至军队走出来的南北两条干道。对中原人来说，南道指西出阳关，沿着塔里木盆地南缘，经过若羌、于阗、和田、莎车等地，越过葱岭，通往大夏、大月氏和安息等国；北道北出玉门关，沿着天山南麓，过龟兹国等，翻越葱岭，通往大宛、康居、奄蔡（里海北岸）等国。尼雅古城是古代西域三十六国中汉代的精绝国和东汉末到魏晋初年的鄯善国治所。

尼雅 95NM1 号墓地 3 号墓棺，夫妻合葬墓

05

佛法开山

——从庐山到天台山

李白长吟，诗云“长风几万里，吹度玉门关”。然风从何来？几万里长风，是从天台山吹到天山吧！若从天山吹度，风至玉门关，不过千里之遥，与几万里相比实在微不足道，看来写诗的心情很重要。李白到过天山，也到过天台山，他希望天台山的春风能吹度玉门关，一直吹到天山去，于是，诗中便有了“明月出天山，苍茫云海间”，有了“龙楼凤阙不肯住，飞腾直欲天台去”。

从天山到天台山一路走来，李白并非第一人。第一个这样走来的，还是那位入了佛门的安息王子。

安世高进了玉门关，他是不是感受到了如李白诗中所说的“长风几万里”呢？他早在李白的诗问世的几百年前，就已感受到了从万里之遥吹来的“长风”。但那不是一年一度的春风，而是前世因果的“长风”。他要迎着因果的风头走去，从安息出发，已到达敦煌。可敦煌不是他了断前世因果的地方，他还要从天山走向天台山，从西域走到江南，在江南，以庐山为前站，从江南往岭南，从豫章到广州。

那位安息王子从敦煌进发，沿着长城一线，经由玉帛之路，东行至长安，进抵洛阳。洛阳城里已然有个白马寺，白马驮经先于他到来，似乎前世的约定等在那里，他住进白马寺。

安子在洛阳弘法译经所译以禅、数为主，遵从一切“有部”，在戒、定、慧三学中，尤重定、慧两学，禅为定学，数为慧学。安子译的《安般守意经》和《阴持入经》即为其禅、数之学的代表，其于三藏，特别善论藏学，精通毗昙之学。

翻译首先要过语言关，但它又不仅是语言的转换，还是文化的交流，即通过传译，将一种文化场景里的叙述转移到另一个文化场景里，使之具有相关性，因而交相辉映，熠熠生辉，这就要求好的传译要能直达，尽量减少语言转换的中间环节，找到两个文化场景的会通处，直接表达，将文化的质开显出来，这也就是所谓"直译"。

译僧支谦在《法句经序》中谈到佛经传译时指出，"今传胡义，实宜径达"。所谓"径达"，也就是我们所说的"直达"。为此，他还引用孔、老之言，孔曰"书不尽言，言不尽意"，老子称"信言不美，美言不信"，所以，主张"因循本旨，不加文饰"。支谦以孔、老之言为译经标准，已含有孔、老、释一体化的倾向，后来三教合一的萌芽就从这里生长出来，但这要有一个前提，即以思想共和为自明的公理。

安世高为支谦前辈，其译作如支谦所言，即重直译——"径达"。道安说，"世高出经贵本不饰"。《高僧传》说，安子所译"义理明晰，文字允正，辩而不华，质而不野"。由支谦提倡，其本人却难以做到的，安子早就这样做了。两人分别在于，支谦虽祖籍大月氏，但其祖父在东汉灵帝时来华，他本人也在中国出生，已然认同于汉，所以有胡汉区分。支谦认为，"今传"佛法皆为"胡义"，基本由西域诸胡之佉卢文翻译而来，非由梵文"径达"，故汉传佛教应除去"驴唇"之文饰，回归梵文本旨。

其时，贵霜帝国已衰，希腊化世界再也打不出王牌，佛教运动中心正向中国转移，安世高为什么要将他前世的因果安排在中国？就反映了佛教运动的这一趋势。在中国，他没有选择离西域最近的敦煌，也没有选西京长安和东都洛阳，他在洛阳译经三十年，游化中国，可他还是选择了江南作为他前世因果的叶落归根之地。

此次来中国，安世高并非与王朝合作，一同打造所谓佛国，而是来安顿他的自我。他本是安息王子，而且是太子，理应继承王位，但他还是把王位让给了叔父。对于他来说，获得王位远不如找到自我重要。可他的自我究竟在哪儿？这是一次寻找，也是一种选择，他遍游东西方，游走于希腊化世界和中国式天下，出入于梵文与汉语之间，行止于巴利语和佉卢文的佛国，他最终选择了中国的江南。于是，天山之后，他前往庐山。

《高僧传》以神异灵怪的叙事方式记载了安世高的江南行迹，另外还有种种传说也以不同的方式流传，魏斌《安世高的江南行迹》一文对此有详尽考察。本书不想深入那些传说的细节，只想大致勾画一个脉络，并通过这一脉络来看佛教在中国的进展，如何以神异叙事在王朝中国之外开发文化江山。

安子江南行迹的第一站就是庐山，最早见于东晋慧远的《庐山记》中，后来，被梁僧慧皎撰入《高僧传》中，又增加了广州和会稽两部分。

中国历史上，第一位来到江南的异国僧人便是安世高，写江南佛教史，第一个就要写他，他在东汉末年就已经来了，于庐山度化神莽后，又在豫章建了一座自己的寺院，叫"大安寺"，那应该就是"江南第一寺"吧？所以，诗中说道："豫章金蛇报大安。"第二位是支谦，他是三国时期吴国人，以译经闻名，当然知道安子是他的前辈。再说，安子在江南的活动范围都在吴国境内，但他却未谈起有关安子的行迹。第三位就是慧远，东晋人，是释道安的弟子。他们都推崇安子，师尊安子直译佛典。慧远尊崇安子垂化神迹，有文可据的安子前世因果牌首先就由慧远打出来，两人先后来到庐山，各尽其用。第四位是慧皎，齐梁间人，籍上虞，居会稽，故《高僧传》中叙安子行迹，最后一站就搁在会稽。在会稽，安子被人误伤致死，开始新的转世，故行迹终止。

慧远之于安子，何以推崇备至？除安子作为先行者已有传说流行于世，还有弘法也要有奇迹，安子倡导轮回转世之说，适宜垂化神迹，更因其轻王位，重自我，成了"沙门不敬王者"的实例。既然轮回超越了历史，因果高于现实，出家人还拜什么皇帝！

随着佛教在中国传播，沙门要不要拜王者，已经成了一个大问题。早期译经，有所谓“护国三部经”，即十六国时期后秦的鸠摩罗什译《摩诃般若波罗蜜经》和《妙法莲华经》及北凉的昙无谶译《金光明经》，其中就有主动迎合帝王学的倾向。《维摩诘所说经》宣扬在家居士维摩诘，那就更是通往帝王学的代表。

有人认为，佛教在印度并不关心政治，到中国来以后才追求政治挂帅。其实不然。佛教出于刹帝利种姓，其本身就含有国家主义的倾向，几乎在每一个发展阶段上，只要有可能，就会争取国家支持，这是佛教的一个传统。孔雀王朝和贵霜王朝就不必说了，佛教于西域诸国，皆与国家相结合，于印度，非不欲也，实不能也——被印度教排挤了。

道安指出“不依国主，则法事难立”，一语道破佛教传统。但其弟子慧远在庐山却发现了一种新的可能，那就是文化中国，能“不依国主，法事自立”！也许是安世高的江南行迹启发了他，安子来自安息，只身来到中国，中原译经，江南立寺，不走官场路线，不靠王权主义，有人说他这是自证因果，不过一自了汉而已。所言差矣！须知大乘根基在于个体，而出家就是让自己成为真正的个体。世尊说，“天上地下，唯我独尊”！此“我”，针对人类性而言。“我”之所以能“独尊”，是因为“我”之个体性与人类性相通。其他，如国家、民族、阶级等，皆为人类性的分割，越发展离人类性越远，只有回到“我”之个体性上来，才能通往人类性，只有基于“我”的人类性，才是普度众生的大乘法器。“我”若出现，就“独与天地精神往来”，那还拜什么王者！有了“沙门不敬王者”的自觉，慧远成了净土宗开山者，庐山亦因之而为江南一方现实净土，在文化的江山里，开方便法门，念佛成佛：阿弥陀佛！

慧远的出现为中国带来了思想史上的新潮，即以庐山为中心，绿植了三教合一的根苗，还以莲社，为江南六朝开了个玄佛合流、儒释相通的思想共和的苗头。玄佛合流的苗头在江南和岭南竞放，到了唐朝，终于一花开五叶，从六祖到马祖，开出即心是佛的禅宗之流，故诗曰“六祖衣钵今何在，心灯一盏马祖传”。当知禅宗一脉亦与安子行迹有关。传说安子从豫章往广州，了得前世因果返回，后来便有达摩祖师从印度来，在广州上岸，有了六祖慧能落脚韶关，接着就有了马祖的洪州宗。而儒释相通苗头，于唐宋之际，在庐山脚下，亦结了一个思想共和的硕果，那就是白鹿洞书院。如“茫茫九派流中国”，朱熹到此兼收并蓄，兴起宋代理学大波澜。

六朝三教合一，庐山之外，还有会稽山。庐山，有慧远开山，还有陶渊明隐居，有净土宗里可以不敬王者的一方净土，还有桃花源中已然不知秦汉的桃花人家。而会稽山在慧远之前，则已先自有了人与山川相映发的王谢风流，有了玄佛入山与山水诗的兴起。但比王谢之流更早到来的，却是那安子。安子将他了却前世因果的终点放在会稽，慧皎《高僧传》就是这样安排的。之所以这样安排，难道是因为慧皎也是会稽人？其实慧皎本人与两山都有缘，不但是会稽人，而且南梁侯景之乱后避乱至庐山，死后也就葬于庐山。早年，在会稽嘉祥寺，春夏讲经，秋冬著述，他最重要的著作就是那部十四卷的《高僧传》。

印度文化历史观念淡薄，佛教讲轮回，讲因果，不怎么讲历史，可中国文化最重历史观念，汉传佛教的一个特点就是在佛教文化里加入了历史观念。《高僧传》为其代表，它把佛教从轮回的神异叙事带到历史叙述中，中国历史观念本来就神话与历史交错，所以《高僧传》能兼顾神异叙事和历史叙述。慧皎对安子的叙述即以此交错方式。毕竟宗教看重奇迹，历史追求事实，拥有二者才构成宗教史，而“传”作为一种历史的形式，在神异叙事中同时又有了传奇的样式，正是传奇所蕴含的超越现实的意义，赋予了佛教文化开山的现实动力。

慧远如此，慧皎亦如此。作为佛教文化的开山者，他们不能自以为是，通常都要有一位先驱，刚好安子在江南的行迹被他们拿来作为佛教文化开山的贴示。

在《高僧传》里，我们看那些外来的和尚游化中国，念的都是三教合一的经典，走的都是思想共和的路线，这是那个时代的思维方式使然。不仅安子以孝闻名，符合儒家传统，其精于禅数，又同道家的修行和术数可以互动，其他人也是这个路数。当支娄迦谶紧接着安世高来到中国时，他带来的大乘佛教般若学就与刚兴起的玄学思潮结合了。

钱仲联作序、蒋述卓著《佛经传译与中古文学思潮》曰：东汉时期，安、支二人，先后至中州，安译小乘上座部一系，支译大乘经，特重般若，般若之学既行，促使王弼、何晏之玄学融于佛理，转而又使佛言玄学化，而自支道林至谢灵运诸贤，佛玄双运，恢恢乎与道大适。钱氏以其极简之言，准确地描述了那个时代的思想面貌及其肌理构造。

传译是一种审美，是对不同思想和不同语言的审美，信、达、雅作为审美标准，虽为近人严复所倡导，但早在三国时期就由支谦《法句经序》提出来了。玄佛合流，而思想共和的追求有个前提，便是基于信、达、雅的审美观照，谢灵运与慧远之于庐山，王谢风流与支道林之于会稽山，都表现出了思想共和的美学风范。

但这一切或许都是由于安子播种的因缘？安子的江南行迹在会稽山终结了，其实，他再往前走一步就到了天台山，可他偏偏就在会稽倒下了，用世俗的眼光来看，他死于非命，用佛法之眼来看，他来确认因果报应，死的同时，其实也是新生。如果再次转世，他会选择哪儿？很有可能就是天台山。因为第一次由中国人开宗立派的佛教天台宗，在慧皎完成《高僧传》后不久，就在天台山出现了。可惜的是，慧皎没能见着，亦未曾料到，所以，《高僧传》里没有为天台山留个预告，到了唐朝道宣作《续高僧传》时，中国已有了成熟的佛学思想体系，以佛法开山无须借助神异叙事。

从天山到天台山，天台山是个句号；从西域佛教到汉传佛教，天台宗是个句号，当中国佛学体系在思想共和的磨合中成熟，以神异叙事开山的冲动便告终了。

天台宗，为中国佛学第一宗，开宗者智顗，人称“智者大师”。智顗本人是述而不作的，就像释迦、孔子，有弟子给他做记录。给他做记录的弟子叫章安大师，据说，《法华玄义》《法华文句》《摩诃止观》等由智顗宣讲，章安记录，以此记述，不仅为天台开山，且为中国开宗。有人说，他是如来佛的化身，把他叫作“东土释迦”。到了这份儿上，还要安子的因果吗？

《白莲社图》卷（局部），（北宋）张激绘，纸本，水墨，辽宁省博物馆藏

慧远“沙门不敬王者”

东晋释慧远（334—416），佛教净土宗初祖，山西人，童年学儒，旁及老庄，成年后，师从释道安，游学江南，适遇庐山，遂以东林寺为道场，与名士多有往来，著《沙门不敬王者论》。

魏晋时代，中国思想史上出现了第一次西学东渐，佛教从西向东，影响中国本土儒道士林。慧远邀集众僧和名士，在庐山虎溪东林寺结社，因寺内种白莲，号称白莲社。社员除僧人外，还有陶渊明、谢灵运等诸多学者，表现了儒释道合流的趋势，影响远播。晋人结社，在中国思想史上出现了第一次盛况，为后人乐道。据说，宋人李公麟画有《莲社图》，惜原画已失传，所幸其外甥张激所画《白莲社图》流传下来，描绘了有陶渊明、谢灵运参与的莲社活动场景。

06

一个偷渡的思想者

从庐山到天台山，有一条唐诗之路，那是李白诗意活动的空间。从“飞流直下三千尺”到“天台四万八千丈”，有如天外飞仙。诗若鹏举，化作长风万里，吹度玉门，直抵天山，从“十步杀一人”的侠客行，到“直为斩楼兰”的将军吟，总之，他就是个“千里不留行”的永动诗汉。历史上，不知有多少写饮酒的诗人，只有他写出了酒神精神。

可有一人脚踏实地，万里之行始于足下，比李白的诗走得还远。唐人写边塞诗，多写阳关和玉门关，再远也远不过楼兰，但他在西域行程中却迈着谦卑的脚步，从长安出发，过玉门关和天山，从高昌到龟兹，前往天竺。就像日出日落一样，他日复一日，年复一年，一步步开拓着自己的信仰空间。信仰的脚步毕竟与诗意的脚步不同，信仰的步履需要特别坚定，所以显得格外沉重，而诗意则能飞翔，酒神离不开诗意，而日神却要日复一日过着有规律的日子。如果说李白是大唐酒神精神的代表，那他就代表了日神精神；如果说李白代表了自由飞翔的大唐诗性，那他就表现了基于信仰充满定力一往无前的大唐理性。

他是谁呢？当然是玄奘，人称唐三藏，于佛教经、律、论皆通。自从有了唐三藏，世界佛教学术中心，就从印度转移到中国来了。玄奘敢发大愿，且工于计划，勇于实行。其时，中国佛教兴起，倡导者众，开山者多，在他之前，已有慧远“致广大”，开了净土方便之门，有智顗“尽精微”，深入中国思想与印度思想的根底，以天台三大部——《法华文句》《法华玄义》《摩诃止观》自成中国佛学的思想体系。日本学者池田大作于《我的天台观》之《天台智顗应有的位置》中指出，如果从佛教徒中选择中国的代表性头脑，那么就非天台大师智顗莫属。在池田大作看来，天台大师智顗应该是如老子之于道家、孔子之于儒家那样的代表性人物，如果说释迦代表了印度佛教，那么智顗就是中国佛教的代表。

玄奘登上历史舞台的时候，慧远的方便法门和智顗的思想高峰都已形成。在原创性的思想方面，他不可能达到智顗那样的高度，在实践性的传教方面，他也不可能提出像净土宗那样的极简主义的法门。玄奘没有接着他们的路往前走，他走了另一条路，那就是回归佛教原典，以文献为基础，以传译原典的方式建构中国佛学殿堂。而禅宗的出现则可以认为是二者的结合——极简主义的方便法门与原创性的思想相结合。相比之下，我们可以说，慧远是实践性的，智顗是思想性的，玄奘是学术性的，他们各得其所。

从思想史上来看，诚如池田大作所言，智顗更为重要，可以作为中国思想的代表，但放到文化的江山里来看，我们还是选择了玄奘，因为他从自我的佛性——我们称之为“文化个体性”出发，往返达五万里，春秋约二十载，行域之广已非汉时张骞通西域可比，东晋法显虽可为之先驱，但要论到佛学，实难与其并论。

六朝之初，中国佛学尚未形成自己的思想体系，仅以玄佛合流与之互动而已，故法显之前，佛法以传入为主，至法显前后，风气为之一转，转为重引进。法显之于佛法重戒律，故其引进之重点为《摩诃僧祇律》。其后，中国佛教风气又一转，转向创作，在文化的江山里，诗、史、思并驾而起，齐驱而至。

诗，指山水诗。佛教山林坐禅，把山水当作佛的化身，以为观照山水就可见到佛的法身。蒋述卓在《佛经传译与中古文学思潮》中提到“玄佛并用与山水诗的兴起”，指出般若空观对玄学和山水诗的影响，正是在“以玄对山水”的基础上，以佛法为本体，确立了山水诗的诗性，正所谓“青青翠竹，尽是法身；郁郁黄花，无非般若”。

史，指《高僧传》《续高僧传》之类的佛教史出现了。在中国，任何一种文化，其最高形态都是一种历史样式。历史，除了时间的积累，形成所谓“历史时期”，还要有历史观，用来对人的行动做出评价，并给予指导，使行动产生的事件成为历史事件，使事件中的人成为历史人物。佛教有了自己的历史，那就说明它在中国文化里生了根。

思，指天台三大部那样的中国佛学思想体系，其中，《法华玄义》乃以“玄义”解读《法华经》，可见其思想的玄学来路，《法华文句》则以因缘、约教、本迹、观心四个层面对《法华经》做文本释读，而《摩诃止观》则是智顗“说己心中所行”。他究竟说了什么？只此“一念三千”，便一句顶一万句，将佛教全体“一言以蔽之”了。《摩诃止观》卷五上曰“夫一心具十法界，一法界又具十法界、百法界，一界具三十种世间，百法界即具三千种世间，此三千在一念心”，这“一念心”就是天台中心思想，止观观法大体，自我心行法门，其重要性或曰当与释尊菩提树下证悟真理媲美。

这样的诗、史、思，是在法显东归以后才有的，却成了玄奘西行的起步，起点不一样，追求的目标也就不一样。法显的需求是基于短缺，中国缺什么，他就引进什么，而玄奘则要求全，不光印度有什么他要什么，印度没有的，被他发现了，也要拿来。就这样，玄奘成了集大成者——唐三藏，最完备的佛学体系被他从印度带到中国来了。

学术之路是一条追求真理的路，这一路并非都如清风明月一般使人有福利可图，也没有传说中的象牙塔供人起居与阅读。实际上，一旦诱惑出现并接受了它，便要前功尽弃，那时，你只能放弃这些，望着自己的目标，继续前行，去面对前途的凶险与艰辛，其中烦恼，实非百姓日用之种种可比，而玄奘则使烦恼成了史诗。

他迈出第一步，就有着悲剧的意味，开始了个体与国体的冲突。贞观元年（公元 627 年）玄奘结侣，上奏陈表，请允西行，但未获批准，可他决心已定，贞观三年竟然“冒越宪章，私往天竺”，以实际行动开启了“沙门不敬王者”的印证。玄奘披星戴月，潜入西域。

李唐开国之初，认祖陇西老子，且崇尚道教，故不以佛教为然。又因高祖曾雌伏于突厥，而太宗反击，故闭关锁国，禁令西行。玄奘西行，适逢其时，一个青春小和尚，正是中国美少年，说走就走，没有带着国家身份，特立独行，作为一个个体，他竟然走遍天下都不怕，他靠什么？靠佛法！从河西走廊到天山走廊，整个西域都是佛法的天下。

他此番西行求法，途中所见，已与汉时东来的安世高大不相同。安子东来为汉传佛教的初级阶段，玄奘西行时，汉传佛教已开始进入全盛时期，安子来时，西域未见石窟，唯有佛塔，而玄奘至西域时，石窟已遍地矣。

当南朝的名士与高僧还在进行玄佛合流的思想探讨时，北朝已开始大刀阔斧凿山开洞了；当南朝还在讨论沙门要不要敬王者时，北朝的帝王已开始以如来佛转世自居了。因此，出家人拜帝王，就等于拜如来佛，南朝人纠缠不清的，被他们一刀两断了。北朝僧人本来就以依国主为能事，只要朝廷给了拜王就是拜佛的理由，那就拜吧！

有了因果，还要因明做什么！可南朝僧人不一样，既要因果，还要因明，既便神异叙事，也得理性说法，总之，他们还想保留对佛法正当性与合理性的追究。

而北朝则让王权一刀切。既然人民信佛，那帝王理所当然就是如来佛转世，至此一转，便帝佛合一。南朝梁武帝拜佛，拜得惊天动地，但是拜佛不成佛，梁武帝至死都未能体验过一把如来佛转世的意味，相比之下，他拜佛就显得婉约，只拜出个“南朝四百八十寺，多少楼台烟雨中”，没有拜出自我。当达摩到来时，他还在婉约——自说其功德，结果把达摩说跑了。如果他跟达摩说帝佛合一，他是如来佛主转世，达摩还会跑吗？北朝的帝王则要豪放得多，他们还没放下屠刀就要立地成佛。大夏赫连勃勃常披佛像于背上，自称“人中之佛”，令沙门礼拜佛像，说拜他就是拜佛。

不过，这也太露骨、太鲁莽了，信仰终归要能收服人心，不能仅靠手持大刀、刀剑砍杀让人来拜，既不合理，亦非长久之计，若人心不服，称佛也枉然。大夏很快就亡了，没人觉得会有佛来保佑，所以，后来者要换个方式。想归想，说归说，他们虽然这么想了，但话却不能自己这么说，要有人来替他们说。于是，北魏朝来了位叫法果的和尚。法果拜见皇帝，帝问：出家人为什么要拜我？答曰：我非拜天子，我来拜佛。这样一来，就顺理成章了。都说佛法圆融，可无论印度佛法，还是希腊化佛法，阿育王也好，迦腻色伽王也罢，都圆融不到帝王合一上来。

希腊化的像教，能想到以阿波罗的形象来做佛造像，但无论如何也想不到用现实的君王的形象来做佛造像，而中国的和尚则想到了。佛不是有化身，能转世吗？那就让他化作现实的君王转世为帝好了。这样的思维在别国很难，在中国则是一种传统。

殷有上帝，为最高神，殷人先是帝祖合一，将其改造为祖宗神，后来又帝王合一，以王为神了。周人有天命，先是天民合一，如“天听自我民听”等，后来又把王当作人民总代表，实现天王合一了。战国以后，崇尚天道，秦以道入法、术、势，形成君道同体。两汉以后，南北朝时，佛入中国，无所不及，帝垂涎之，王觊觎之，欲求帝佛合一，法果和尚一语，将佛法引入帝王学，以化身说，确立帝佛同体，以转世说，取得帝佛合一。

佛法上贯通了，还要以像教的方式开显出来。据说，云冈石窟第 20 窟那著名的露天大佛，便以北魏道武帝的面孔为原型雕塑，连佛的像教也开始汉化了。

还是汉化好啊！汉化的和尚除了会念“护国三经”，还懂得帝佛合一，引佛法入帝王学，解决了一个王朝权力来源的正当性及其执政的合法性问题。谁拥有正当性，就具有统一性，就能以佛法统一天下。你想想看吧，这在朝不保夕的乱世，有多么重要！

以帝王学加持佛法，那是佛法汉化，以帝王尊容加持佛造像，那是像教汉化。汉化方面当然不止这些，但以政治思想和政治文化对佛教的影响最有中国特色。在政治思想上，第一个吃帝王学螃蟹的，是法果和尚，在政治文化上，以帝王面目为佛造像的第一人，则是昙曜和尚，而第一个皇家级石窟，便是云冈石窟。

昙曜兴佛法，以为圣法兴毁必在帝王，故以帝王为佛化身，造就石窟佛像。北魏素有凿石为庙的习俗，其居幽都时，曾凿石为宗庙，南迁后，欲就近立庙，昙曜之前，文成帝已先命师贤凿帝石像，令如帝身，其于头脚各有黑石，如帝体上下黑痣。

师贤乃胡僧，对法果所言帝佛合一未知其根本，亦不得其要领，看他下手处，仅以两枚黑石为化身标志，可谓貌小合而神远离。昙曜则不然，其于法果所言颇能心领之，且以神会之，其凿石窟之宗旨，乃以寺院宗庙化之像教表达帝佛合一。

昙曜五窟即16、17、18、19、20窟，象征文成帝、景穆帝、太武帝、明元帝和道武帝，以中土造像结合西域风格，中国化、希腊化、印度化三位一体，后世已难能再现了，其“凿石开山，因崖结构”，形成了“云冈模式”，这一模式成为佛教汉化的一个标志，北魏的主体鲜卑族正是在印度和西域佛教汉化的大趋势中，随之开展了鲜卑族的汉化。

佛教的国家主义的汉化政策，虽然为佛教在中国的发展提供了国家动力，但同时也带来了新的问题。既然以汉化为主导，何不以汉家本土宗教取而代之？这就引起佛道之争。因为佛教是经过胡化以后才来到中国的，所以，汉化应该接着胡化进行。但道教方面却另有说法。西晋道士王浮提出“老子化胡”一说，这就把佛教的来源说到老子那里去了，把道教说成了佛教的祖先，把佛教说成了孙子。这样说来说去，把宗教上的佛道之争说成了政治上的胡汉之争，本来胡人皆信佛教，汉人与之对抗，故在佛教汉化的基础上又特别提倡道教，结果，北魏出现了寇谦之的新天师道，被崔浩用来开展汉化的政治斗争，导致了魏太武帝的灭佛事件。此后，有关“老子化胡”的问题还在国家层面上，由政府主持，让佛道两教派各自出代表，就在朝廷上引经据典，进行公开辩论，经皇帝及在朝诸公仲裁。

这样的国家主义闹剧，从北魏朝开始一演再演，演到了隋唐时期，一直演到玄奘问世。作为个体，玄奘有自己的考虑，他不想留在国家主义的各种说法里面。他要走出去，去追求真理，最起码要知道佛教本来是个什么样子。他以自己的实际行动，表明了他个体立场——“沙门不敬王者”！若他相信，中国皇帝就是如来佛转世，那他还要西行求法做什么？若他相信，帝与佛可以合一，那他还要万里取经毕生译经做什么？皇帝即佛你不拜，跑去西天干什么？如此一问，朝廷便将他否了。他只好形影相吊去偷渡了，成为大唐天下里第一个偷渡的思想者。

榆林窟，第 3 窟，唐僧取经图，西夏中晚期

榆林窟第 3 窟中有两幅《唐僧取经图》，其中一幅就是这面双手合十，立于悬崖，望江水滔滔，身后有白龙马驮莲花经书，还有那位猴面人身的随从。

云冈石窟，第 16 窟，褒衣博带释迦立佛像，北魏

云冈石窟

云冈石窟位于山西大同，自佛教东传以来，是最早开凿的皇家石窟，为北魏政权所建。据《魏书·释老志》载，公元 460 年，高僧昙曜上书魏帝，请求开凿五座石窟，是为云冈石窟第一期工程，又称昙曜五窟，即今人所称的第 16 窟到第 20 窟。造像以过去、现在、未来三世佛为主，造像的形体面貌均按照北魏太祖以下五帝面貌为摹本。其中第 16 窟释迦佛主像，褒衣博带，眉清目秀，年少英俊，据说是文成帝的肖像，第 20 窟露天大佛，以北魏道武帝的真面孔为原型雕塑。帝佛直接合一，帝王尊容加持佛造像，王权加持佛教，就连佛的像教也开始向帝王气象转化了。

07

思想者的西域传奇

玄奘偷渡时，何曾料到有朝一日会出现在敦煌壁画中被人景仰？他的光辉形象最早出现在西夏时期的榆林窟里，而非莫高窟中。

敦煌石窟非天降神奇，其来有自，亦如佛法一般，源于印度，来自西域，自成一体，其文明样式亦成一复合类型，为印度化、希腊化、中国化三位一体。

印度修士，其修行多居石窟，不但佛教有佛窟，耆那教和印度教等也都各有其窟。佛窟之代表为阿旃陀窟，其窟如以佛史来分，可分为小乘与大乘两个时期，若据王朝而言，则从孔雀王朝到笈多王朝，始凿于公元前2世纪阿育王时期，终止于公元7世纪中叶，前后约900年。7世纪初，玄奘曾来此朝圣，《大唐西域记》卷十一记述了摩诃剌侘国东境阿折罗伽蓝及石窟。所谓“阿折罗”，亦即“阿旃陀”相近音译。

印度早期佛窟依山而凿，分僧房和塔庙两类。僧房窟，主室为一大厅，其正面和两侧各分小室，供僧人起居与修行，厅中央为佛事活动场所。塔庙窟，马蹄形，窟室后部呈半圆形，中央设佛塔，拜佛者绕塔巡礼。通常两窟并列，多为一体。

佛窟发展到中亚，著名者仅有巴米扬窟，以大佛闻名于世。玄奘途经于此，称其所在为梵衍那国都城，记曰“伽蓝数十所，僧徒数千人”，又言，东西两大佛像，或高百余尺，或高百四五十尺，皆“金色晃曜，宝饰焕烂”，可惜今已毁于塔利班。玄奘还提到“城东二三里伽蓝中有佛入涅槃卧像，长千余尺”，言之凿凿，当为亲眼所见，可不知从何时起，它消失了，连个遗迹都未留下，那就考古吧！

大佛信仰，为巴米扬特色，印度本土虽有巨塔，却无大佛，佛至中亚已与原始佛教有异，弥勒流行起来，且以巨佛形象表达了人类对于来世的期望。

追求来世，对东土产生了巨大影响，从此大佛兴起如雨后春笋。若谓巴米扬佛窟在中亚且独一处，那么佛窟之于中国西域真个是“忽如一夜春风来，千树万树梨花开”了。只要来到龟兹，你就会发现，那是在大漠之中、绿洲之上、群山之间，盛开的一朵生生不息的洞天佛国之花，一个永动的绵绵不绝的佛法文艺舞台，在天人之际用自由的色彩和理想的造型无言排开的一系列永无尽头的画廊。

龟兹是西天佛法入东土的第一站，所以，尽可能展示佛法最美的那一面，那里的歌舞，那里的壁画，那里的石窟，都在向我们展示一个信仰与审美的国度。一个小国，哪来那么大的精力，竟然凿造了 500 个大石窟？其石窟比敦煌要早，起码要早个百来年，可以说它是敦煌的先驱，也可以说它是敦煌的老师。

但玄奘到来时，他看见了一座荒城，那里有过一个跟龙有关的传说，说是龟兹国东境城北天祠前有一大龙池，先是诸龙易形，与牝马交合，生龙驹，后来又变为人，与妇人交合，生子，皆为龙种，龙性难驯，不恭王命，龟兹王乃引突厥兵来屠城。他述说了这传说由辩机编入《大唐西域记》，还特别补了一句：“城今荒芜，人烟断绝。”他为什么要在书里这样说？很明显，这样的说法属于神话与历史交错。本来，他笔下已是惜墨如金，但他却偏偏要在这无稽之谈上不吝笔墨，这是为什么？在此，他留下了一条历史的线索，那线索便是突厥，是突厥人在这个如花似玉的世界里屠城，而且屠的还是在此培育“龙驹”的“龙的传人”——中国人。中国人寻求西域宝马，早在两汉时期就开始了，为此，汉武帝还专门写过《天马歌》，诗中，马有龙性，与龙为友。盛唐时期，李白也写了一首《天马歌》，除了以天马自喻，还特别强调了天马具有龙性，而李白本人就很像这样一匹西域龙驹。

这传说似乎暗示，龟兹王有可能勾结过突厥杀害中国人，这就为大唐占领龟兹、设立安西都护府，提供了一个正当性的理由，尽管这理由只是个传说。

须知口述《大唐西域记》的玄奘，已非当年西行求法的玄奘。那时，西行的玄奘还是一名偷渡的思想者，在述《大唐西域记》时，他已成为以佛法治西域的代表，当然要站在国家主义的立场，反映大唐政治正确的主张。可其中亦有难言之隐，心头之痛，尽在无语中。僧不妄语，他可以不说，但不能说假的。

对高昌国，他就什么都没说，《大唐西域记》里竟然一字不提，为什么？因为，站在大唐的立场上，高昌勾结突厥，是敌国，站在他个人的立场上，高昌有恩于他，赞助他西行求法的，不是大唐，而是高昌，不是大唐皇帝，而是高昌国王。

《大唐西域记》是以国家立场，采取国别史的方式，为中国撰写西域史记，由此可见，玄奘不但是高僧，还是一位熟知史官文化、深谙春秋笔法的史家。正如季羡林在《关于〈大唐西域记〉》一文中所指出的，玄奘是个有政治头脑的和尚，绝对不会辜负太宗的希望。从历史学来看，这是一部历史地理之书；从政治学来看，是一部地缘政治之书；从大唐经世来看，则是一部以佛法定西域平天下的书。此书一出，太宗立马就读，据说，他还曾想让玄奘还俗从政。

较之法显《佛国记》，其差异不仅如《四库全书总目》所言，法显作《佛国记》，其文颇略，玄奘述《大唐西域记》较为翔实，表现为内容多寡，规模广狭，格局大小，还表现为文体上的差异：一为游记，一为史记；一为个人传，一为国别史。

马克思说，印度无历史。有之，当从玄奘《大唐西域记》始。玄奘用史家笔法，概述一百多国，列举山川形势、国土规模、城市大小、人民多少，以及国家信仰、国际关系等，简明扼要，为治西域者必不可少。法显《佛国记》显然志不在此，故其《佛国记》又称《法显传》，是他个人传记的一部分，而玄奘于《大唐西域记》之外，亦另有其个人传记，区分于国史。

《大唐西域记》是国家本位的，玄奘没有把他的个人情感带进去，可《大慈恩寺三藏法师传》就不同了，那是他为自己口述的，里面保留了他自己的心情。他把在国家本位里没有位置的高昌国及其国王麴文泰，放到个人本位的自传里叙述，当他从长安出逃时，他便成了大唐追捕的逃犯，在高昌国王派人迎接他之前，他一直行走在黑暗之中，挣扎在死亡边缘，他在生死关头结拜了生死之交。就是那位高昌国王，成了他的结拜兄长，把他当作命中注定的法王，跟他约定，他若成佛，就做他护法，他若取经归来，要在高昌待三年，为人民讲经说法。

其实，玄奘西天取经，从头到尾，不能一概而论，要做三段论。

一开始，是玄奘追求真理的个人行为，自高昌以后，国王麴文泰奉他为法王，把支持他取经当作一次护法行动，这样，玄奘取经就从个人行为转变为高昌国的国家行为，玄奘再次出发，就不再是一个人行动，而是带着一个国家使团行动。一路通关文书，一路金银玉帛，国王为他铺了一条追求真理之路，一条法王与人王义结金兰通往人类最高友谊之路，一条让结义之情升华的思想者之路。

不要以为高昌国王身处西域边鄙就没见过世上伟大的东西。麴文泰到过长安，见过高僧，他发现，那些德高望重者跟他无缘，都不如他眼前这位追求佛法的美少年。他也见了唐太宗，就是那位天可汗，也不以为然，他说：鹰飞于天，雉伏于蒿，猫游于堂，鼠噍于穴，各得其所，岂不能自生耶？各有各的活法。唯独那位美少年，他一见倾心，思想的光芒和真理的光辉令他着迷。两个心心相印的思想者在西域相会，还有什么比这更美？

孟宪实《玄奘和他的恩人麴文泰》说，玄奘启程，麴文泰为他准备了“四沙弥以充给侍。制法服三十具。以西土多寒，又造面衣、手衣、靴、幭等，黄金百两，银钱三万，绫及绢等五百匹，充法师往返二十年所用之资。给马三十匹，手力二十五人”。对此，孟君算了一笔账，他从《高昌内臧奏得称价钱账》中列举的高昌年交易税——“称价钱”来看，指出，玄奘得黄金百两，折合银钱约625文，超过高昌一年的黄金交易总量，所以，三万银钱在当时是个庞大数额，须高昌50年所得“称价钱”。五百匹绫及绢，若以高昌曾存在的评估价格推算，以每匹40文计，又是两万文。此外，为了玄奘能顺利西行，麴文泰给沿途二十四国国王都写了国书，每书附大绫一匹为信。大绫比绫贵重，二十四匹至少得有一万银钱。为了寻求西突厥统叶护可汗的帮助，又献“绫绡五百匹、果味两车”。果味不知如何计算，加在一起，总不会低于两万。总计银钱八万。阿斯塔那48号墓出土一组延昌二十七年（公元587年）的高昌兵部买马奏行文书，一匹马最贵45文，最少32文。以一匹40文计算，玄奘的八万银钱可买马2000匹。“四沙弥”用来侍奉玄奘，“给马三十匹”以供运输，而“手力二十五人”当为全程行脚之劳力，其雇用价格以二十年计，亦相当于高昌银钱五万多。这样一笔账算下来，以高昌仅三万余人的小国，恐怕将其国库积蓄的一半都用上了，这是为真理投资呀！历史上，有为美人倾城倾国者，有为真理者乎？有之者，西域高昌王也！

高昌王开了一个好头，西域各国也都跟着来支持了，就连西突厥的统叶护可汗，由于高昌王的请求，也一路上给予了关照。要知道，在大唐势力到达之前，突厥人主宰了西域，令行禁止，唯突厥人马首是瞻，只要突厥人一发话，玄奘就可以通关了。

这些情景没有出现在《大唐西域记》里，但都保留在《大慈恩寺三藏法师传》里。唐太宗虽然读过《大唐西域记》，却未读过《大慈恩寺三藏法师传》。这两本书皆由玄奘口述，弟子笔录而成，所不同者在于，《大唐西域记》在玄奘手里完成，有玄奘和弟子辩机一起署名，而《大慈恩寺三藏法师传》则仅题慧立本、彦悰笺。或曰，玄奘逝世后，《大慈恩寺三藏法师传》由慧立写成。其实不然，若非玄奘本人口授，其行迹与隐私，他人怎知？所以，我们认为，《大慈恩寺三藏法师传》在玄奘之时已完成，然只是自传，其中隐私亦不宜问世，仅传弟子，以心传心，明其心迹而已，故初稿完成后，慧立便藏之于地穴，秘不示人，临终时，“乃顾命门徒，掘以启之。将出而卒。……而此传流离分散他所”。

大慈恩寺费时多年，将《大慈恩寺三藏法师传》搜全，请彦悰为序，并笺以问世。彦悰见原本有缺，初未应允，人责以“佛法之事”，故笺之以为十卷，题“沙门慧立本，释彦悰笺”。笺成已是时过境迁，太宗、高宗相继去世，太后武则天废太子自立，推翻李氏，做女皇帝，欲以佛教加持，助武氏取代李氏，故《大慈恩寺三藏法师传》亦随之问世。

玄奘西行，其行迹与心迹略于《大唐西域记》中，详于《大慈恩寺三藏法师传》里。《大唐西域记》为奉太宗敕命而作，故为国立，《大慈恩寺三藏法师传》乃为己之作，述一己往事，怀以往故人，故欲自立。他把那些不入史官标准，不入王朝中国主流，却与本人相关的，绕开当时“政治正确”的樊篱，如实述录在《大慈恩寺三藏法师传》里。例如，他与背叛大唐的高昌王相遇相知，又得到了大唐的敌对势力西突厥统叶护可汗的支持。说实在的，在西行求法的路上，西域各国都给予了不同程度的礼遇，只有大唐把他当作逃犯通缉，让他经历了那些太心酸的日子。

《大慈恩寺三藏法师传》里的这些东西，若用王朝中国的标准来衡量，玄奘很可能会有通敌嫌疑。《大慈恩寺三藏法师传》里，华夷之辨消失了，尊王攘夷不见了，只有不分敌我的对佛法的追求，只有超越国际的对真理的执着，而这些岂不都有碍于一代王朝的“政治正确”？若李世民读了这《大慈恩寺三藏法师传》，他会怎么想？他能理解吗？不能！必须“政治正确”，不能碰他的逆鳞。碰了，就会有“玄武门之变”，就会遇神杀神，遇佛杀佛！可是，只要能帮助他“政治正确”，他甚至能容你当面指出他的过错——“谏”。

玄奘取经回国到达长安后，旋即赶赴洛阳，因为太宗要在洛阳接见他。两人一见，太宗就问：法师当年西行，何以不报朝廷？玄奘说：去时，已再三表奏，但诚愿微浅，朝廷未允，然，慕道之至，乃以私行，专擅之罪，唯深惭惧。就这样接见，太宗还要先问罪一下，再来赦免：法师出家后，已与世俗了断，故能委命求法，惠利苍生。

虽然既往不咎了，但玄奘还是写了《大唐西域记》作为他的政治投名状，为大唐提供以佛法定西域的国策依据，开启了他大唐国家主义佛法的第三阶段。对此，太宗当然很满意，说他“非惟不愧古人，亦乃出之更远”。

不过，当太宗要他弃缁还俗时，被他以“孔教未闻”断然拒绝。在孔教与释教之间，玄奘的抉择不留余地，若稍有犹豫，纵然不还俗，亦会像鸠摩罗什那样破戒失身。鸠子本为龟兹国人，其来东土，有如贵霜王朝之于大乘马鸣，乃前秦皇帝苻坚以征伐得之，前秦亡后，又被后秦皇帝姚兴接手，历尽乱世风流。作为战利品，鸠子在前秦被秦将吕光所逼，已经失身一次，到了后秦，姚兴说他人种优异，不传宗接代可惜，故命其纳女生子，破戒逍遥，他还是依了。王权有一大癖好，最喜拿捏人心中的神圣领域，以示自己无所不能，压倒一切，鸠摩罗什无奈，向王权屈服了，而玄奘却能够坚持下来，可见有多么不易。

玄奘与鸠摩罗什，同为中国佛学史上两位著名译经者，一往东土而来，一向西域而去，但两人的译经成就却刚好相反。玄奘译经，尽可能接近梵语，鸠子不然，反而追求汉化，故论传播性，以鸠子所译为胜，以通经论，则玄奘之译更接近原典。

鸠子多才，具诗人气质与文学情怀，似天竺马鸣菩萨，而玄奘则具史家通识，以经为史，尽量保持原始性，突出佛经的存史价值，就如同佛学中的中国太史。各自做人的立场也在译经风格中反映出来，鸠子为传教者，欲求传播最大化，故其译经辅以文学形式，而玄奘为立法者，其以原典为根据，立根本法。鸠子根本未稳，难免破戒失身，不是因为女色，而是因为王权。玄奘立定根本，所以，面对太宗的要求才敢说“孔教未闻”。只此一句，便守住了他的底线——文化个体性与独立之精神。

当时的思潮是孔释相通，玄佛合流，对此，玄奘有着高度的警觉，没跟着三教合一的潮流走，在通往帝王学的思想界，他依然是那个偷渡的思想者，没有随大流走向王佛合一，而是从根本，即从文化个体性出发，走向具有人类性的大乘佛法。

玄奘西行求法，求的就是根本法，作为思想者，他被西域传奇化。

王者出行图，高昌回鹘佛寺，新疆吉木萨尔出土

玄奘西行

公元220年，东汉之后，大量汉人迁入西北，高昌（今新疆吐鲁番）和龟兹（今新疆库车）是丝绸之路北道上塔克拉玛干沙漠里的两个最大的绿洲，也是多民族融合之地。据说，高昌人在公元273年已经使用汉字了，后来，粟特人说这里已经汉化了，称之为汉城。从阿斯塔那古墓出土的文物来看，当时的人会把写过文字的废纸做成冥物，诸如衣鞋等陪葬，没想到却成了今天考古研究最好的证物和证词。公元500年后，丝绸之路南道被弃用，行者多走北道，经由高昌国。公元629年，玄奘西去印度，就得到过高昌国的帮助。玄奘从长安出发，过凉州（今甘肃武威），到达敦煌附近的瓜州，继续西行，前方还有五座烽燧，正在抓捕偷渡者，他孤身闯关，精诚所至，五燧烽口竟然都放行了，终于到了关口伊吾（今新疆哈密），在此，玄奘得助，越境成功。伊吾之后，最大的绿洲城市就是高昌国了，国王麴文泰派人迎接玄奘。

高昌国王每年冬季就住在火焰山下的王宫里，盛夏时就到北庭夏宫吉木萨尔去避暑。高昌国信仰佛教，吉木萨尔古城附近的西大寺就保存有彩塑佛像和壁画，其中东配殿壁画有《王者出行图》，即《八王分舍利图》。

绢帛比金属货币轻得多，多作为楼兰边地戍军的军饷，高昌王赠给玄奘的绢匹也可以作为货币。

用作军饷的绢，白色，三国两晋时期，楼兰遗址出土，大英博物馆藏

萨珊银币，公元 6–8 世纪，新疆吐鲁番阿斯塔那古墓出土，大英博物馆藏

阿斯塔那古墓是高昌国的墓葬群。高昌国是多民族共和之国，有汉族、回鹘、突厥、车师、匈奴等，上至将军，下至平民，墓葬里都有萨珊帝国的银币。

簸米、碾磨、擀面的彩绘泥劳作俑，新疆吐鲁番阿斯塔那古墓出土

伏羲女娲绢画，新疆吐鲁番阿斯塔那古墓出土

高螺髻舞伎绢画，新疆吐鲁番阿斯塔那古墓出土

古墓里的唐风

麴氏高昌国时期（公元 6 世纪—公元 7 世纪），是吐鲁番历史上比较繁荣的时期，出现一些世家大族。从阿斯塔那墓葬来看，这一时期，墓葬多以家族为单位，而且都有姓氏，以麴、张、赵、马、唐、宋氏等为主，呈现大家族分区葬的格局，墓葬风习多为唐风，著名如绢制伏羲女娲像等。

玄奘题名石佛座，玄奘在玉华寺期间的遗物，唐龙朔二年（公元 662 年），高 36 厘米，长径 49.5 厘米，陕西省铜川市玉华宫遗址出土

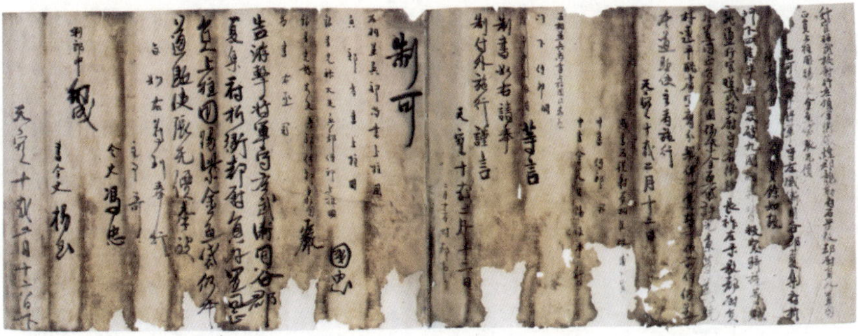

高昌国文书，新疆吐鲁番阿斯塔那古墓出土

大慈恩寺和大雁塔

大慈恩寺位于西安城南，建于公元 648 年，是唐高宗李治为纪念母亲长孙皇后所建，由玄奘任主持，在此组织佛经译场，创建唯识宗，成为唯识宗祖庭，寺内大雁塔由玄奘亲自主持建造。

08

中国弥赛亚

——弥勒思维修

西域传奇中最大的传奇，是作为救世主的弥勒菩萨。在佛教传统里，弥勒佛是如来佛的接班人，担负着未来。

喜欢历史的民族都想知道未来，所以，弥勒菩萨在中国很受欢迎。玄奘西行就是奔着弥勒去的，他要去读一本书，叫《瑜伽师地论》，据说那是一本由未来佛口授，由无著菩萨笔录下来的书，是一部为自我立法引导众生走向未来的书。他听说在天竺那烂陀寺，有位戒贤和尚深谙此书，便要去留学。

到了那里，玄奘拜戒贤为师，戒贤给他讲《瑜伽师地论》，讲了三次，第一次讲了十五个月，第二次讲了九个月，总共讲了两年多，他发现一个问题。思想者的眼光就是那么独特，他们总是在人们见惯的地方看出问题。玄奘就在“弥勒”二字上发现了一个问题，即“弥勒”是从哪里来的？对此，他不解。

弥勒之名，依梵文或巴利语，发音皆与“弥勒”无关，他以为误译，据梵文改正，音译作“梅呾利耶”，意译为“慈氏菩萨”。问题虽然被玄奘提了出来，却被搁置在那里，无人过问，玄奘本人也不知如何解决，人们照旧还是称“弥勒”。过了一千多年，直到有一天，在新疆地区先后出土了两种文本的《弥勒会见记》，季羡林在对吐火罗文 A 本的释读中，又碰到了当年玄奘提出的问题。

《弥勒会见记》是个剧本，讲的是弥勒与释迦相会，观释迦三十二大人相发问的故事，故事内容趋于小乘，但亦有大乘萌芽，在弥勒信仰中，无小无大。《弥勒会见记》的原本应为印度文，但迄今尚未发现，今所见者为圣月菩萨所译之吐火罗文 A，以及由智护戒师据吐火罗文 A 本改译的回鹘文文本。季羡林校对过这两个文本，确定其为所见最早的中国佛教剧本，虽然西方学者对此并不认可，但季氏指出，吐火罗文剧本与欧洲剧本迥异，勿以欧眼观之。

佛教早期就有多佛概念，巴利文佛典中就提到了未来佛。“弥勒”梵文 Maitreya 常见于婆罗门姓氏，字根源自梵文 Maitrī，意为慈爱。佛陀弟子中，说法第一的富楼那尊者也姓弥勒，玄奘见到字根，故译为“梅呾利耶”。

佛教从小乘到大乘，惟弥勒信仰能一以贯之，保持其连续性，在从印度本土向希腊化世界的进展中，弥勒信仰获得了新的思想资源，出现希腊化思维修。弥勒信仰经过希腊化以后，带来了思想变化，其中最重要的变化有两种，一种是从多佛论向一神论思想发展，一种是从自我解脱向救世主观念靠拢。郁龙余《中国翻译史上的破天荒之作——读季羡林〈吐火罗文《弥勒会见记》译释〉一文，提到了季羡林对于弥勒的有关说法。季羡林说：在某种意义上，弥勒是唯一的神；他在无数的菩萨中，是一个特殊的菩萨；在小乘中，他只是一个未来佛，通过弥勒，他成了一个救世主。

从梵文“梅呾利耶”，到吐火罗文“弥勒”，反映了佛教新思维。那新思维的源泉来自希伯来文明，却用了希腊方式的思维修来表达。

都说希腊出哲人，但哲人思考的样子却没有一个文化样式呈现。维纳斯是一个样式，那是关于人体美的理念的感性样式，没有思想者的沉思的气息。沉思的直观形式应该是个什么样子？检索希腊本土文化，未能找到一个原创性的经典款式，倒是希腊化的半跏思惟菩萨像可以做个参考样式。金申《半跏思惟菩萨像》说，思惟菩萨像初见于犍陀罗佛教雕刻上，在印度本土却极难得见到，半跏的姿势是右腿搭在左腿上，右手支颐作思惟状。此种样式，通常被认为是表现释迦成佛前身为太子时，在苦思人生哲理乃至开悟的情形，由于深受地中海沿岸希腊、罗马文化影响，这种犍陀罗思惟形式的人像应远溯自欧洲雕刻。他还指出，大约同一时期，在欧洲的石棺和墓碑上，也出现了那种以手支额、一腿屈拢、表现人类沉思的雕刻。在土耳其伊斯坦布尔考古学博物馆，有一座公元 2 世纪的小型石雕墓碑，高约 40 厘米，龛内有美女，一手支额，一条腿并拢屈曲坐在椅子上。这类雕刻在西方是惯用和习见的，在犍陀罗石雕上，则被借用来表现思惟菩萨像。

这类作沉思状的思惟菩萨像，带着弥勒信仰和救世主观念，从中亚来到中国，分南北两路，沿着塔里木盆地进入新疆，形成佛传东土的两条文化带。这两路，一条是北路，即玄奘西行的去路，那是一条以龟兹为龙头的小乘文化带，另一条是南路，即玄奘东归的来路，是一条以于阗为马首的大乘文化带。玄奘东归，之所以未走海路，其本欲赴高昌王三年之约。但归途中听说高昌王已死，高昌国亦亡，故改行南路，经由于阗回归大唐，来去转了一圈。

季羡林在《弥勒信仰在新疆的传布》一文中，对弥勒信仰在新疆的分布情况做了一番介绍，也是分了南北两路来讲述的。他讲了《弥勒会见记》在南北两路传播的情形，同时也讲了弥勒信仰在南北两路的石窟之壁画与雕塑中反映的状况。

玄奘两条路都走了，来回路上，他是否知道有《弥勒会见记》这个剧本呢？据季羡林讲，这个剧本，南北两路都有，北路有吐火罗文本，南路有回鹘文本。北路讲吐火罗语的国家有龟兹和焉耆，略做区分，以焉耆为吐火罗文 A，龟兹为吐火罗文 B，《弥勒会见记》剧本发现于焉耆，当然属于吐火罗文 A。南路回鹘文本，是从吐火罗文 A 转译过来的，做了一些改动。季羡林说，这个回鹘文本不但去掉了“剧本”字样，连文中一些还存在于吐火罗文 A 本中的剧本专用术语，以及韵文部分的曲牌名称，也统统删掉了。看上去一点儿剧本的痕迹都没了，但是内容却基本未变，它完全变成了一篇叙事文学作品。

这表明南北路对文本的理解不同，反映了大乘与小乘的区别。对此，季羡林做了一个“大胆的假设”。他说，《弥勒会见记》三种文本，同一个目的，无非宣扬弥勒信仰，祷祝这位菩萨有朝一日会成正果，成为佛陀。这种未来佛的思想同西方救世主的思想有着千丝万缕的联系。他指出，“弥勒”的巴利文是 Metteya，都出现比较早。但是，“未来佛”思想出现较晚，释迦牟尼时代是不可能有的。在南传上座部佛教巴利语佛典《经集》（Suttanipāta）中，Metteya 还没有未来佛的意思，到了一二百年以后的《巴利文大藏经》中的长部第十四部经（Dīghanikāya）中已明确有了这个意思，这种思想后来发展到了梵文，而有“授记”。“授记”者，授记成佛也，也就是“未来佛”了。大乘流行时代，西方弥赛亚（māshīah）思想又传入印度，弥勒的未来佛地位和救世主地位融合了起来。

弥赛亚思想产生于希伯来文明，从罗马帝国传到了波斯，进入密特拉教（Mithraism）的 Mithra 信仰，由波斯传入邻邦印度，与弥勒未来佛融合，推动了后者的发展，连中亚地区、中国新疆，直到中国内地许多壁画和雕塑中的交脚弥勒菩萨，也都受了波斯的影响，古代波斯萨珊王朝的国王们坐着的时候，摆出的就是这种姿势。

这种姿势，我们从龟兹克孜尔千佛洞到敦煌莫高窟千佛洞有关弥勒信仰的画像和雕像中都可以看到，来自希腊化世界的两条文化带——大乘和小乘，本来经由南北两路，分道扬镳，可一到敦煌就大团圆了，如密特拉教“借着握手而团结”。

在弥勒信仰的旗帜下，佛教从西往东，从南到北，团结起来。一种新佛教，带着新思维，跨越了天山走廊，在龟兹和于阗的千佛洞里都未曾停留，从犍陀罗直接进入敦煌，在莫高窟千佛洞里出现了半跏思惟菩萨像。这是思想者第一次以思与美统一的直观形式出现在中国。

蒋述卓《佛经传译与中古文学思潮》第六章《北朝质朴悲凉文风与佛教》说，北朝早期石窟出现较多的是交脚弥勒和思惟菩萨，他特别提起两者结合的样子。这样子便是弥勒菩萨作为思想者的最高代表——思惟菩萨。金申指出，较早出现的半跏弥勒思惟像，是在莫高窟第 275 窟北壁上层佛龛内，泥塑加彩，为北凉所造，龛左右各一棵菩提树相对称，应当是弥勒菩萨在龙华树下，275 窟中心柱南面上层，还有北魏时期的思惟菩萨彩塑，应该也是弥勒菩萨。

《付法藏因缘传》是一部用中国方式编译的讲佛教法统的书，其卷四就提到，当罗汉即佛教思想者，经由冥思苦索而难以自觉时，便以神力分身飞往兜率天宫，向弥勒求教，请决所疑。有个例子，那便是无著菩萨，即如《付法藏因缘传》言。

无著菩萨曾因思惟空义，惑不得解，而欲自杀。有师前来，为之讲解小乘空观，初闻之虽悟，然意犹未尽，乃以神往兜率天宫，于弥勒处受大乘空观。玄奘《大唐西域记》卷五也说，无著菩萨夜升天宫，到慈氏菩萨即弥勒处，受《瑜伽师地论》《庄严大乘经论》《中边分别论》等，白天为大众宣讲。显然，无著便是这样一位人间思想者，思而未觉，便去兜率天宫内院，那是思想者追求真理的书院，去诉诸弥勒，弥勒则如导师一般，为来者释疑解惑。

在那里担任过导师，辅导过思想者，教化过众生的，先是释迦，后为弥勒，因此，人间所见思维修菩萨像，若非释迦太子，便是弥勒菩萨，再无第三者。思维修的种子自犍陀罗出现以后，就被西风吹往中国了。

种子没在天山落地，径往河西奔去，从北凉到北魏，带着苦思的悲凉之雾，飘至敦煌，在莫高窟里开花，开在北凉第 275 窟，北魏第 259 窟、263 窟中。

再往东去，花落云冈，思惟飘香，但最美的成果不在石窟里，而是出自窖藏，是北齐时期遗留在海岱之间青州地区龙兴寺一处窖藏遗址里的思维修像。那个美呀！尽管形体受损已有残缺，说它是思与美的完美结合一点儿也不过分。在这尊释迦太子思维修像上，我们仿佛看到那位带来希腊化的亚历山大，他对美少年和哲人王的追求，集中统一在这尊思维修上。

后来，这种追求在西方不见了，我们通常所见的西方思想者，是一尊由罗丹铸就的青铜塑像，乍一见，给人以强烈震撼。这是力量产生思想，还是思想就是力量？总之，在西方，思想就是权力意志的表达，尤其是反映权力意志的暴力。而青州风格的释迦太子思维修像就完全不同了，它消解了人间烟火的力量，因而极具温柔之美，那样一副在优美中沉思的神态，无论是维纳斯，还是蒙娜丽莎，都难以媲美。

那样一副从冥思苦索中解放出来的大日如来表情，驱散了天人之际区区的悲凉之雾，真理的光辉开显在眉宇之间，看那秀骨清像，已然转化为中国美少年。从希腊到中国的思维修菩萨像，没有留下一点儿文明冲突的遗痕，有的却是思想共和的完满。

金申指出，思惟菩萨像，隋唐以后便少见。可见南北朝时期是一个需要思想者的时代。随着隋唐统一，王朝的不确定性缓解了，对于未来，大一统的王朝无不自负，以“天不变道亦不变”自居，以为一切尽在掌握中，因此，思想就多余了。

面对不确定性，人们才需要思想，为了让思想神圣化，才需要思维修菩萨，而大一统则要取缔多思，若要有，也只能有一种思想——帝王的思想。帝王本人多半也不以思想者自命，而以救世主自居。自弥勒信仰兴起后，救世主思想也跟着来到中国，隋唐以后，帝佛合一，皇帝也开始自称弥勒佛转世。开创者就是那位中国唯一的女皇帝武则天。季羡林在《关于中国弥勒信仰的几点感想》中说，武氏掌朝时，沙门有人进《大云经》，陈符命，确认武氏为弥勒转世，来代唐做主。武氏正欲贬子窃位，闻之大喜。对她而言，这是天大的一根稻草，非牢牢抓住不可，遂制颁天下，广立大云寺。不久，她便改唐为周，自称“慈氏越古金轮圣神皇帝”。“慈氏”即弥勒，可见她以弥勒佛自居。

弥勒佛转世了，可思维修却没转世，因为思惟菩萨是思想者的导师，他向人类指出了一条通往理想国的道路，在理想国里，竟然没有皇帝，真是岂有此理！如此思维修，要他做甚？再说帝王学里已经有了孔子做导师，而玄奘却坚持思维修立场，所以他说“孔教未闻”，皇帝劝他还俗，投入帝王学里，但他偏不！

据说，有一尊唐朝思维修像，漂洋过海，在日本出现了。这尊思维修像是由遣唐使带去的，还是通过新罗进贡的，抑或由日本人自己造的，这些都不重要，重要的是，它来源于大唐，出身于北齐，是一尊北齐风的半跏式弥勒菩萨思维修像，难道是思想者被流放？其时，日本正大化改新，需要思想，所以弥勒思维修被供养。从那思维修像上，我们仿佛能看到圣德太子的理想模样。而大唐最与弥勒相像者，唯有玄奘。玄奘取经七百多部，译经千余卷，不仅带来了大乘弥勒信仰的整个思想体系，而且译出了作为弥勒信仰核心思想的全本《瑜伽师地论》，还开创了中国唯识宗，使天国书院在人间开放。更为重要的是，我们从他身上看到了思与美统一性的存在，看到了中国思维修具有的美少年与哲人王相映发的气质，呈现了一个思想共和的文明样式。

贴金彩绘思惟菩萨像，北齐，山东省青州市龙兴寺遗址窖藏出土

最美东方弥赛亚

沉思是美德，也是美的。

山东青州龙兴寺出土了400多座佛造像，从北魏到北宋，以北齐时期的石佛像最多，题材也最多，工艺也最丰富，有浮雕、镂雕、线刻、贴金、彩绘，艺术水准极高。最美的思惟菩萨就隐藏于其中，通高90厘米，头戴宝冠，宝缯垂肩，袒身下穿红长裙。面对人间世微笑，以其永恒的微笑；半跏趺坐，左手以触地印搭在右脚上，左臂空无，引导人以美善的艺术遐想，可谓未来世的象征。

未来佛的沉思形象

佛教小乘、大乘两分，惟弥勒信仰能一以贯之。当下之思，思接未来，弥勒佛具有未来性，被奉为佛教救世主。

第2章

中国思想共和

一　山林——思想的去处

01

从寺院到书院

邓洪波在《中国书院史》里谈到了中国书院的两个来源：一是私人治学的书斋，一是官府藏书机构。前者是从书斋走向书院，将私人读书处向公众开放；后者属于国家机关，为皇家图书馆。但他忽略了书院的另一个来源，即跟弥勒信仰有关的沙门译经院。玄奘译经院当为佛教早期书院。

正如道教借鉴佛教寺院形式，形成了自己的道观，儒教也仿照寺院的样子建立了书院。有一个典型的例子就是嵩阳书院。北魏提倡佛教时，它是寺院，唐朝弘扬道教，它变成道观，宋代理学兴起，它又成了书院，可见寺院是书院的一个来源。寺院多有教育功能，一座佛寺实为一所学校，故从两汉传入时，便汲取了汉代经学传统的师法、家法，结合佛寺清规，形成一整套教育制度和教学方法，其中有一部分就被后来的书院采纳，例如升堂讲说和讲会制度，就从寺院进入书院了。

升堂讲说的形式于南朝梁武帝时就已形成，后来便成为禅林讲经的一个定式，被书院采用。陆九渊在象山书院主讲，便是乘轿而来，以鸣鼓为号，升堂开讲，朱熹在白鹿洞书院讲《中庸首章》《白鹿洞讲堂策问》等讲义，也是升堂主讲。

自魏晋以来，僧人游学四方，寺院门户开放，形成“普说”。“普说”非正式讲经，类似于研讨会，与会者可以自由讨论。“普”于佛门中应用广泛，佛典中有《普门品》，菩萨之名有“普贤”，寺规有“普请”，佛事有“普佛、普茶、普供、普施”等，其中“普茶”为茶话会。智者大师《法华文句》说“诸法无量，若不得普，则是偏法，若得普者，则是圆法”，以此立“十普门”，故“普”字，得佛法神韵，具佛教心蕴。宋人将“普说”“普茶”等形式引入书院，形成书院“讲会”。

寺院的藏经楼和译经院也可以作为书院的一个范本，水到渠成被纳入书院方圆。而且中国书生对寺院有着天然的亲切感，孔门杏坛，汉儒精舍，是其回不去的历史本来处，读书人还要有个自由思想的去处——江湖游学，山林读书。

读严耕望《唐人习业山林寺院之风尚》一文，可见宋人书院风尚在唐代寺院已然养成，故而提出了“书院制度乃由士人读书山林之风尚演进而来”的观点。他从汉世官学谈起，谈到汉末丧乱，致官学式微的情况。他说，政府不以教育为意，而政治中心又常有变乱，虽有太学，实同虚设，至于州郡，更不待言。其时，政治与社会被门阀把持，读书仕宦亦几为世族之特权。南北朝时，适逢佛教兴起，佛门中亦多学者，且兼通经史，无论贵族与平民，到此一视同仁，当时教育中心虽在世家大族，但亦必有士子就学于山林佛寺。至唐代，佛道尤盛，士子多入山林访学，与佛道为友，蔚然成风。待学成，便出山应试，入仕途，以求闻达。有唐一代，宰相大臣，朝野名师，亦多出其中。唐代士子林栖谷隐，攻读以取科第，若科场失意，乃归山林从师习业，苦寒之士亦有读书至宰相者，其聚读之所多在僧寺，寺里管吃管住，有教有学。

寺院助学，贫士趋之若鹜，寄寓寺院，以便学习。某县数百年间，进士及第五人，其中四人在寺院完成学业，可见寺院攻读不但济贫，且条件优越。更何况佛寺本多义学，供学子寄寓，寒士难以自给，便往寺院求学，人数一定会相当多。如此情形在唐人传奇中也有反映。《会真记》又名《莺莺传》，诗人元稹“以张生自寓”，自述其于应试途中往普救寺宿读时，邂逅一位叫“莺莺”的女子，他把自己放在“前程是科举，背景为佛寺，身边有佳人”的场景中，做了一个书生美梦。唐代士子梦多在寺院中，青灯古佛前，红袖添香夜读书，待月西厢下，折桂应是多情人，故应进士业者或隶名佛寺，敦煌文书中就有署名某寺学士郎。

山林读书，除了应试的士子，还有像颜真卿那样“不信佛法，而好居佛寺”的名士，有的甚至安居下来，“读书林下寺，不出动经年”，其居处有“书阁连僧院，山厨共石泉”，放眼望，天行有云亭，云来无履痕，回头看，壁立上佛龛，佛坐起灯烟，人于其中，由青丝而白发，竟皓首穷经——“年少今头白，删诗到几篇”？“删诗”乃孔子事业，唐人行之于佛门中，这边“删诗”，那边拜佛，一删一拜，亦自成其思想共和。

或曰，书院之名始于唐，由朝廷命名，如丽正、集贤书院等，作为国家图书馆和政府机构。若论名头之大，当然莫过于此，然究名实之本，根本还在民间。邓洪波《中国书院史》之《唐代的民间书院》指出，中国民间书院最早在南齐时就已出现，被称作石山书院，就在湖南攸县麒麟山，是在一个跟道教有关的仙话中出现的。到了唐朝，道教风生水起，石山书院随之留下一篇忠臣义士与王朝决裂后在山中读书成仙的传奇。唐人把书院的开创性活动当作传奇来讲，故事虽然离奇，但书院本身则是真实的，如果说唐以前尚处于传说的阶段，那么唐初就进入历史性的存在了。不过，也有人指出，唐有民间书院约 40 处，多为个人读书处，专为讲学而立的仅有几处。

严耕望以名山为脉络，向我们指示了一个唐人山林读书的概况。他先从终南山讲起，讲了十三条，条条通长安。唐时，求功名者多于此山中隐居，以山近京师，某曰“中大有佳处”，对曰“以仆所观，乃仕宦捷径耳”。故士子攻读，亦多习业南山，眺望长安。长安城为帝都所在，离南山不远，有捷径可通。举子应试，一到长安即寄寓寺院，一面尽人事，一面习课业。六月试毕，落第不归者留京待考，谓之过夏，若嫌“长安米贵，居之不易”，便转入终南山中，或往华山及城郊其他地区，一面续作新文，谓之夏课，一面咨询人事，请教于社会贤达及朝贵，谓之私试。士子两手抓，既要通文脉，也要通人脉。所以，私试很重要，据说牛僧孺应举入京时，就先谒过韩愈、皇甫湜等名宿，二公嘱其“于客户坊税一庙院”，并为之延誉，此为一例。唐世科第取士，年录取仅二三十人，然应试者不下千人，入闱前后，士子寄寓山林寺院之人当以数百计。

这是长安一带的情况，但这样的名利场，虽为政治中心和文化中心，却并非民间书院产生的温床。唐代长安自始至终就没有出现一间来自民间的书院。那时，整个陕西省唯一的民间书院即蓝田县治南之瀛洲书院，高祖时由学士李元通建，明显早于玄宗时所设书院，尽管还只是个开放的个人读书处。

科举制虽然助长了山林读书风气，却未成为书院的一个来源。在科举中心的长安，竟然没有一家民间书院，这就说明书院要别才，与科举制无关。书院中虽然不乏应试者，但书院的目的却非应试，而是读书人思想交流，这就要有一种解脱了科举制束缚的自由。总有一些思想者，科举制收拾不住，他们在政治中心里难以出头，就跑到山林中，自己开宗立派，所以，我们在王朝中国的《唐史》里看不到几个真正的思想者。

那个时代的思想者，要到文化的江山里去寻找，在江湖草庵里，在山林寺院中，在偷渡西域的求法之路上……严耕望向我们指出一条思想者的名山线索。从终南山开始，他把一卷思想者地图向我们展开，在文化的江山里一一标记出来，记有华山、嵩山、中条山、太行山、泰山、庐山、衡山、罗浮山、九华山、会稽山……他列举山中人物，所举凡二百余人，就此二百余人进行观察，他发现，那些人物除少数几位，多见于开元后，中叶以后尤盛。他还发现，唐代名人多与名山有关。北方人物以嵩山、终南山、中条山为盛，华山次之，东岳泰山盛于安史之乱以前，其后遂衰。南方人物以庐山为最盛，衡山、罗浮山、九华山次之，浙东西及剑南道皆为人文蔚盛之区，士子习业山林之风虽盛，但不集中，就中以惠山、会稽剡中、青城诸山为盛，扬州为大都市，士子读书寺院者亦多。

北方嵩山、终南、中条、华山在河渭两岸，逼近长安与洛阳两都。南方衡山为古之名岳，居南北要道。罗浮山地近粤海，毗邻出海口广州。九华山北距大江不远，且邻池口津渡之要。惠山、会稽则在自昔人文蔚盛之中心地带。扬州握运河，通南北东西，尤为全国水陆交通之最大中心，亦为当时中国最大商业都市。西南有青城山，引领成都平原，立一文化标杆。西北有敦煌，为对外交通枢纽，亦为国际宗教文化中心，虽处大漠，却非荒寺，实为经济繁荣人文蔚盛之区。

山川之外，严氏还对人物做了考察。他告诉我们，那二百多人中有二十位是唐朝的宰相，而二十位宰相中，就有三位——李逢吉、朱朴、杨收，都习业于庐山，故庐山列为众山之首，其余各山，如嵩山、衡山等，虽为名岳，亦最多仅有一位，但他们在唐代思想者的队伍中其实不算什么，他们不过是仕途上的骄子，习业有成而已。

唐代那些真正的思想者多半没去走仕途，而是走江湖。儒门收拾不住，往佛门去也。上山下乡，开宗立派，非依寺院托命，却立草庵栖身，禅之花开五叶，全都开在江湖，江湖九流，系于一山，当然还是庐山。

在所有那些名山中，严氏特别看重庐山，他用白居易的话，说庐山自陶、谢以来就已成为中国一大读书中心，此由庐山人文地理上的江湖地位所决定。庐山独立，无依傍处，面对中国最大的江——长江，面临中国最大的淡水湖——鄱阳湖，在人文地理上处于中心位置。往东，从庐山到会稽山，是由陶渊明和谢灵运开启的江南田园诗和山水诗诗意栖居的空间；往西，从庐山到衡山，是马祖与石头为唐代思想者开辟的“走江湖”的思想空间；往北，从庐山到嵩山，出荆襄，跨江汉，达嵩洛，学统直通中原；往南，从庐山到罗浮山，从江南到岭南，文脉过庐陵，连山通海，抵达粤关。

我们试举其中一路即王勃《滕王阁序》所谓“地接衡庐”而言之。“衡庐”

何谓也？诗云：衡门之下，可以栖迟。衡门，即横木为门，不立门头，不讲门第；庐为居处，衡庐规制，为仅一层之木门小屋。而《滕王阁序》中，“衡庐”则为衡山与庐山的合称。衡山是潇湘文化的摇篮，庐山为赣鄱文化的靠山，从庐山到衡山，有一条“连山”的思想路线。

从赣鄱流域往潇湘去，唐人谓之“走江湖”。《宋高僧传》曰：当时，禅宗法门，江西有马祖道一，湖南有石头希迁，游学僧皆以“不见二大士，为无知矣”，奔走于江西与湖南之间，谓之“走江湖”，僧人十方挂褡的云水寮，也叫作“江湖寮”。

衡庐之间，地脉相连，文脉相通，以水言之，已有“走江湖”的连水文化，以山言之，则有“接衡庐”的连山文化。上古源远，中古流长，由此一路行来，青山逶迤，绿水苍茫，山林之中，寺院与书院并举而独立，江湖之上，政治与学术互动而开放。

唐宋以来，禅以游学“走江湖”，已从赣鄱潇湘走向五湖四海，走出个月印万川来；近世以降，儒以讲学“接衡庐”，讲出中国四大书院中的三个：白鹿洞书院、岳麓书院和石鼓书院，在定于一尊的官学外，另辟一方思想共和的私学空间，由理学、心学共享。从宋到明，以儒脉“接衡庐”，先有南宋朱熹立学制于庐山白鹿洞，继有明王守仁致良知于赣南山中，明清之际，则有王夫之“六经责我开生面”崛起于衡岳。至近现代，有义宁陈门三代，以新政与新学，“接衡庐”以应时务。

庐山植物园里，今立一石碑，刻以“独立之精神，自由之思想”，此乃陈寅恪先生的魂归处，以中国第一读书人，魂归中国第一大读书中心，真是得其所归也。

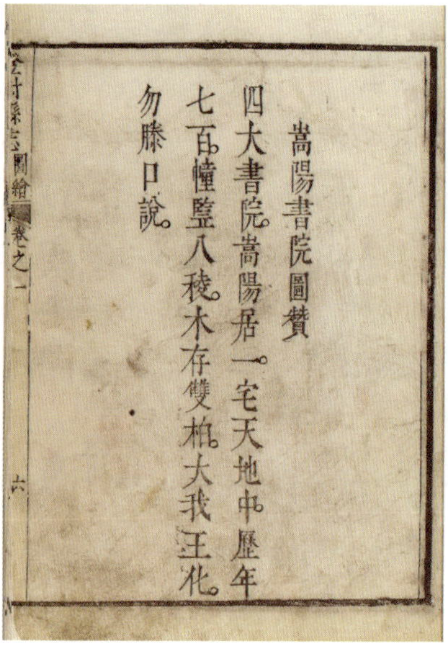
嵩陽書院圖贊

四大書院嵩陽居一宅天地中歷年

七百幢豎八稜木存雙柏大我王化

勿滕口說

登封縣志圖繪 卷之一 六

《嵩阳书院图》，《登封县志》（内府藏本）卷之一《图绘》，康熙三十一年，（清）张圣诰撰

学在书院

嵩阳书院，最早建于公元484年北魏时期，先为嵩阳寺，为佛寺，有僧人数百人，隋大业年间更名为嵩阳观，后来唐高宗李治游嵩山，辟为行宫，名“奉天宫”，五代后周时改为“太乙书院”，北宋更名为嵩阳书院，从此成为宋代讲学比做官重要的讲坛。范仲淹、司马光、程颢、程颐、朱熹、李刚都曾于嵩阳书院升堂讲学。

为什么到了宋代，书院大兴？陆九渊说，章句之学，场屋之文，已变成利禄之器。这句话震撼了朱熹。朱熹接着说，科举使人见利而不见义。胆识之见，落实为胆识之行，私学书院便在山林之野，“润物细无声”了。春笋勃勃，儒释道学在这里交响。学在书院，科举、讲学，各遂所愿。《登封县志》保留了嵩阳书院绘制俯瞰图。

02

从诗到思的演变

唐代书院方兴，以读书为主，多为个人读书处。到了宋时，风气一转，从个人读书转向聚众讲学。唐代书院原非为应试而设，所以，在书院里，读书比应试重要。至宋时，时尚又一转，读书人有了山林和仕途两个去处，转向山林讲学比走仕途做官重要。

宋代士人认为，讲学比做官重要，这是他们的新觉悟。朱熹，自进士及第，做官不过十年，终其一生都在讲学。也许有人会说，朱熹嘛，做学问不错，但做官不行，所以去讲学。那么王安石呢，官做得够大吧？他做官，或有下野时，然其讲学也是终生不止。如果你去问他，愿意做官还是讲学？他肯定回答：讲学。他官大，学问也大，不光诗文写得好，列在唐宋八大家；讲学方面，荆公新学又岂在程朱理学之下？他的《三经新义》与司马光的《资治通鉴》并行于世，开了宋以来两条政治路线：变法路线和资治路线，两条路线，同样影响深远。

宋人讲学突破了汉以来的经学传统，走出唐疏汉注，摆脱师法家法，不守一家章句，不以师法训诂，而为义理思辨，不求定于一尊，但求思想共和。

一部中国学术史，汉学与宋学，为中古两座划时代的高峰。汉立经学高峰，宋以理学代之，从汉学到宋学，中间经历了经学与玄学、经学与佛学、经学与文学的互动，在互动中，经学未能复兴，反而走向衰落。

南北朝时期，北方尚经学，南方尚文学。南北教育情形之不同，亦与此有相应之关系。唐初承北朝风尚，儒学颇盛，汉代经学之发展至此作一大结集。其后儒风渐替，文学转盛，科举以明经与进士为两大要途。

唐初，两途并进，自武后擅权，尤以诗赋取士，故文学兴而经学衰，进士主流，仕途大开，科第占优，明经之路收窄，科第渐衰，明经出身反被人笑。经学竟然在学而优则仕的仕途上失败，这叫儒教颜面何在？玄奘敢当着唐太宗的面说“孔教未闻”，就没给经学留面子。此前和此后，中国和尚与儒生，但凡自诩为高僧抑或通儒者，无不以儒道释三教合一自命，若非唐初经学太烂，玄奘也不至于对着太宗就那样说去，明经科出路是经学衰落的反映。

南北朝对峙的时候，胡人据北朝，推行汉化，他们对王朝正统的追求应该就从明经开始吧，经学也就成为他们获得权力正当性的一个抓手，正是有了对经学的抓取，五胡十六国才终于结束没完没了的混战，形成了一个被经学认可的北朝。

当北朝对经学言之不休，南朝反而无语了。胡人说汉语，穿汉服，改汉姓，欲以汉化混一南北，而南朝汉人则要与之区分，严华夷之辨，以示正统。

外在的东西好模仿，衣冠文物之礼，体国经野之制，都有现成的可以采纳，唯独语言习得需待以时日，更何况还有语言中的语言——诗，以及诗里的无字之诗——声律，那才是华夏正音所据，中原正韵根底，可以从根本上区分华和夷。当胡人说着汉语下江南时，沈约等人已准备了一套“永明体”迎接他们，告诉他们，要想真正汉化，就要写汉诗，可说汉语、写汉诗，有“四声八病”，说得胡人一愣一愣的，恨不得立马打退堂鼓，因为他们发现，胡人再怎么汉化也进不了汉人文化的核心。据《梁书·列传第七》载，沈约作《四声谱》，书成，自视甚高，以为昔词人写诗词千年不悟“四声”节律，唯他一人能心领神会，尽其微妙，故自谓入神之作。但梁武帝不以为然，问周舍“何谓四声”？答“天子圣哲”。周以“平上去入”

对“天子圣哲”，对准了梁武帝胃口吧。这位周舍可不像达摩，竟然当着梁武帝的面说“没有圣人”，让梁某帝向谁端拱去？

梁武帝好面子，沈约说之，曰“此公护前，不让即羞死”。把“天子圣哲”同“平上去入”相对应，给足了他面子。这样的对子，岂非天作之合？从诗词音韵学讲到帝王学，从“平上去入”讲到“天子圣哲”。讲四声也要讲到政治上去。

南朝以“四声”攘夷，不管胡人穿着多么漂亮的汉人外衣，只要用永明体一试，就能查出他的“八病”，从根本上，他还是个胡人。可以明经，但难为“四声”。

沈约虽作《四声谱》，但“四声”问题却非由他最早提出，应该说，“四声”一直就存在，但作为一个名称专门提出来，则从周舍之父南齐周颙开始。“天子圣哲”一语虽为周舍所言，但发明者实为周颙。清人朱彝尊在《重印广韵序》中说道：周颙以“天子圣哲”分“四声”，而学者言韵基本都以沈约为本。周颙作《四声切韵》，以“天子圣哲”立“四声”根本，沈约作《四声谱》，以平、上、去、入四声与宫、商、角、徵、羽五音相律以成新诗体，因成于南齐永明年间，故人称“永明体”。唐科举以诗赋取士的格律诗就由南齐“永明体”改良而来。

南朝士人对于思想共和的追求，那样一番心曲，唯陈寅恪先生道得出，他在《四声三问》一文中说道：“宫商角徵羽五声者，中国传统之理论也，关于声之本体，即同光朝士所谓‘中学为体’是也。平上去入四声者，西域传入之技术也，关于声之实用，即同光朝士所谓‘西学为用’是也。盖中国自古论声，皆以宫商角徵羽为言，此学入论声理所不能外者也。至平上去入四声之分别，乃模拟西域转经之方法，以供中国行文之用。其‘颠倒相配，参差变动’，如‘天子圣哲’之例者，纯属于技术之方面，故可得而谱。即按谱而别声，选字而作文之谓也。然则五声说与四声说乃一中一西，一古一今，两种截然不同之系统。论理则指本体以立说，举五声而为言；属文则依实用以遣词，分四声而撰谱。苟明乎此，则知约之所论，及厥之问约，约之答厥，所以止言五声，而不及四声之故矣。”这真是煌煌大论，若非通古今之变，通中西体用，如何道得出来！

以此，我们才能理解隋唐科举为何要以“永明体”诗赋取士，不仅因为它留住了“天子圣哲”的文化之根，还以思想共和开显中体西用的美学形式——诗。

科举开明经与进士两科，前者程度较低，似乎是为从北朝过来的汉化的胡人所设，后者要求较高，是为以南朝为正统的汉人士子所设，所以，但凡有点抱负的读书人，都往进士科去，不愿在明经科里与胡人为伍。胡人中有才高博学者，也奔着进士去，欲与汉人士子决高低。就这样，进士成了香饽饽，明经变了窝窝头，经学跟着衰落。李白诗云“大雅久不作，吾衰竟谁陈……我志在删述，垂辉映千春。希圣如有立，绝笔于获麟”，这便是唐人对经学的哀悼及其担待了。但李白对经学也就那么一声叹息而已，因为他在另一首诗中说“我本楚狂人，凤歌笑孔丘”，突然变脸了。

唐本欲复兴经学，但经由科举所设明经一科，反而显得儒门淡薄。一个偶然的机遇，李白进入朝廷，皇帝喜欢他的诗，却不喜欢他的诗性——“独立之精神，自由之思想”，于是，他走出朝廷，走向山林。他不想做陪皇帝写诗的诗人，因为他还是思想者。可皇帝却认为，写诗嘛，有清词丽句就够了，不需要有什么思想性，所谓思想，不过来点帝王气象，而帝王气象，多半还是帝王的事情，用不着诗人操心。

作为诗人，他可以待在朝廷，可作为思想者，他必须走出朝廷。当然，朝廷里，也有一边做官一边写诗的人，如王维、高适……李白一生之悲哀，哀在以思想者出走，却没有思想被人们承认。他怀才不遇，非仅对朝廷而言，亦对历史而言，浪迹于山河大地，使他超越那些奔走在仕途上的诗人，成为诗人之中最伟大的诗人，人称“白也诗无敌”。可作为一名思想者，他未能以一种存在形式让思想发出声音。

春秋战国时期，诸子思想以争鸣而存在；世说新语时代，名士思想以清谈而存在；在盛唐之音里，诗人以诗而存在，思想者如何存在？他们仿佛都失踪了。

有唐一代，思想者的思想，都没有进入理性化的存在。这不但是李白个人的悲哀，也是盛唐时代的悲哀，就连韩愈“文起八代之衰”也未能改变这一局面。唐太宗原以为，靠诗赋取士的政治录用，就能使天下英雄尽入其彀中，可他忘了还有思想者，思想者毕竟要有个去处。不奔科举去，往哪儿去？往山林去。

山林之中，不是道观，就是寺院，尤其寺院，那是个思维修的去处。儒门呢？也有人往山里去，于是，道观、佛寺之外，新添了书院，在书院里，产生了新儒学。

若宋人来看李白的诗，就会觉得“头发长，见识短”了——“白发三千丈”，头发真长啊！“缘愁似个长”，便是见识短了。“愁”非理性，把“愁”喊得那么响，哪还有理趣可言？宋人就不这么写诗，唐朝诗人写性情，宋代诗人写理趣，诗要有见识。王安石说“太白才高而识卑”，黄庭坚也说李白“好作奇语，自是文章之病”，而苏东坡则说“太白诗飘逸绝尘，而伤于易”。这三种说法，都是围绕一个“思”字，思不足，则“才高而识卑”。而“好作奇语”，则言太白诗，多用想象，少见思想，如“白发三千丈”，便是“缘愁”，而非“缘思”，“伤于易”，言太白诗多冲口而出，不思而语。宋人写眼前景就不直说，如苏东坡写庐山诗便与李白不同，很是下了一番格物致知的功夫，“横看成岭侧成峰，远近高低各不同”，一起笔，就显得很有见识，待到他说出“不识庐山真面目，只缘身在此山中”时，你就不能不佩服他的见识了。

有理，有趣，便是宋诗好处。宋人以思想者来写诗，所以崇尚见识。见识高者诗自高，如王安石诗“不畏浮云遮望眼，只缘身在最高层”，如此高瞻远瞩，便显示了他帝王学的功夫，而李白“总为浮云能蔽日，长安不见使人愁”，又是“愁”来。以性情而言，李白自是“才高”，若以见识而论，难免“识卑”。

唐人诗性第一，宋人诗性不敌，便以理性超越之。宋人以理性治学，而有理学，以理性写诗，而尚理趣。但宋人的超越不在诗，而在学。宋人在诗上峰回路转，风格虽能自立，但还是难与唐人一争高下，可宋人的学问比唐人好，诗人多有讲学功夫。以诗而论，李白天真，其诗天趣，苏东坡和王安石都不及，以学问论，则苏、王胜之。

苏、王二人都讲过学，办过书院，作为思想者，比李白幸运。李白漫游江湖，思想无根，进入山林，亦无以自立，时代没为他的思想找到一种合适的存在形式，而宋人却能将他们的思想安放在讲学里，向理性飞跃。

宋人讲学如诸子争鸣，如名士清谈，是中国思想的新发展。宋初社会，私学蓬勃兴起，民间思想者有了广阔的思想天地。那时，士人有两条路：学而优则仕是一条路——官学之路，民间讲学是一条路——私学之路。有些成就的士人都是两条腿走路，一条腿走官学，另一条腿走私学，不管在朝还是在野，他们都要讲学。讲坛，在书院里，书院在山林、乡野、市井……李白出走，如果是在宋朝，就会有人请他讲学去，他无论走到哪里，都有书院可居。

吟游大地，僧人有寺院可去，思想者往何处去？往书院去。

《伏生授经图》（画心），日本大阪市立美术馆藏

《伏生授经图》据传为王维所画，右上角有南宋高宗题“王维写济南伏生”，签宋内府的乾卦印和“绍兴”印玺，鉴藏印记有“宣和中秘”等，现藏日本大阪市立美术馆。伏生为秦博士，秦始皇焚书时，伏生壁藏《尚书》。汉初，伏生出所藏《尚书》28篇，开始传授。汉文帝听说伏生能教授《尚书》，又因年逾九十行动不便，便派晁错前往就学，由老伏生口述，女儿转述，晁错记录整理补缺，用汉隶将《尚书》成型，即后世所谓今文《尚书》。

李白出走

李白的个性与思想都在诗踪里。作为诗人，他可以待在朝廷，可作为思想者，他必须走出朝廷。李白一生悲哀，哀在以思想者出走，思想却没有被人们承认。

有唐一代，思想者的思想都没有进入理性化存在。这不但是李白个人的悲哀，也是盛唐时代的悲哀。思想者一旦从朝廷出走，就难免要自问一下：出走以后怎么办？要是宋人就好办多了，前面有书院在等他，他可以讲学去，而李白只好游山玩水走江湖了。

03

从经学到新学

宋人治学，推倒唐疏汉注，直奔义理，从王安石开始。宋代第一个学派，不是理学，亦非心学，而是荆公新学。可以说，王安石是宋代第一个在思想上开宗立派者，他的主张倘若一言以蔽之，就是“变法”。

变法是根本改造，着眼于中国；资治是改良，着眼于王朝。通常，变法都是对王朝的否定，此前的王莽变法是，此后的康有为变法也是，以此来看王安石变法，当然不会例外。但王安石变法，并未导致王权变更。

若将王、康变法做一比较，就会发现，二者相似，实则不同。康有为变法，蓝图来自西方，留了一条“孔子改制”的尾巴。而王安石变法，蓝图出自《周礼》，用了自作的“周官新义”。列宁称赞他是“中国十一世纪的改革家”，也许受了他的启发。

我们不妨猜想一下，他有可能给伟大的列宁同志什么启发？也许是用国家组织形式，使如一盘散沙的小农经济，在中央集权和市场经济并行的前提下，向集中的大规模的国民经济转化；也许是用货币和价格之类的经济杠杆来治理国家，使国家从被动的收税者，向着能动的国民经济的规划者和经营者转化。也许是使王朝职能向国家职能转化，使王朝权力的超经济强制向国家统一计划的国有制经济转化，在国有经济下，实现“均贫富，等贵贱”的民本主义了。

这样变法，显然突破了所谓“亚细亚生产方式”。国家大规模的经济活动，不是以“治水”为中心，而是以“治泉”为中心，“泉”也是水，是货币之水。“治泉”，就是以货币经济为纽带，维系流通领域，以此组织并开发国民经济。可以说，这样的经济思想已经走到了近代化的重商主义的边缘，很超前。

我们知道，重商主义兴起主要基于两点：国际贸易与国家战争。这两点都围绕着一个中心，那就是货币，尤其是贵金属的金银币。

宋代，中国货币经济发达，出现了世界上最早的纸币，加以铜铁币并行，货币发行量达到了历史最高峰，而金银币则通过海上国际贸易，重新回归流通领域。铜钱、银锭，为宋代本位货币，此外，还有银币。宋代钱币，无论其种类之多、数量之大，还是质量之高、工艺之美，都远胜于汉唐时期。宋币铭文多为名家及皇帝手笔，篆、隶、真、行、草俱全，还有古篆体、瘦金体……因此，宋钱成为当时周边各国最流行、最坚挺的硬通货，成为南海诸国争相储蓄的镇国库之宝物。辽、金仿制宋币，可流通的还是宋钱，迄今为止，两国出土、存世最多的也是宋钱，它们最终败于宋朝，此为根源。

在国际贸易中，宋钱可谓极尽风流，就如同今日之美元，各国金银币皆与宋钱——铜钱、铁钱挂钩，由此可见宋钱国际支付能力之强和国际信用之高。直至今日，在日本、东南亚、阿拉伯、欧洲以及非洲等地区都有宋钱出土、存世，真是宋钱遍天下。

正是在货币经济的基础上，宋代出现了信用社会的曙光。还在王安石变法以前，四川民间商人就开始使用一种叫“交子”的有价证券和信用票据，通常认为，它就是世界上最早的纸币，但严格说来，它与我们今天使用的纸币还有距离，相当于为交易提供担保的代币券。“交子”有交合之意，即“合券取钱”。后来，政府介入，以国家信用为担保，先后印刷发行了交子、钱引、关子、会子等几种类型的有价证券和信用票据，扩大了商品交易，这在欧洲，要等到六百年以后才发生。

自有宋朝以来，主张光复汉唐旧境，王安石可以说是第一人。宰相富弼曾对神宗言：望陛下二十年不言兵。王安石却说：陛下富有天下，若以道御之，即何患吞服契丹之不得？请记住，不是“收复”，而是“吞服”。为“吞服契丹”，他制定战略：先取熙河，断西夏右臂，再取西夏，断大辽右臂，然后“包制契丹”，收复失地，重启汉唐疆域。但这战略刚迈出一步——取了熙河，就裹足不前。

当时宋与辽沿着长城一带，对峙在农牧分界线，形成南北朝。游牧民族与农耕民族有不同的南北朝，游牧民族的南北朝以长城为界，长城以南为南朝，长城以北为北朝，汉人居南朝，胡人居北朝，争夺农牧帝国生命线。中华大帝国本来农牧合一，用长城一分隔，就分出南北朝了。

辽之于宋，与匈奴、突厥之于汉唐有所不同，不同在于，辽自称续命唐朝，与宋朝争正统，有着强烈的南北朝意识，而这样的意识，匈奴和突厥就没有。匈奴和突厥的地缘政治空间是东西向的，所以常在欧亚大陆之间流动，而辽与金是南北向的，所以老想着入主中原，将南北朝从长城一线推到黄河边和长江边，唯有蒙古人把它们都结合了，既有东西向的欧亚大流动，也有南北向长驱直入中原。

对王安石来说，他能参考的历史图式是匈奴与突厥，他要面对的当下之敌是辽与西夏，他的战略源于汉武帝刘彻。

可当时，有谁能意识到失去了帝国生命线的中原王朝的脆弱呢？许多年来，压根就没有人想过要争夺帝国生命线，汴梁城里的官民，生活在《清明上河图》那样的市井气息里，并不觉得“吞服契丹”有多大意思。澶渊之盟后，宋辽相安百余年，他们已然知足，可南北向的辽不知足，居然派人来讨要当年被周世宗收复的燕云十六州中的两州，知足而乐的朝廷不乐了。派人去交涉，无人敢应命，最后，还是富弼硬着头皮去了。交涉的结果是，两州就不必还了，不过，要给辽补偿。澶渊之盟约定，宋每年要向辽纳银 10 万两、绢 20 万匹，一补偿，又加银 10 万两、绢 10 万匹，就办成了这样子，还说是能臣！

所以，王安石那样的战略简直就是奇闻，尽管那只是汉武帝战略思想的翻版，从历史上来看也并不陌生，可一旦放在他们跟前，怎么也看不顺眼。君子厌战，王安石何以好战？君子罕言利，王安石为什么好利？这哪是什么特立独行，分明倒行逆施，如此小人，朝廷难养矣。

若从世界近代史来看，好战和好利，两者加起来正是重商主义。可那毕竟还是 11 世纪，重商主义就在宋代货币经济和商品经济里发芽了，真是生不逢时。

王安石给重商主义一个古典的说法，叫“周官新义”。不说《周礼》，而称《周官》，一说《周礼》，便是古籍，要挂起来，让人观瞻，钻进去，研究一辈子，那是国之大宝，治之重器，那么多唐疏汉注，令人观止。而《周官》却是活的，“工商食官”，正是今世要用的，用不着注，也不用去疏，因为天下一义，古今一理，义理一通，就可以当作国家“政治经济学”来用。

近代以来，政治经济学问世都有理想色彩，并非纯功利主义。如亚当·斯密的《国富论》就用了道德哲学的眼光来看经济问题。经济学一开始就是道德哲学的一个分支。马克思的《资本论》也如此，他对资本主义的批判出于科学理性，亦出于道德良知，他的伟大在于二者统一。

将最高的理想与最大的功利结合起来，王安石就这样变法了。他主持经义局，主编《三经新义》，撰写他的“政治经济学”“周官新义”，这样的“荆公新学”在当时，可是无人能懂的。针对王安石说的“善理财者，民不加赋而国用饶”，司马光指出：“天地所生，贷财百物，止有此数，不在民间，则在公家，桑弘羊能致国用之饶，不取于民，将焉取之？”司马光的说法代表了大多数人的观点，这是一种分配的观点。司马光用分配的眼光来看，财富是个常量，“止有此数”，欲“致国用之饶”，必多取于民，“民不加赋”是不可能的，因此，国与民在财富分配上是对立的。而王安石则用了增长的观点。他认为，财富是个变量，只要扩大流通和生产，经济总量就会增长，以总量增长来“致国用之饶”，自然就会“民不加赋”了。他认为，通过经济增长，能使国与民一体化，形成“国民经济”。而国家要在

“国民经济”的形成中，发挥推动和主导作用。

以投资推动经济增长，以立法主导生产和流通，将个体化的经济行为，导入经济增长的统一轨道中，这样的经济增长，不是国与民之间对立性的此消彼长，而是彼此双赢的共同增长，是繁荣民生，以增加国用的增长。王安石变法当然有缺点，但他的经济思想突破了小农经济视野，而有了国民经济的观点，向着重商主义先行一瞥。

没有国家主导作用，汴梁城里，那消费主义的人文化的市井气息会“每日每时地产生资本主义”，却不会自发地形成国民经济，不会自动走向重商主义。重商主义兴起，要有国家主义参与，而国家主义的出现，要以民族国家的产生为缘起。王安石毕竟还在 11 世纪，没有人告诉他，王朝国家与民族国家，臣民与国民，差别究竟在哪里。

撼山易，撼市井难，撼难，何必做官？他想起了江南，“春风又绿江南岸，明月何时照我还？”他为什么要回江南？从《清明上河图》里你会发现，它还缺了一样东西，那就是书院。偌大皇都，竟没个书院，看来皇城根下还不是思想者的地盘。

在朝廷，可以做官，但不能安身，官做不成，就得走人。回家去，可以安身，却难以立命——思想者的命，他已命中注定要往书院去，不如归去，不如归去！他的书院在江南，那就回江南去，书院不在城里，在山里，那就往山里去，他也有一头驴，骑驴渺渺入山去。因为啊，真理诞生在山里，文明生长于水边，他对文明失望了，那就进山去！山是文明之根，那就寻根去！他从山中来啊，带来了真理，那是仁的种子，义的花蒂……

宋徽宗生日时进奉的银铤，辽上京博物馆藏

一枚银铤的物哀

天宁节时，也就是宋徽宗生日，京师京西北路提举学事司向皇帝贺寿进奉银铤。正面汉字楷书阴文“京西北路提举学事司进奉崇宁肆年天宁节银每铤伍拾两”三行二十四字。这枚银铤的出土地却在内蒙古巴林左旗辽上京临潢府汉城遗址。宋“贡”辽？抑或金兵南下劫掠至此？一枚银铤，诉说着北宋的末世辛酸。

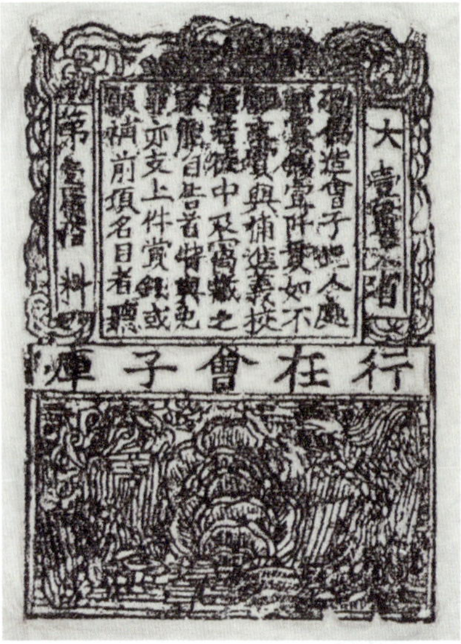

印刷纸币的南宋会子铜版和会子拓印，北京印刷博物馆藏

纸钱比金钱方便多了

宋初，四川人买一匹布要七八十斤重的铁钱。印刷纸钱就轻便多了。纸钱风气首起四川，称“交子”。川话“交子”，有“合卷取钱”之意，市场上不能流通，但有支票信用，上藏标记，隐密码，有专营的“交子铺”。成都“椒子街”，恐怕是“交子街”讹音，后由政府专营。

南宋临安有会子出现，是可以流通的纸钞。吴自牧《梦粱录》载：“造会纸局，在赤山湖滨。”应在西湖苏堤第一桥西南。这时的商业由市井消费走向海上贸易，大量铜钱外流，印钞当然比铸铜铁容易。南宋共 152 年，纸币流通有 100 年之多，发行会子近 14 亿贯，按南宋 1 两黄金兑换 35 贯铜钱，等于发行了 1600 多吨黄金。马可 · 波罗将这种纸币传播到伊朗，后传到日本、高丽。500 年后，瑞典出现纸币。

顺天府汝阴县出门税银铤，宋，河南省唐河县出土，河南博物院藏

解盐使司大安三年银铤，金，河南省西峡县出土，河南博物院藏

金银在宋代一般作大额支付、储藏或馈赠之用。审美在宋人的生活中无处不在，刻款铭文皆书法体。银铤是南宋流通的货币，铜钱多了不便，可以向金银铺换银铤。给政府缴纳各种税也以银铤为主，成色和重量由政府监督制作。南宋时有“出门税”，是指商旅出城门带货物时要交税，税额折成银两，所以南宋银铤增多。

据《金史·食货志》记载，金朝在山西解县盐池设置专门管理机构——解盐司，右图这枚银铤就是解盐司在大安三年制造的盐税官银，上有錾刻铭文以及画押符号等。

壹拾贯交钞版，金，上海博物馆藏

壹拾贯交钞版除“壹拾贯”字样外，花栏的另一侧还残留斜置的三枚合同印：“中都合同”“南京合同”“平凉府合同”。燕京（今北京）是辽代的南京，金人打败辽人，称为“燕京”，并仿照宋人都城汴京扩建燕京，历时两年完成，于公元1153年正式迁都于此，改燕京为“中都”，定名为“中都大兴府”。随后仿照辽制设立五个都城，除中都外，分设四个陪都：南京开封府、北京大定府（今辽宁宁城）、东京辽阳府，西京大同府。公元1215年，中都被蒙古大军攻陷。上海博物馆还藏有一件完整的贞祐宝券伍贯钞版，为传世珍宝。印版花栏外上方的“伍贯”两字代表纸币面额。版右为两枚合同印，表示印出来的纸币可以兑换现钱，下方则铸有纸币的流通范围、准予兑换现钱的地方等。金代留下来的钞版还有几块分别藏于其他博物馆。金代交钞发行于公元1154年，开始设立纸币制度。

贞祐宝券伍贯钞版，金，上海博物馆藏

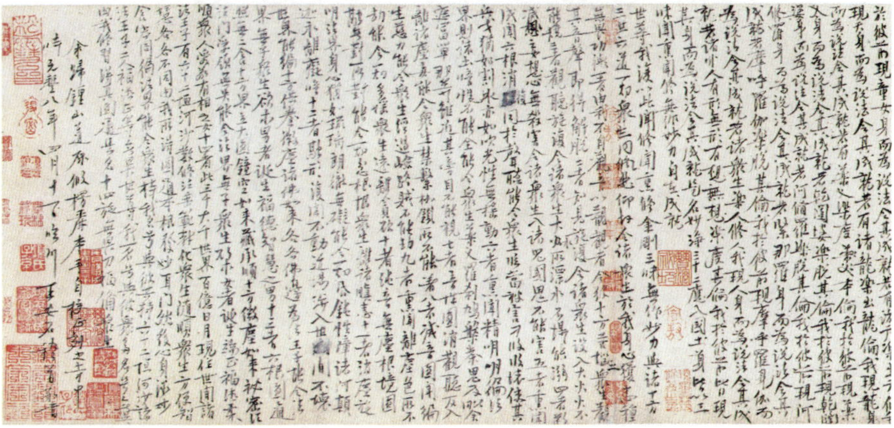

《楞严经旨要卷》（局部），（北宋）王安石，行书，纸本，纵 29.9 厘米，横 119 厘米，上海博物馆藏

无法的书法。《东坡题跋》谓荆公书法：“得无法之法，然不可学，无法故。”可谓相知甚深。王安石的政治风格一如书法，淡墨疾书，未尝经意，惟达其辞而已，以无法变法。

《文会图》，（北宋）赵佶绘，绢本，设色，纵 184.4 厘米，横 123.9 厘米，台北故宫博物院藏

宋徽宗赵佶是宋神宗赵顼第十一子，宋哲宗之弟。哲宗逝，赵佶于公元 1100 年即皇帝位，继续父亲宋神宗支持王安石变法的新政，重用蔡京。《文会图》有宋徽宗题诗：儒林华国古今同，吟咏飞毫醉醒中。多士作新知入彀，画图犹喜见文雄。宋徽宗招待新晋士林茗宴雅集，以示新帝治理天下，人才云集，皆入吾彀。

04

新学的失足

王安石说：天命不足畏，祖宗不足法，人言不足恤。真是个文明的刺头！这话有点像尼采说的“上帝死了”。有了这三条，中国文明的三大禁忌——天命、祖宗、人言，都被他破了。

不破不立。他讲经学，破了唐疏汉注，谈《洪范》，破了天人感应，作《易解》，破了象数之学。而他所立者，一己之新学也，而新学之根本，在“义理”二字。

在中国思想史上，能于天人之际确立大纲领，有三个时代：一个是殷周之际，以文、武、周公为代表，确立天命观；一个是春秋战国，由先秦诸子百家争鸣，确立天道观；还有就是宋代，始于王安石以义理开头，继以程朱立天理。天命观是必然性的，要顺应；天道观是规律性的，可以认识；天理观是主体性的，乃天命、天道在人自身，通过对自我的操作——无我，实现天人合一。这三个时代是思想者的大时代，而王安石属于周公、孔子一流人物，是开创时代的。西方历史进程与他的思想相契，所以西方人真能理解他。美国人也佩服王安石，贺麟在《陆象山与王安石》一文中提道：1944 年夏，美国副总统华莱士访华，在演讲中特别赞扬了王安石，似乎觉着王安石变法与他和罗斯福总统的新政相契合，故于异国异代求知己找同志来了。他们从中国找到了 11 世纪的王安石，来做他们国家资本主义的同志。看来王安石成了真正具有世界性的历史人物。在中国历史上，世界性的影响难以显现出来，正是他与西方历史进程契合的那一面，使他成了中国历史上的异端，以至于我们要向西方学习时，才发现他作为国家资本主义和社会主义先驱的历史价值。

近代梁启超以变法重启王安石，把他当作走向新中国的先驱："其德量汪然若千顷之陂，其气节岳然若万仞之壁，其学术集九流之粹，其文章起八代之衰，其所施之事功，适应于时代之要求而救其弊，其良法美意，往往传诸今日莫之能废……至今东西诸国行之而有效者也。""呜呼！……于三代以下求完人，惟公庶足以当之矣！"有宋一代，能如陈亮所言，"推倒一世之智勇，开拓万古之心胸"者，唯其一人而已。在经学上，他推倒唐疏汉注，开出宋学义理一路，程朱理学从此出；在道德上，他推倒天命观、祖宗法、人言，追尊孟子，于心性上立大本大源，开出陆王心学一路；在政治上，他推倒汉唐帝王，直奔三代理想，欲以《周官新义》托古改制，建立理想国家，启发了近代康梁变法。因此，历史上，不但陆王心学同情他，而且程朱理学理解他。陆九渊《荆国王文公祠堂记》赞他："英特迈往，不屑于流俗。声色利达之习，介然无毫毛得以入于其心。洁白之操，寒于冰霜，公之质也。扫俗学之凡陋，振弊法之因循。道术必为孔孟，勋绩必为伊周，公之志也。"有人问朱熹："万世之下，王临川当作何品评？"朱熹说"陆象山尝记之矣，何待他人"，又说王安石"以文章节行高一世，而尤以道德经济为己任"。

王安石的道德文章，还有学术思想，连"二程"都是佩服的。读其《易解》，程颐赞曰："若欲治《易》……只看王弼、胡先生、王介甫三家文字，令通贯。""《易》有百余家……须看王弼、胡先生、荆公三家。"朱熹接着说"伊川先生教人看《易》只须看王弼注，胡安定、王介甫解"，"《易》是荆公旧作，却自好。《三经义》是后来作底，却不好"。

《易解》乃学术，朱熹佩服，便说好，而《三经义》是政治，为变法而作，他认为，王安石变法"汲汲以财利兵革为先务"，就说不好。程朱二人若都说不好，不一定不好，若都说好，那便是真好。陆游说，邵雍欲以易学授程颐，而“程先生乃拒弗受”。邵雍是易学大师，还是程颐的好友，都被程颐拒绝了，可见《易解》是真好。当时，“二程”“洛学”、苏门“蜀学”、王氏“新学”，皆为显学，文人本就相轻，学者也要相争，尤其学派门户之争，程朱能弃门户而尊“新学”，很难得。

王安石退居江宁时，陆游祖父陆佃曾来问学，大为叹服，自谓“朝虚而往，暮实而归，觉平日就师十年，不如从公之一日也”，于是，欣然转向“新学”。那时，淮河以南兴的是胡瑗之学，自荆公江宁讲学以来，“新学”入淮南，学风为之一变，所到之处，世谓其言，与孟轲相上下，令天下之士心向往之。某日，邵雍行于洛阳天津桥，闻杜鹃啼，叹曰：北方无此物，异哉！不及十年，其有江南人以文字乱天下者乎？客问：闻杜鹃，何以知此？邵雍说：天下将治，地势自北而南；将乱，自南而北。其理由是“今南方地气至矣，禽鸟飞类得气之先者也”。鸟在天上飞，他不说天气，而说“地气”，此乃方术者说，堪舆家言，这故事是他儿子邵伯温在《闻见录》中记载的，而“江南人”当然就是王安石。“杜鹃”者，“新学”也。“新学”席卷淮南，普及中原，洛学解《易》，不用邵氏易解，而以荆公新学，此已为先声。于此先声，他已闻出即将到来的新政。

新学的“杜鹃”之啼，啼出不祥之音，预告了王安石的变法新政就要来临。神宗谓安石曰：今人人乖异，何以一道德？卿有所著，可以颁行，令学者定于一。王安石遂以新政推广新学，欲使天下之学定于一，而重建王官之学。定于一者，乃以新学取士，以科举参与私学领地，而与士林为敌。

走在哲人王的路上，王安石的新学失足了，他自以为是的尚方宝剑，一柄是真理之剑，一柄是国家利益之剑，这两把剑都由王权来钦点。历史上还没有人像他那样，思想在生前就变了现，与科举制结缘，成为朝廷政治录用的标准，连孔子都是在死了几百年之后才成为素王的，而孟子直到宋代才开始了升格运动，从子学上升到经学。朱熹也如此，理学得到官方认可，成为官学，有一个漫长的攀升过程，而且都是在他死后才发生。此前此后，以数百年来衡量，没人比王安石更幸运。

这样来看王安石，未免俗气，恐怕也不是他的本意，可思想者一旦跟王权结合了，就身不由己，好比股票上市，大家都来买，买出几十倍、几百倍的市盈率，买出一个天大的市场预期，让经营者如何担待得起？所以，后来北宋灭亡，有人就把这笔账都算在他头上。这当然是冤枉，一代王朝的预期可以将他捧到天上去，也能把他摔到地狱里。总之，他失足了！在真理和国家利益面前，他失去了“独立之精神，自由之思想”。

真理和国家利益，说到底，还是外在目的，其崇高毋庸置疑。而“独立之精神，自由之思想”，则属于人自己，为人之根底。当我们追求外在目标，无论真理，还是国家利益，都勿忘反求诸己。求什么？求“独立之精神，自由之思想”。没有“独立之精神，自由之思想”，真理也好，国家利益也罢，统统都会异化，成为无源之水，开出无根之花。王安石就如此，所以，连陆九渊也批评他“王不成，霸不就”，既不能像周公那样行王道，也不能像商鞅那样行霸道。本来，他可以在王道和霸道之间别开生面，可他忘了“独立之精神，自由之思想”，没有找到新的支撑点。他只好用王朝的旧瓶，去装国家主义的新酒，用古老的周礼，去发酵重商主义的新义，在历史的转折处，被人泼了一身亡国的脏水，出局。

05

思想者有福

有宋一代，书院比王朝重要。因为宋朝已非，可书院还在。正如唐诗的江山比唐朝重要。因为唐朝不在，而唐诗还在。书院，首先要有书，所以，在印刷术发明之前，书院罕见。印刷术诞生了，与此发明相伴生，除了“交子”，还有书业以及在书业基础上形成的书院。

书院，从朝廷向民间发展，适应了蓬勃兴起的私学需要，成为民间思想的渊薮。我们认为，民间思想者的生存状况，是衡量一个朝代历史价值的重要指标。当民间思想者如雨后春笋般生长，那一定是历史上的好时候。

可惜罕有这样的好时候，就算有了也伴随动乱，思想者难免要受难。

只有在宋朝，自由化的民间思想者才享受了足够的富裕和自由。这自由并非近代意义上的公民权利的自由，它还属于中世纪的生存权利的范畴，即便如此，那也很美，很风流。思想者的存在不依赖王朝，就敢于从王朝出走，将王权的异化作用减到最少。思想者有书院可去，就不至于像《玩偶之家》里的可怜的娜拉，被人在后面追问，出走以后怎么办？

上山下乡，办书院去。商品社会，货币经济，培育了《清明上河图》的市井气，还在乡野展开了江山如画的书卷气。思想者创业，不是做官，而是办书院。

书院是个广阔天地。你想办书院吗？没问题，只要你愿意。

程颐退归洛阳，致函文彦博——《上文潞公求龙门庵地小简》，求一讲习之所，曰：“颐虽不才，亦能为龙门山添胜迹于后代，为门下之美事。可否，俟命。”文彦博得程颐函，很快就回信了，说：“吾伊阙南鸣皋镇，小庄一址，粮地十顷，谨奉构堂，以为著书讲道之所。不惟启后学之胜迹，亦当代斯文之美事。”这便是伊川洛学之鸣皋书院。程颐以此为据点，讲学十四年，求教者日夕盈门。其时，全国州县学校皆奉行王安石新学，“二程”等人便以书院相抗衡。

以书院私学对抗官府新学，做一个民间思想者，并没有召来迫害。王安石是宽容的。真正的思想者，可以道不同不相为谋，但坚决捍卫对方的言论自由。尽管王安石身上有哲人王的冲动，也想以他的新学统一士林思想，但他并没有禁止对手发言，更没有想过剥夺对手的发言权。他的声音虽然一度覆盖了官学，但私学却成了对手的天下，值吗？回头想来，当有此一问。可他当时意气风发，只管我行我素，没有自问一下。他哪里知道，所谓官学，不过一时风光，如沙上聚塔，一推就倒了。

司马光复辟就没有雅量，不惜以铁腕将新政全部推翻，把新学彻底扫荡。待新党蔡京之流重来，新政已沦为党争。这一回，程颐又被祸及，朝廷降旨，说他原系司马光荐引，同恶相济，属于奸党，宜下河南府收押，转送涪州编管，以示惩艾。

宋代问罪官员，轻者谪居，重者安置，最重才是编管。编管，是在指定地点，受地方官约束，不得自由行动。御史中丞邢恕与他至交，有人以为邢恕会救他，谁也没想到，那邢恕居然说：“便斩颐万段，恕亦不救。”邢恕这样表态，可见“人心惟危”。而当年“乌台诗案”，苏轼身陷囹圄，王安石虽被罢相也上书神宗，要救他这位政敌。为政可以持不同政见，但做人要坚持共同道义。程颐被编管时，王安石和司马光已相继去世，官场已经烂了。但即便如此，民间依然对思想者充满敬意，他一到涪州，就有人来问学。

涪州，今重庆涪陵区，长江经涪陵，江北有北岩，便是他居留处。北岩，为涪州屏障，山顶，乔松排云，山腰，削壁横皴。水鸣竹啸声里，惊红骇绿之时，最宜读《易》。文王拘羑里而演《周易》，他贬涪州作《周易程氏传》。

由洛入蜀，其行也匆匆，可谓两袖清风，而洛学却能随身带着。洛学在蜀，有涪州人谯定。谯定早年曾来洛阳问学，程氏贬涪州，他又来北岩问学，为程氏《易》学传人，后来开出“涪州学派”。思想者入官场，时乖命蹇，于民间，却如鱼得水。然而，人多不自知也！有所成就，就当作受难的回报，此为历史上司空见惯之思维定式，高明如伊川先生者，亦未能免俗。程颐归来，气象胜于平昔，门人问何以得此？先生曰：“学之力也。大凡学者，学处患难贫贱，若富贵荣达，即不须学也。”此正所谓“梅花香自苦寒来”，何其俗也！他不知我民间水土、我民间风俗能养思想者也，不感恩于此，而自述其苦，看来亦有未觉悟处，此其不如东坡也！

“乌台诗案”后，苏东坡被贬黄州，自谓“君门深九重，坟墓在万里；也拟哭穷途，死灰吹不起”。伤心人语，何其悲也！“君门”，指朝廷，经此一变，他才知道，朝廷的门槛很深，很深，“深九重”，那就是深渊了，他是深渊里绽放的牵牛花呀！以“君门”对“坟墓”，他大悟，穷途而哭，这觉悟了的牵牛花呀，幸有民间的阳光雨露滋养他，使他从大劫之后的死灰里面往上爬，终于爬出，活过来了。

黄庭坚来看望他，于江天晚霞中，听渔歌唱和，悠扬悦耳，便脱口而出：晚霞映水，渔人争唱满江红。苏东坡答道：朔雪飞空，农夫齐歌普天乐。“渔人”“农夫”，是民众；“满江红”“普天乐”，便是民间气象。这样的天人合一，是民间才有的。身在“君门九重”，就以为是天理所在，便如王阳明所言，是因那时“此花与汝心同归于寂”。一旦走出“君门”，心与花便一起开了，开得明明白白：原来天理在此呀！于是，他反而要感恩了，“幸有清溪三百曲，不辞相送到黄州”，从此鱼樵杂处，幅巾芒履，游于岭上溪谷之间。

苏东坡来到黄州第二年，友人替他请得东坡营地数十亩，以为营生。

地久荒，多荆棘瓦砾，而岁又旱，故“垦辟之劳，筋力殆尽”。可他依然怀着感恩之心，耕读起来。“去年东坡拾瓦砾，自种黄桑三百尺。今年刈草盖雪堂，日炙风吹面如墨。”他得废园于东坡，“筑而垣之，作堂焉”，名曰“雪堂”，因其建成于大雪中，故绘雪于四壁，“起居偃仰，环顾睥睨，无非雪者”。“雪堂”离江边不到十步，放眼望去，风涛烟雨，晓夕百变，江南诸山坐落在他几席上，遂叹曰：“此幸未始有也。”端居深念，若有所得。于是，著述、讲学，作《易传》和《论语说》。

人在江南，思想者有福，有江山助，更有民风朴，如人之初。耕作之余讲学，释耒而叹，自号“东坡居士”，作“东坡八首”：

其七

潘子久不调，沽酒江南村。
郭生本将种，卖药西市垣。
古生亦好事，恐是押牙孙。
家有一亩竹，无时容叩门。
我穷交旧绝，三子独见存。
从我于东坡，劳饷同一飧。
可怜杜拾遗，事与朱阮论。
吾师卜子夏，四海皆弟昆。

其八

马生本穷士，从我二十年。
日夜望我贵，求分买山钱。
我今反累君，借耕辍兹田。
刮毛龟背上，何时得成毡？
可怜马生痴，至今夸我贤。
众笑终不悔，施一当获千。

这样淳朴的人情里，有伟大的友谊在，让他感恩于心。当其故旧或反目，或离他远去，他也不会感到孤单。“潘、郭、古”三人，一边营生，一边来问学，“从我于东坡，劳饷同一飧”。更有“马生”，一介贫士，追随他二十年，“日夜望我贵，求分买山钱”，却反而被他连累，不但无悔，还“至今夸我贤”，你给了他一点好处，他就当作得了一千。

在这样的人情里，思想者如鱼得水，似鸟入林，他知足。成就一个伟大的思想者，是要有真诚的友谊为其人生之助的，是要有民众的同情和理解以为其民生之助的，还要有对江山和历史的感悟做他的精神之助。因此，思想者要把自己放下来，放到友谊里，放到民生中，放到江山和历史的情境中去。他那些最伟大的诗文就在这一时期完成，这是国家不幸诗人幸。

当他“仰观江摇山，俯见月在衣”，吟出“惟江上之清风，与山间之明月，耳得之而为声，目遇之而成色，取之无禁，用之不竭”时，我们就觉得他有福了。这是民间思想者才能享有的清福，这样的江山，便是我们所说的思想者的水土。“长江绕郭知鱼美，好竹连山觉笋香”，活在这样的自然风物里，他知足。

“步从父老语”，他像一条活泼的鱼儿，顺着“父老语”游去。在民风里游泳，“新浴觉身轻，新沐感发稀”，他被民风洗礼了。“不问人家与僧舍，拄杖敲门看修竹”，人间不问僧俗，只要有美好的事物，便是他的去处。坡翁的伟大不在理论，也不在诗文，而在于他为民间思想者提供了一种美的生活方式。当年，孔子曾说“吾与点”，但那只是一种人生境界的提示。陶渊明是伟大的实践者，但其存在如清空之明月，使人仰观，却难以亲近。而坡翁则能“俯见月在衣”，使得明月在身，因此，人们崇敬陶渊明能力行，却亲近苏东坡的洒脱，唯有苏东坡，能将“自由之思想”化作自在的美的生活快乐。

自黄州归来，他理解王安石了，两个伟大的思想者，政见虽有不同，但他们的精神却在超越政见的最高境界上和解了。当王安石再见他时，就惊为天人，非复当年机智有余才华横溢的苏轼，而是“惟其感恩，所以有福”的民间思想者苏东坡了。

这个苏东坡呀，要几百年才出一个，你看那古今罕有的洒脱：

莫听穿林打叶声，何妨吟啸且徐行。
竹杖芒鞋轻胜马，谁怕？一蓑烟雨任平生。
料峭春风吹酒醒，微冷，山头斜照却相迎。
回首向来萧瑟处，归去，也无风雨也无晴。

而苏东坡重读王安石，就恨不得要去追随了，过金陵，走访下野的荆公，诗曰：“骑驴渺渺入荒陂，想见先生未病时。劝我试求三亩宅，从公已觉十年迟。”

当年，苏轼与司马光相从，那是政治上相从，而今苏东坡要与王安石相从，则是超政治的精神相从。如此相从，昭示了一种新气象，即思想者的共和气象。安石去世，追赠太傅，他撰《王安石赠太傅》：“将有非常之大事，必生希世之异人，使其名高一时，学贯千载；智足以达其道，辩足以行其言；瑰纬之之，足以藻饰万物，卓绝之行，足以风动四方；用能于期岁之间，靡然变天下之俗。具官王安石，少学孔、孟，晚师瞿、聃；罔罗六艺之遗文，断以己意；糠秕百家之陈迹，作新斯人。”这样的评价已超越了政见，上升到更高的层次。他以“作新斯人”来写王安石，既是对王安石的新认识，也是他夫子自道。他在黄州时，就已“作新人”了，从苏轼变成苏东坡。现在他为皇帝代笔，对王安石盖棺论定，就要用一种新的气象“作新斯人”。此文一出，人人都说好，连恶毒咒骂王安石的人都无话可说。可文章究竟好在哪里？当时的司马光不懂，后来的朱、陆也没有读懂。它之所以能超越所有对立和分歧，就因为觉醒了思想者的共和意识。

不用说了，荆公在天之灵，肯定在感激这位“共和”知己。

《范文正公文集》二十卷，北宋刻本（有配补）

印刷术让文人自由

印刷术取代手抄，书籍普及了，字迹少了个性，但方便了。大概士人买印刷版书看，不亚于今天电子阅读的时光感慨。宋代除体制内的县学、郡学、府学、州学、公衙印书外，还有大量的私人印书铺，书院也纷纷自行印书。思想者们兴高采烈，他们的主张可以一遍遍被复制；他们不端科举的铁饭碗，在书院和书楼，著书、教书、印书、藏书，积蓄的精神食粮，后人享用不尽。那精美的宋版书就是合作的产物，拿起宋版书，思想者有福。

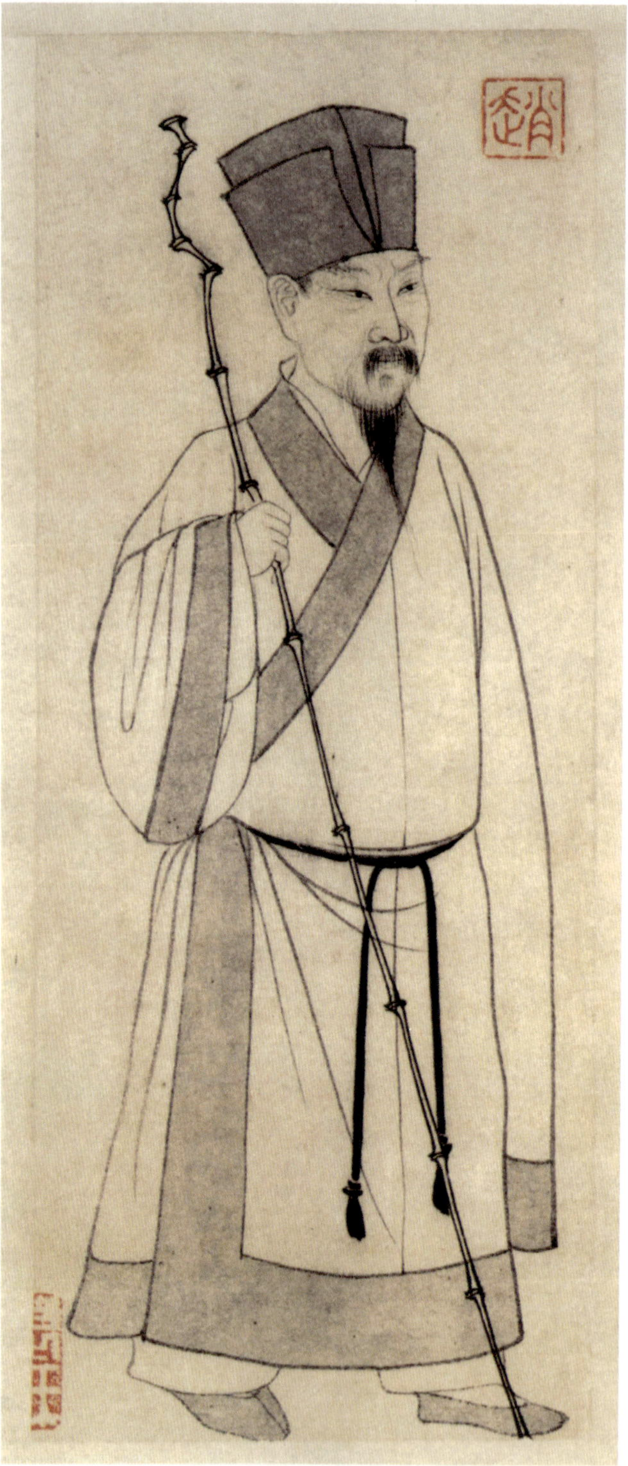

《前后赤壁赋》卷册首东坡小像，
（元）赵孟頫绘，纸本，水墨，
台北故宫博物院藏

《潇湘竹石图》卷（局部），（北宋）苏轼绘，绢本，水墨，纵 28 厘米，横 105.6 厘米，中国美术馆藏

东坡范式

李白诗天真，东坡诗有理趣，两人堪称唐宋诗代表。北宋人评词，说柳永词婉约，要商女浅斟低唱；东坡词豪放，要“铜将军打铁竹板”，伴奏高唱，有宋一代两种词风的代表。东坡书画随性；散文有自赞：如万斛泉源，不择地而出，在平地滔滔汩汩，虽一日千里无难。及其与山石曲折，随物赋形，而不可知也。文如其人，得意时，有“苏门四学士”声闻天下；西园雅集，引领北宋士林风流。失意时，随遇而安，勤谨本色。一路颠沛一路行，一路留雅一路风。密州、徐州、湖州、黄州、常州、杭州，直到天涯海角的儋州，东坡饼、东坡肘子、东坡巾、东坡紫砂提梁壶。陆游《老学庵笔记》：“苏文熟，吃羊肉；苏文生，吃菜羹。”后世造东坡像颇多，赵孟頫笔下，先生手握纤杖，弱竹势孤，却独立刚毅，留下风雨中闲淡自如的平常美；南宋周少隐据先生在儋州向农家借“屐笠”的传说，绘《东坡笠屐图》，为后来画家多趋题材。先生屐笠拓片，有两个本版，一苦一甘，一窘一嘲，颇显先生生活常态，美自苦难，美自平淡，难以取舍，皆具东坡范式，立此存照。

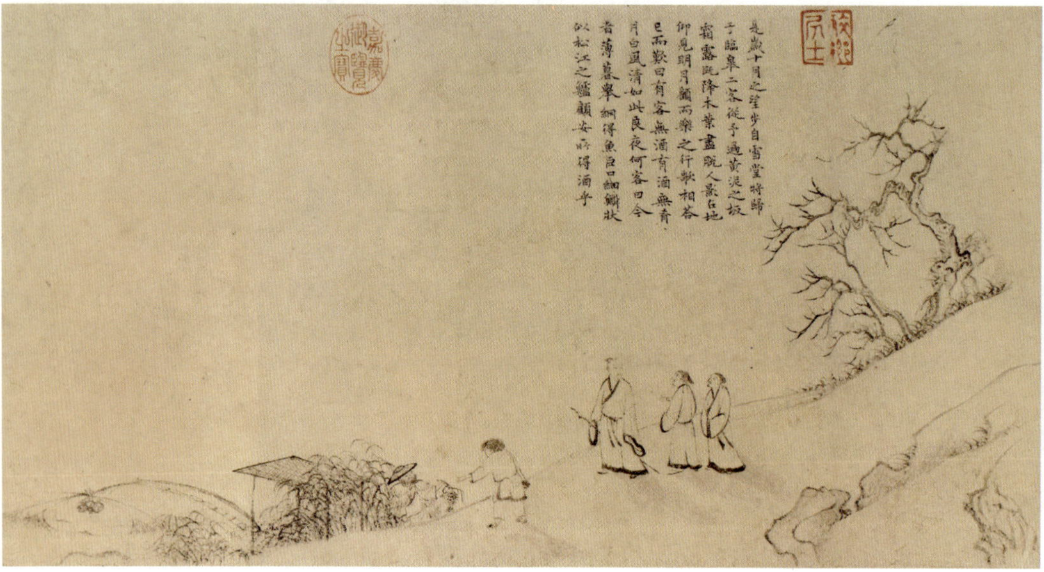

《后赤壁赋图》卷（局部），（北宋）乔仲常绘，纸本墨笔，纵 29.7 厘米，横 560 厘米，美国纳尔逊－阿特金斯艺术博物馆藏

赤壁风流

东坡居黄州，黄州故事最多，黄州文采最华。他两游赤壁，矶头怀古，最风流——“今者薄暮，举网得鱼，顾安所得酒乎？归而谋诸妇，妇曰：我有斗酒，藏之久矣，以待子不时之需。于是携酒与鱼，复游于赤壁之下。江流有声，断崖千尺，山高月小，水落石出，曾日月之几何，而江山不可复识矣！”这意境，便是他流落的因，困窘的缘，生活的趣，诗文的福。流风遗韵，千古共鸣。乔仲常、马和之、武元直、赵伯骕、文徵明都有“赤壁赋图卷”问世。乔仲常的图卷藏于美国纳尔逊－阿特金斯艺术博物馆，画面有东坡居士和二位客人的阴影，颇得“人影在地，仰见明月”之意会。有人说“中国画不画阴影”，可东坡寥寥八字，月下阴影跃然，乔仲常妙手偶得之。

二　书院——英雄的来历

01

思辨的诗性表达

南宋时期，王朝史观里一个并不起眼的地名竟然脱颖而出了。此前江南形胜，但闻金陵风月，钱塘繁华……谁还知有鹅湖？鹅湖何在？就在武夷山下，闽、浙、赣交界，卧于山野，虽有官道往来，有驿站相连，却不如鄱阳湖在吴头楚尾之间，可以周郎用兵，也不如太湖形似金元宝，然它是一条学脉通达的山道，一个思想中转的驿站，中国学术思想到此峰回路转。

北宋沦陷，学术南渡，关中、伊洛之学衰，而有闽、浙和赣学兴代。若谓晋人南渡，从庐山到会稽山，从白莲结社到兰亭雅集，“人与山川相映发”，开启南朝文艺复兴，那么宋人南渡，则于庐山和会稽之外，武夷山又参与进来，而有鹅湖之会。

鹅湖之会，为中国思想史上一大事，中国学术转型一重要标志。

宋代学校有两类：一类是“有司奉诏旨所建”官办的“州县之学”；另一类则是“贤士大夫留意斯文者所建也”，乃民办的“乡党之学”。官办多半是摆设，做做样子；而民办，先期一般是普及性的，多解决子弟入学和应举业，往后便向精英化方向发展，“后来所至，书院尤多”，书生意气也跟着书院一同兴起。

宋代是个书院时代，同时也是个书生意气风发的时代。且听苏东坡那一句“大江东去”，一嗓子就吼出了那个时代滔滔不绝沛然无御的书生意气，而南宋陈亮则以“推倒一世之智勇，开拓万古之心胸”尽显其王霸之学的书生本色。但是，能将书生意气转化为圣人气象乃至帝王气象的，别有两位。他们是我们此次“思想有约”请来的主角：朱熹和陆九渊。

此二人提撕书生意气，用了形而上的力。说他们连吃奶的力气都用了并不过分，因为据说他们三四岁就向父辈提问题，不是问得父辈若有所思，而是问得父辈冥思苦想不得其解。朱熹四岁时，其父朱松指着天日示之曰“此日也”。朱熹问：“日何所附？”父曰：“附于天。”又问：“天何所附？”看来还在四岁时，朱熹便已然有所思。陆九渊亦如是，三岁时便问父天地何所穷际，父笑不答。这些问题跟了他们一辈子，似乎他们必须用一辈子来解决与生俱来的问题，这些问题成为他们身上挥之不去的书生意气。

梅贻琦曾说：大学，非谓有大楼之谓也，有大师之谓也。其实书院也可以这样说。书院之所以有名，跟大师有关，嵩阳书院跟“二程”有关，应天书院跟晏殊和范仲淹有关，而江南两大书院都跟朱熹有关。大师犹如太阳，思想会放光芒，将书生意气化作圣人气象。朱熹在岳麓书院讲学时，一早就到岳麓山顶看日出，日出时就大吼一声：“赫曦！”“赫曦”就是“东方红，太阳升”。没想到，他那一嗓子居然吼出了天命，从此余音绕山，召唤着一代又一代湖湘书生。湖湘文化被朱熹猛然一喝开了窍。

两个孩子竟然问出了理学的太阳和心学的宇宙。谁能想到这两个问天的孩子后来会跑到鹅湖来相会？

鹅湖之会就在闽赣官道旁的武夷支脉鹅湖山上，山有寺，以“鹅湖”名，南宋时，吕祖谦与朱熹和陆氏兄弟定了个思想之约，到此相会，辨朱陆异同。吕祖谦先赴闽，与朱熹会讲于寒泉精舍，然后一道前往鹅湖。陆氏三兄弟亦从江西金溪赶来，赴鹅湖之约，履思想共和。

鹅湖使人联想起魏晋风度。鹅乃名士宠物，晋人蓄鹅，不光山阴道上有羲之鹅池，兰亭笔意里就有鹅的风姿。在武夷山一支脉的山头上，也有龚氏养鹅，演了一出玄味悠长的“天鹅湖”，唐人不解其中翩然玄味，却道“鹅湖山下稻粱肥”。宋人跟晋人一样，都富于思辨性，晋人喜玄言，宋人爱理趣，晋人善清谈，宋人好会讲，从玄学到理学，宋人的思想在晋人的底蕴上进展，把鹅湖变成了讲坛，还讲出个鹅湖书院。

书院位于鹅湖山北麓，原鹅湖寺西侧，书院门前有石山作屏，左右两侧山势延展，重峦叠翠，合抱书院，左侧山顶有飞瀑落下，奔珠泻玉，出山谷，入平川，古木参天，曲径流泉。由大门入，桃树夹路，进一圆门，有一大院子，又进一圆门，仰立三排殿宇，拾级而上，又见院子。院中半月池，围以石栏，过桥便是殿宇，一院一殿，如是者三，就是四贤祠。有缘千里来相会，应了思想的因缘，他们千里迢迢地来了。

可他们都非随缘之人，而是脚下有山根，咬定青山不放松。他们是两颗互相关注的星星，各自发光，彼此遥望，虽然各有其运行的轨道，但他们都“同附于天”。至于“天何所附”，便是他们一直在追问的问题。

两人带着各自的答案来碰头了，朱熹带来了理和气，认为天附于理气。可陆九渊则不以为然，他从孟子的“万物皆备于我”出发，主张天附于“我心”。据说，少年陆氏读古书，读到“四方上下曰宇，往古来今曰宙”时大悟，认定“宇宙内事乃己分内事，己分内事乃宇宙内事”，而有“我心即是宇宙”说。“人同此心，心同此理”也是他说出来的，他这样说道：“东海有圣人出焉，此心同也，此理同也。至西海、南海、北海有圣人出，亦莫不然。千百世之上有圣人出焉，此心同也，此理同也。至于千百世之下有圣人出焉，此心此理，亦无不同也。”这样老成的话，居然出自一位乳臭未干的孩子之口，你听了会作何感想呢？

陆九渊与朱熹不同的是，朱熹首先是个读书人，然后积学成思，成为思想者；而陆九渊则反之，他首先是个思想者，然后才是读书人，因为“心之官则思”。心思属天然，人生来就是个思想者，无须等到读书以后，更何况大自然对人的教育远胜于书本，向自然学习胜过向书本学习！但朱熹尚要“我注六经”，而陆九渊则公然声称“六经注我”。

陆无师承，不执家门，故非家法和师法中人，没有学术门第，可他师法自然。朱熹出于“二程”之门，其学以伊川之学为根本，所以后人称理学为“程朱理学”。可陆氏生来就与理学不对路子，幼时“闻人诵伊川语，自觉若伤我者”，竟然起了不良的生理反应，以至于他读书时便尽跟伊川之言找碴，说“伊川之言，奚为与孔子、孟子之言不类？”就这么个思想的矛头，一个“刺破青天锷未残”的家伙，居然要来鹅湖会讲，与朱熹“矛盾”一番了，当然是以陆氏兄弟为“矛”，而以朱熹为“盾”的。

陆氏兄弟到了鹅湖寺，吕祖谦来问：“子寿别后有何新功？”陆九龄遂吟《鹅湖示同志》曰：“孩提知爱长知钦，古圣相传只此心。大抵有基方筑室，未闻无址忽成岑。留情传注翻榛塞，著意精微转陆沉。珍重友朋勤切琢，须知至乐在于今。”九龄吟罢，朱熹便说道“看来子寿早已上子静的船了”。子静，即陆九渊，便接着他兄长的话如是说“途中某和得家兄此诗”一首，遂吟哦曰：“墟墓兴衰宗庙钦，斯人千古不磨心。涓流积至沧溟水，拳石崇成泰华岑。易简工夫终久大，支离事业竟浮沉。欲知自下升高处，真伪先须辨只今。”

两诗一出，就见分歧。九龄诗云“古圣相传只此心”，这在朱熹便是禅宗“以心传心”，而陆氏以为，若无此心，“天理人欲”都往哪儿搁去？这便是他要强调的“大抵有基方筑室”。他以“基”“室”喻心与物，无“基”如何“筑室”？此心未明，何以格物？因此，要下明心功夫，心若不明，书自然也读不通——“留情传注翻榛塞”。而陆九渊就说得更加直接了，他自诩“易简工夫终久大”，而责朱熹“支离事业竟浮沉”。

当时，朱熹还没有思想准备，所以没有应和他们的诗。

三年以后，陆九龄又去鹅湖寺拜访朱熹，重叙离别之情。朱子便作《鹅湖寺和陆子寿》云：“德义风流夙所钦，别离三载更关心。偶扶藜杖出寒谷，又枉篮舆度远岑。旧学商量加邃密，新知培养转深沉。却愁说到无言处，不信人间有古今。”经过三年思考，他自认为已将“朱陆异同”问题解决了。

他是怎样解决的？首先，他认为，心心相映比思想分歧更重要，虽说“心之官则思”，但人心里面还有情义，情义便是道德本体，也是学术根基。他与陆氏兄弟情义相通，就说明他们在大本大原上相同。对于分歧，他也有解决方案，即“旧学商量加邃密，新知培养转深沉”，“旧学”要“商量”，应在元典上商量；“新知”待“培养”，当在人心上培养。

朱子此语一出，陆氏兄弟便服膺了，思想者尤能惺惺相惜。陆子“极高明”，朱子“道中庸”，朱子贵在尤能于陆子的“极高明”处道自家的“中庸”。不过他还是有个担忧，此担忧是要他和陆氏兄弟一起来承担的，那就是诗的最后两句：“却愁说到无言处，不信人间有古今。”那“无言处”，也就是人的本原处，那里，不仅他集注的《四书》不在，连汉人编纂的《五经》也不存在，大道无言，此心却在，古今咋办？

若无古今，话从哪儿说起？此为朱子担忧处，陆子当觉处。其时浙学，如陈亮、叶適等，皆通古今之变，务求通史致用。而江西之学，如陆氏三杰，则通古今不变，务求本原，以经非本体，尚要商榷，史更多疑，当价值重估。朱熹批评浙学：读史有啥好的？无非看“相斫书”，打打杀杀，把人心都读坏了。之于赣学，则恐其“脱略文字，直趋本根”而落于禅的缺陷。经典，是文字的最高形式，本心借以发明，天理赖以开显。故曰：天理民彝，自然之物……固有不依文字而立者，然，古之圣人欲明是道于天下而垂之万世……非托于文字亦不能以自传也。

这样说来，陆子自然是不会反对的，思想的分歧被诗意溶解了。原来“我注六经”与“六经注我”从根本上来说，可以相通。“我注六经”是自我对六经的确认，“六经注我”是六经对自我的证明，其句式与“我心即是宇宙，宇宙即是我心”竟然如出一辙，以此来看所谓“朱陆异同”，其实应为“朱陆互补”，犹如物之一体两面，二人各有其侧重面，若谓陆子重在“发明本心”，那么朱子则趋于开显“本心”的文明样式——经典。一部思想史不正是如此吗？

思想的动力，既来自“发明本心”，也来自不断地诠释经典。

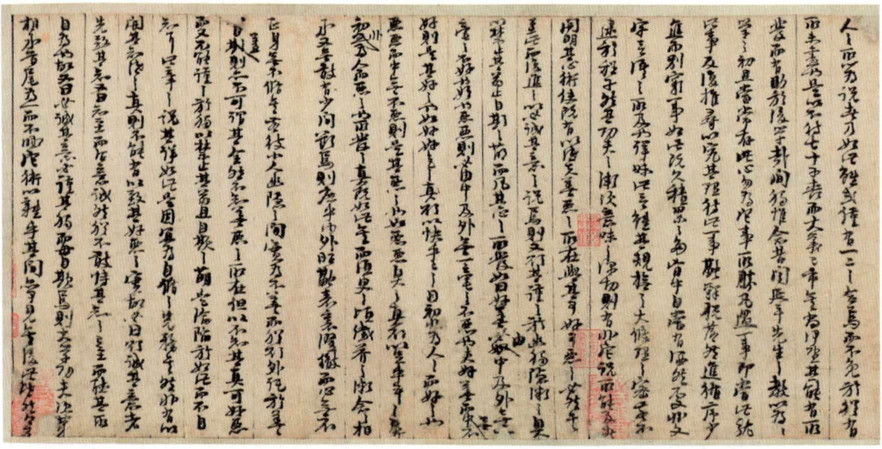

《尺牍并大学或问手稿》（局部），（南宋）朱熹，行草，纵 33.5 厘米，横 552 厘米，辽宁省博物馆藏

拔出心肝来斗

朱熹（1130—1200），字仲晦，号晦庵，祖籍婺源，生于福建龙溪。其学师承“二程”，为理学集大成者。

要除掉欲望，就要先扼杀欲望之源——“我”，让天理满心，此乃理学精要。所以，朱熹说：要拔出心肝来斗“私”。这匹思想之驴，驮载着他的“理学”主张，行走在闽赣的乡间小路上，在古风浓郁的书院里歇脚。他 18 岁考中进士，召之即来，庙堂上，讲求格物致知之学，倡兴书院，还主战；挥之即去，朝廷不要了，就到书院，讲学著书，还印书。宋金议和，他把头埋在理学里，筑“寒泉精舍”，讲学十余年。出任“知南康军”，理学追随左右。新思想与政治肉搏，起落无常，沉浮难料，几乎送掉“驴”的老命。他一辈子斗“私”，但白鹿洞书院、武夷精舍、紫阳书院、考亭书院、岳麓书院，还有“四书”“理学”等，却偏偏埋伏了私学。如今，南宋在历史上已尘埃落定，书院依旧在山林之野守望“私学”精神，理学在拔出心肝上的“我”之后，“无我”之躯被“天理”诱拐，归于王权。

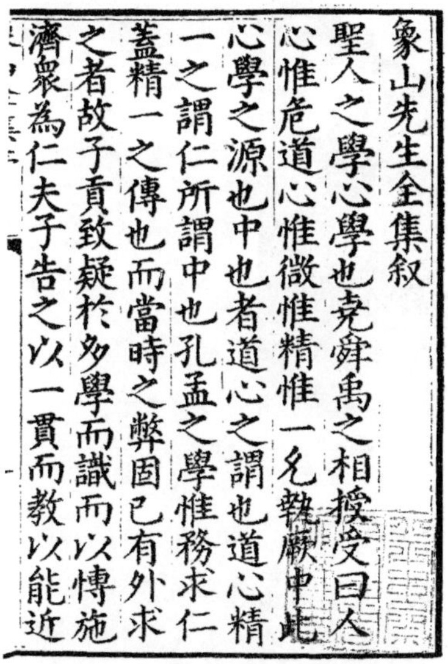

象山先生全集叙

聖人之學心學也堯舜禹之相授受曰人心惟危道心惟微惟精惟一允執厥中此心學之源也中也者道心之謂也道心精一之謂仁所謂中也孔孟之學惟務求仁蓋精一之傳也而當時之弊固已有外求之者故子貢致疑於多學而識而以博施濟衆為仁夫子告之以一貫而教以能近

《象山先生全集》，（南宋）陆九渊撰，
上海涵芬楼藏明刊本影印本

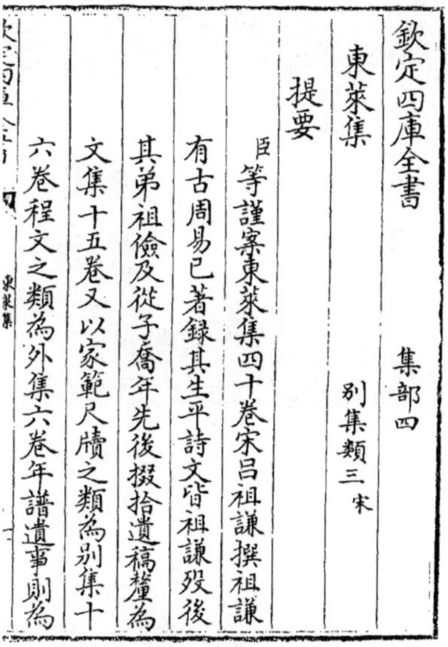

欽定四庫全書　集部四

東萊集　別集類三 宋

提要

臣等謹案東萊集四十卷宋呂祖謙撰祖謙有古周易已著録其生平詩文皆祖謙殁後其弟祖儉及從子喬年先後掇拾遺稿釐為文集十五卷又以家範尺牘之類為別集十六卷程文之類為外集六卷年譜遺事則為

《东莱集》，（南宋）吕祖谦撰，
《钦定四库全书》本影印本

守住我心

陆九渊（1139—1193），字子静，江西抚州金溪人。进士及第，上孝宗治国方略，遇阻后返乡，在江西龙虎山象山书院讲学，人称“象山先生”，创心学派。

与“拔出心肝来斗”相反，陆九渊主张“养心”。心就像一块璞玉，常面临蒙尘的危险，会为外物蒙蔽，切磋琢磨，玉色方现，讲学求学，恢复本心。他的心，沉如“九渊”，安如“子静”，载着他的心学，去鹅湖赴思想的盛会。他的“心”要“自作主宰”，在形而上的天空飞翔，他的脚走在抗金的前沿，走进民间。坊间象山书院、象山寺、象山路多多。

吕祖谦（1137—1181），出身世宦望族之家，生于浙江金华，创婺州学派，又叫“金华学派”，与朱熹、张栻并称“东南三贤”。发起主持鹅湖之会，主要著作《东莱集》。

鹅湖书院

鹅湖书院位于今江西省上饶铅山县鹅湖镇，原称鹅湖寺或仁寿寺。1175年，宋儒吕祖谦欲调和朱陆异同，出面邀请陆氏兄弟和朱熹来鹅湖寺会讲，除了四位大师辩学之外，还有众多闻名而来的闽浙赣之名学硕儒旁听以及各自的门人，那时正是宋金夏鼎立时代。随着鹅湖会讲的学术风格渐具影响，1250年，鹅湖寺改成“文宗书院”，时为宋元并存。公元15世纪（明中叶）正式命名为“鹅湖书院”。

他们是行脚思想者，足迹在书院间穿梭，思想在山林、溪水、野花上织锦，过瘾——思想的瘾！吕祖谦，朱熹，陆九渊、陆九龄兄弟，携二三弟子，在鹅湖相遇了，思想碰撞，碰出朱陆异同。朱熹英迈刚明，子静坚实有力，小东莱圆融大气。求同存异，相视一笑，然后相忘于江湖。朱熹还请陆九渊登白鹿洞书院讲堂，讲“君子喻于义，小人喻于利”。朱认为切中学者隐微深固之疾，当共守勿忘。晚年他还曾劝学者兼取两家之长，并对陆表示敬意。陆说：“六经注我，我注六经”，又说“学苟知本，六经皆我注脚”，陆学为明代王守仁（阳明）所发展，世称“陆王心学”，著有《象山全集》行世。朱学也，吕学也，陆学也。三家同时而共和。朱学以格物致知，陆学以明心，吕学则兼取其长。中国思想史上，有两次伟大的相会，一是孔、老相会，二是鹅湖朱、陆相会。孔、老求同，欲“定于一”；朱、陆存异，求共和。宋以前，孔、老并用；宋以后，朱学被钦点，走王朝路线，陆学行于民间，而有陆王心学，成为异端根源。

02

英雄有个未了约

鹅湖之会有两次，第一次由浙江吕祖谦发起，赣学陆氏兄弟和闽学朱熹相约于鹅湖。还有一次，由浙人陈亮发起，稼翁做东，邀了朱熹一起来，可朱熹借故未来。何故之有？曰：菊花菜。朱熹说，菊花菜熟了，就得赶在这个时令吃。

“稼翁”何许人也？辛弃疾是也，其自号“稼轩”，人称“稼翁”。“稼轩”何谓也？是辛氏信州带湖山庄之别名，山庄落成之际，请洪迈作《稼轩记》以名之。

朱熹到过带湖山庄，时未竣工，他没通知辛弃疾，却将观感告诉了陈亮，陈亮《龙川文集》卷二一曰：“见元晦说，潜入去看，以为耳目所未曾睹。此老言必不妄。”那“元晦”便是晦翁朱熹了，晦翁“潜入”，非暗查，何以连个招呼都没打？这在陈亮看来，就不像老朋友了，一个“潜”字，暗含春秋笔法。朱熹究竟对陈亮说了什么？陈亮没多说，只一句“以为耳目所未曾睹”就够了。朱虽老夫子，却非刘姥姥，大场面还是见过的，连朱熹都看得瞠目结舌了。对于朱熹所言，陈亮一贯抱着“不可全听，但要全信”的态度，因为“此老言必不妄”，所以，陈亮以此函告稼翁辛氏，劝他别搞那么大，也不要那么豪华，既然号称“稼轩”，就得有个“稼轩”的样子，向陶渊明学习，有个东篱采菊就行，勿以大观园方式。

有人说，中国传统文化几千年，不过造了“两个园子”而已，一个是桃花源的园子，表达个人理想，一个是大观园，用来安顿家族观念。而宋人所向往者，乃二园结合，既要表达自我归隐之意，还要能够聚族而居，既要自由自在，还要能自给自足，要在文化的江山里，不光为自己，更要为家族，寻个安身立命之处，此为宋人之深意。

“稼轩”有多大？读洪迈《稼轩记》便约略可知。《稼轩记》开篇就说“国家行在武林，广信最密迩畿辅”，“武林”也就是南宋都城临安了，而“稼轩”所在的“广信”即信州，为今日上饶地区，离“国家”最近，车船来往川流不息，南宋士大夫多在此地择居。洪迈《稼轩记》记载，城北里余，有旷地，三面靠城，澄湖如带。其范围，纵一千二百三十尺，横八百三十尺，地势高而平，宜筑庐以居，前此来观者，皆莫识其处，天作地藏，大概要选人吧。非但人择地，地亦选择人。济南辛侯最后至，却人与风土相映发，遂入此土，筑室百楹，才及地之十分之四，又将左边荒地辟作稻田泱泱，以为归耕去处，且筑室曰“稼轩”，于田边立亭称“植杖”，仿佛拿着农具到此歇脚。东冈西坡、北舍南麓，皆以“青径款竹扉，锦路行海棠”相连，山上有楼，树下有室，信步有亭，涤砚有渚，都规划好了，待以时日，就等着完工了。然后，绘图给洪迈，说“吾甚爱吾轩，为吾记”。由此看来，“稼轩”确实很大，大约 170 亩，可以聚族而居了。

但还不够，因为稼翁自叹“吾庐小”。于是，他接着在铅山期思渡又搞了个“瓢泉别墅”。期思渡是信江边上一渡口，渡口西面，三面环水。有人说，民国初年此处尚有成片屋宇，今已不存。当为辛氏故里，傍水依山，山不高，瓢泉出于东坡，泉小而浅，若嵌石中，水不盈尺，名曰“瓢泉”，盖因“其形似瓢”，容之有限，亦可谓“弱水三千，取一瓢”。人一来，他便劝饮，且不吝赞美：“绕齿冰霜，满怀芳乳，先生饮罢。”朱熹、陈亮土生土长，宦游也就带个家室，不至于徙族而居，而南渡人则必须。大与小，是相对而言的，以一家一户言之，哪怕是大户，那也够大，若以一族言之，那就“吾庐小”了。

陈、朱习惯于从一介书生和一个公务员的立场来看财务问题，看得稼翁俨然若大富翁，他们想当然认为，一个读书人，要那么大的地产和那么多的宅子干什么？如果辛弃疾要办个书院什么的，他们就能理解了。若以办书院为由，请朱熹来，朱熹必来，若以谈兵为由，那朱熹便是个“晦翁”——令人晦气的老头。

那时陈亮谈兵正在兴头上，居然要“推倒一世之智勇，开拓万古之心胸”。一个从来没带过兵，没打过仗，连士兵都没做过的书生，那么热衷于谈兵，谈得意气风发，一往无前，他凭什么？就凭着一腔肝胆，两袖乾坤，几卷史书，就敢自话自说？朱熹主张北伐，虽与陈亮一致，但对陈亮自弹自唱的谈兵很不以为然，说他读史读多了，读坏了心术，就知道打来打去，把个“王霸义利”颠来倒去，纠缠不清，为此他们经常争论。

这一回，朱熹可不想顶风冒雪，来回赶路，跟他论什么“王霸义利”，谈什么兵家战略。可他当年岂非“思想有约”，而与陆氏兄弟相约鹅湖作“朱陆之辨”？看来朱熹交友尚有分别心。他看重的是做人和做学问的根本原理，而非动辄以史为鉴、以经世致用为口头禅的书生谈兵、议政。他和陆氏兄弟讨论的就是他要去面对和解决的根本问题，虽然看法不一，却有共同话题。而他与辛、陈则正相反，此二人有豪杰气概，有英雄情结，但“醉里挑灯看剑”之类，与他标榜的圣人气象迥异。

当年辛弃疾就任于福建时，每次往来于闽赣道上，他都要专程去拜会朱熹。那时，朱熹在建阳考亭，辛氏前往四次。首次问政，朱熹对以“临民以宽，待士以礼，驭吏从严”。此乃真言，可与孔说的“足食足兵”并举，一为国策，一为民治，基于社会分层——“临民、待士、驭吏”，而分别治以“宽、礼、严”。“宽”是对辛氏过去而言的，劝他勿以军法治闽，辛闻之欣然。当年辛治赣，曾以军政“临民”，自定诛戮，擅言杀伐，其时，朱熹也在，非但耳闻，且以目睹，致使赣人陆九渊愤然斥之“自用之果，反害正理”。陆子责其军法干政，坏了文治规矩。另有赣人周必大，也是朱熹老友，看不惯辛弃疾的铁腕，尤忌其擅杀。有人说“幼安帅才，何不用之”？周必大回曰：不然，凡幼安所杀人命，每一笔账，史官都会算到我头上。这正是文人政治与军人政治的不同，笔杆子与刀把子有别。辛乃军人，难免刀把子挂帅，辛为诗人，难得一腔浪漫情怀，合之则颇显英雄气概。但任你怎么英雄气概，也不能破了宋代文人政治的底线，否则就有军人干政，或为军阀的危险。

有宋一代实有二患，一为边患，异族入侵，一为内患，恐生军阀。对朝廷而言，边患不过割地纳款，而内患则有可能重演黄袍加身。二患相较，朝廷尤以内患为甚——外患如病，内患要命。

辛氏南渡而来，自觉不自觉都要面临两个转变，一是由北人向南人转变，一是从军人向文人转变。当其南渡，赤手领五十骑，缚得叛贼于敌营五万军中，一路凯旋时，那真是“时来天地皆同力”！一如洪迈《稼轩记》所言：壮声英概，懦士为之兴起！可南渡之后，他面临转型，时人皆以“彼周公瑾、谢安石事业”为标准来要求他，但他不以为然，以为此二人虽有功于东南一隅，却无关于中原大局，反倒不如北伐的桓温、刘裕。桓、刘矢志北伐，终为朝廷所忌，周、谢南朝风流，又非其初衷所欲，壮怀未遂，其志抑郁，辛弃疾索性自我流放，自号“稼轩”，自选了一个转型版本——陶渊明。

时来天地皆同力，运去英雄要转型，岳飞没转，他转了。岳飞只有“还我河山”一根筋，如岳飞也能转型做个“稼翁”，也有空借着酒劲发发“醉里挑灯看剑”的牢骚，而非满脑子“壮志饥餐胡虏肉，笑谈渴饮匈奴血”，他也就不至于那么惨死了。岳为前车之覆，辛作后车之鉴，一腔英雄热血，无战场可用，于官场无用，只好回到自我的江山——“稼轩”，化作诗酒风流，在文明的本体上耕读，做个文化江山的主人翁——“稼翁”。

在中国传统文化里，英雄气概与圣人气象犯冲，常落下风，儒家伦理精神培养的是君子，君子风范同英雄气质有别，可人们已习惯于用君子的标准来要求英雄，把英雄也要纳入儒家“内圣外王”的圣化系列中，殊不知，圣化之中最痛苦的便是英雄。

所谓“英雄”，多有神话基因和自发的酒神精神，难入君子伦理的规矩方圆。《智囊》里有一则故事，读之难辨真假，从中能略见“英雄”行色之一斑。

或曰，辛氏流寓江南，豪侠之气未除。一日，陈亮骑马来访，过小桥，引马三跃，马三退，遂拔剑怒斩马首，豪甚！辛倚楼观之，大惊异，欲询访，陈已及门，遂与定交。十余年后，辛率军驻淮，陈亮又到军营来访，相与谈天下事。辛酒酣，放言：钱塘非帝王居。断牛头山，天下无援兵；决西湖水，满城皆鱼鳖。饮罢，便睡去。陈夜思：辛本寡言，因酒误发，若醒而悟，必杀我灭口。深夜，遂盗马而逃。辛醒来，知陈已夜遁。其后，陈亮函至，重提酒后所言，并借十万缗，辛如数与焉。

此类行径，若小说家言，似曹孟德之流，与其以“君子小人”谓之，而毋宁说“英雄就是英雄的事”。英雄行事，但凭血性，为所欲为，无所顾忌，虽然都说侠之大者，为国为民，但手段和方式每人各有不同，不是几个规矩就可以方圆的。英雄不是安于道德规范的顺从者，而是超越者；不是宜于政治体制的适应者，而是突破者。英雄之所以为英雄，就在于超越和突破。可中国君子，多半就用道德规范和体制化的要求，来衡量英雄的超越和突破。只要用道德和政治的尺子量一量就能断定，英雄乃自发的非非主义者——非道德和非政治，眼里只有目标，手上尽是手段，一旦起动了，便不问是非，只论成败，端的是所向披靡，没遮拦一往无前。到了“醉里挑灯看剑”时，已是英雄末路，要面临转型了，“却将万字平戎策，换得东家种树书”，是为“沉郁”。

陈亮的英雄主义来自纸上谈兵，也就是个笔杆子英雄，而辛氏则是个货真价实的刀把子；陈亮斩马首，还只是个风影传说，而辛氏挥刀杀人，则有史有据。谏官王蔺曾弹劾辛氏挥霍——“用钱如泥沙，杀人如草芥”。这一说法让我们想起晚清曾国藩的弟弟曾老九，据说，左宗棠问他如何克敌，他回答八个字：“挥金如土，杀人如麻”。左氏听了大笑说：怪不得我说老九要比哥哥强。

然而，战场上克敌的法宝到了官场上，却成了致命的软肋。谏官所言非虚，辛氏在江西“节制诸军，讨捕茶寇”，寇受招安，辛仍斩立决，全部处死，一个不留。如此不讲政治，连孝宗都难受，虽说“兵不厌诈”，但“人无信不立”还是做人的底线，所以事成而人败。如果以儒家伦理论，难言君子，即为小人。

故辛氏考亭问政，朱熹以民、士、吏对，未以贼对，辛弃疾一如既往。传闻，他下车伊始便尽灭狱囚，因其时闽地常有海盗出没，辛曰：福州临海，为贼之渊，缓急奈何？话可以这么说，但如此行政，岂非军管？当年江西旱灾，为救灾，辛氏广而告之：“闭粜者配，强籴者斩。”“粜”为出米，也就是卖；“籴”为入米，就是买。“配”即发配，也就是流放，“斩”为死刑。管控粮价是必要的，但“配”与“斩”本应由国家法律来决定，他一个地方官员怎能擅定？可“英雄就是英雄的事”，他就这么干了。结果证明，他干得还不错，“帝嘉之，进一秩”，但他却坏了文治政府的规矩，以至于《宋会要·职官》说他“唯嗜杀戮……使他时得刺一州，持一节，帅一路，必肆故态，为国家军民之害”。

可朱熹还是懂他的，曾作《举辛幼安启》，说他是不世奇才。这当然不是从文人政治上来说，亦非从道德性命上来说，而是就“英雄就是英雄的事”来说他。朱熹亦有杀气，且不在辛之下，观其“存天理，灭人欲”岂非透着普世的杀气？英雄之杀在事上，圣人之杀在理上，所以，后来戴震居然考据出理学“以理杀人”。显然，辛弃疾面对朱熹同样也感受到了杀气，为此，他称朱熹为“帝王师”。

辛氏四访考亭，问政之余，与朱熹同游武夷，泛舟九曲，诗兴起，各作十首棹歌，辛氏作《游武夷·作棹歌呈晦翁十首》，其中有诗云：“山中有客帝王师，日日吟诗坐钓矶。费尽烟霞供不足，几时西伯载将归？”写得朱熹像个道士。如此看来，辛氏虽有兵家智慧，有诗人情怀，但于理学尚不知深浅，如此赞美，真不知老夫子是笑好还是哭好。其间，陈亮也来过一次，三人同聚，陈亮为他俩作画像，并写了赞词，赞朱熹为“人中之龙”，赞辛氏为“文中之虎”，这般文艺似乎也不合朱熹口味。可陈亮兴犹未尽，又发起鹅湖之约，朱熹觉得“英雄就是英雄的事”，他另走圣人一路，就不来赶英雄的集了。

《中兴瑞应图》卷（局部），宋，无款，绢本，设色，纵 26.7 厘米，横 397.3 厘米，《瑞应图》是为康王即位的合法性而造的各种神迹故事

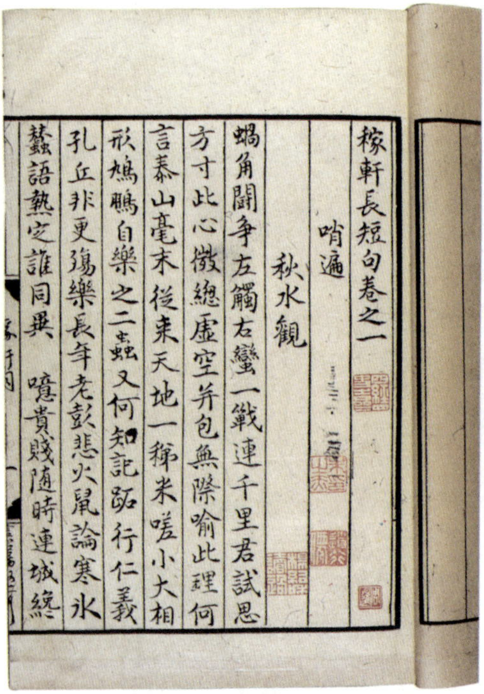
稼軒長短句卷之一
哨遍
秋水觀
蝸角鬭爭左觸右蠻一戰連千里君試思
方寸此心微總虛空并包無際喻此理何
言泰山毫末從來天地一稊米嗟小大相
形鳩鵬自樂之二蟲又何知記跖行仁義
孔丘非更殤樂長年老彭悲火鼠論寒氷
蠶語熱定誰同異　噫貴賤隨時連城纔

《稼轩长短句》十二卷，卷之一，（宋）辛弃疾撰，元大德三年（公元1299年）广信书院刻本

《稼轩长短句》

1127年靖康之变，金国灭宋，宋人南渡，直至1132年，宋徽宗赵佶第九子赵构定都杭州，是为宋高宗，南宋才算稳定。金国从占领的陕西大散关至淮河一线，与南宋对峙。1140年，辛弃疾生于金国山东东路的历城（济南市），与女词人李清照为同乡，从小在父辈们抗金复国的氛围里成长，青年即参加抗金起义，后南渡归宋。辛弃疾文韬武略，有经世之才，怀复国抱负，为一世之大英雄，却为宋朝文人国策所缚，唯以词人名世，如“济南二安”“苏辛并称”均是词誉。《稼轩长短句》共集辛词620多首，是辛弃疾的词作集。带湖山庄落成后，辛弃疾别号“稼轩”，为词集名称的由来，人称“稼轩者，人中之杰，词中之龙”。他只能在“醉里挑灯看剑”，

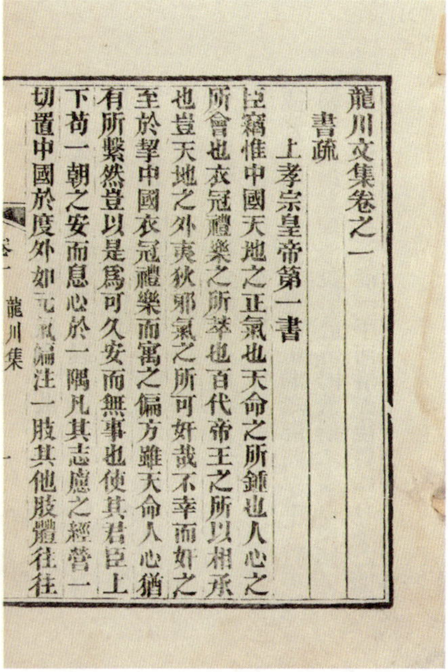
龍川文集卷之一

書疏

上孝宗皇帝第一書

臣竊惟中國天地之正氣也天命之所鍾也人心之所會也衣冠禮樂之所萃也百代帝王之所以相承也豈天地之外夷狄邪氣之所可奸哉不幸而奸之至於挈中國衣冠禮樂而寓之偏方雖天命人心猶有所繫然豈以是爲可久安而無事也使其君臣上下苟一朝之安而息心於一隅凡其志慮之經營一切置中國於度外如元氣偏注一肢其他肢體往往

卷一　龍川集　一

陈亮像与《龙川文集》

不能在沙场上挥剑。壮志未酬身已老，直到 1207 年去世，他不仅没看到大宋收复失地，连蒙古人都已经开启了成吉思汗时代。

南宋陈亮，为汉魏名门望族颍川陈氏后代，生于婺州永康，号龙川，人称龙川先生，创立永康学派，与朱熹论学，主张王霸义利兼济，反对理学空谈心性去教人如何做人，主张事功之学，所谓“盈宇宙者无非物，日用之间无非事”。时论犀利，三次下狱而不改其初志，收复中原、抗金复国，条陈不馁，著名有“中兴五论”，与辛弃疾为生死之交。著作有《龙川先生集》和《龙川词》。

03

永嘉先生八面锋

书院在北方本来就不旺，北宋陆沉，中原书院也随之而亡。本来，宋以后，北方的钱就不如南方多，书也不如南方多，读书人当然也就不如南方多，有此三不如，便导致了第四个不如，那就是书院不如南方多。

书院少，说明经济与文化落后。宋代计有书院 711 所，分布在 18 省，北方仅有 19 所。江南书院最多，江西 224 所，浙江 156 所，名列一、二。

浙江书院之兴始见于唐代中期，约有五处：蓬莱书院在象山，溪山书院在诸暨，九峰书院在龙游，青山书院在建德，丽正书院在绍兴，其时寥若晨星。

书院多由私人创建，为私人讲学之所，它不同于官学，乃私学也。其宗旨乃“志于道，据于德，依于仁，游于艺，所以教学也”，大体上可归纳为三点：实践躬行，读书明理，修德立行。以自学为主，导师为辅，思问结合，思辨合一。

两宋期间，书院兴起，江西有朱、陆讲学，浙东有永嘉学派。有宋一代，最重学问，但凡做学问总要立个学派。江西不论，我们来看浙东。以钱塘江为界，划分浙西与浙东。今之杭嘉湖，古为浙西，而宁绍、台温、金丽等地，均属浙东。浙东宋学分为三派：金华学派，代表人物吕祖谦；永康学派，代表人物陈亮；永嘉学派，代表人物叶適。黄宗羲言，其时与朱陆之学并世而立者，唯永嘉学派。

可朱熹不这么认为，他说“江西之学只是禅，浙学却专是功利”。朱熹好下断语，只用一句话便将两地之学都否了，他还说“今永嘉又自说一种学问，更没头没尾，又不及金溪”。“金溪”指陆九渊，在朱熹眼里，陆学虽然“只是禅”，但还算个学问，而永嘉之学则“大抵只说一截话，终不说破是个甚么”。朱熹认为，学问要能“吾道一以贯之”，永嘉之学未能，即以为不成学问。永嘉诸子另走一路，走了兼容并包一路，永嘉之学自成一格，成了八面开张一格。

永嘉学派所在地，即前文所说的“台温”之“温”——温州。北宋王开祖讲学于温州东山，是为温州有书院之始，有周行己讲学浮沚书院，南宋有陈傅良讲学仙岩书院，王致远在温州书堂巷立永嘉书院，通过书院讲学活动形成了永嘉学派。

永嘉学派兼容之后，反与各家都不同，一经八面开张，也就八面受敌了。

“八面受敌”本是苏轼读书法。有士子问科试及读书法，苏轼曰“每次作一意求之”。以读史为例，分列治道、人物、地理、官制、兵法、财贷诸目，如“八面受敌”，分别研读，恰似“八面出锋”，各个击破。苏轼就那么一说，而永嘉人便真去做了。这一做，便做出了一种新文体——“永嘉体”。这是一种与科举有关的时尚文体，是为士子应试准备的。当时，应试之文为“时文”，应试之学为“时学”，应试即“时务”。而“永嘉先生”则以一部应试宝典《永嘉八面锋》而成为“圣之时者”，识时务者。

《永嘉八面锋》未署作者姓名，仅曰“永嘉先生”。《四库全书总目》云：考陈傅良、叶適当时皆称永嘉先生，相传此为傅良所撰，或曰叶氏为之。今观其间，多傅良平日之语，其为陈氏无疑。或曰，此为应试之书，专言时务，用于揣摩考题、预拟程式以及应试作答等，其本意非欲著书，故未署名。然该书之名乃孝宗所赐，求之不得，何必回避？

本来书已署名为“永嘉先生”，我们就称它“永嘉先生”作好了。既然“永嘉先生”被公认为陈傅良和叶適二人的尊称，那么我们认定这书出自他们及其门人之手，大致就不错了，因此，我们把它当作永嘉学派的产物。

不过，“八面锋”一说并非始于此。孝宗赐名之前，北宋时已有米芾以“八面出锋”言书法用笔，孝宗借用“八面出锋”一说来回应苏轼的“八面受敌”。有皇上赐名，《八面锋》就成了应试指南，超越学派和地域的局限，从一隅之地进入太学，从学派性的“永嘉体”转化为普世风的“乾淳体”，普及化为全国通用文本，而八面开张了。所谓“乾淳”，即南宋孝宗年号“乾道”和“淳熙”的简称。乾淳时期可以说是南宋最好的时期，这一时期不仅政治上宽松，学术上亦宽容，值得一提的便是“永嘉学派”的兴起。赐名《八面锋》，署名“永嘉先生”，标志着永嘉学派出现，孝宗不经意便成了永嘉学派的助产士，他用了苏轼的治学方式和文体样式来接生，在“永嘉体”上打下蜀学烙印。孝宗御书欧阳修《苏氏文集序》，又赐《八面锋》书名，既指明了文体运动的新方向，又提出了政治录用的标准大纲，非以“二程”，而以苏轼，做了士人的榜样。

伴随着“永嘉学派”的兴起和《八面锋》的流行，永嘉子弟在考场上所向披靡。南宋一朝，永嘉居然出了五百多名进士，以至于当时就有人攻击——“场屋之权，尽归三温人”。“场屋”指考场，“三温人”指陈傅良、徐谊、叶適。攻击者说他们作弊——“预说试题，阴通私书”，还说他们开后门——“所谓状元、省元与两优释褐者，若非其亲故，即是其徒”，更说他们的不良文风主导了考场——“有叶適《进卷》、陈傅良《待遇集》，士人传诵其文，每用即效”。致使《进卷》《待遇集》书版被毁，而《八面锋》还在流行。

本来永嘉先生是为了救朱熹而受牵连，遭此厄运，可朱熹却说毁了《进卷》《待遇集》是一件好事，他对书院从自由讲学走向应试教育早就表示不满。

但永嘉学派跟朱熹不是一路。《四库全书总目》卷十六这样说：“朱子喜谈心性，而季宣兼重事功，其后陈傅良、叶適等相祖述，而永嘉之学遂别为一家。”“季宣”就是永嘉学派开创者薛季宣，薛以“制度新学”立大体，陈傅良以“永嘉文体”开文风，叶適则集“制度新学”和“永嘉文体”之大成，并以经学打了永嘉学派的底子。

所谓“制度新学”，就是以“制度”为体，而尽“事功”之用。用之于“官民兵财”，则以“官民”立国体，“兵财”为国用。“制度新学”出自叶適《陈彦群墓志铭》：诸儒方为制度新学。“制度新学”要义：其一，“制度新学”以《周官》《左氏》为本，不以“四书”为经；其二，“制度新学”重视汉唐以来“官民兵财”之制，而非考究心性义理；其三，“制度新学”治学以算与史地，治国以礼与兵制，强调制度安排，不究天理人欲；其四，“制度新学”之用有三，或以之应试，而“捷取科目”，或以之经世，而“能附之世用”，或以之治国，而“古人之治可复致”，因其能为自用、世用以及治国用而具有通用性。

萧公权说“至水心始专就制度以言之”，其“大旨实有契荆公”。“永嘉先生《八面锋》”是要以王安石为磨刀石才能磨成的。《八面锋》中多引“王荆公曰”，如“法本便民反以害民”“良法多以权贵而沮”“良法不得其人则弊”“善兴利者惟去其害”等，便是对变法的总结。

“制度新学”虽从王安石来，但永嘉诸子却要与王学分开，盖因程学之徒已将北宋亡国归咎于“蔡京用王学”，而使“王学”成为“亡国之学”。恰如朱熹《答张元德书》说的“今人只见介甫所言便以为非，排介甫者以为是”，“介甫”，即王安石。

如何分开？试举一例言之，如“王学”好谈“兵财”，而叶適则于“兵财”前置以“官民”二字，欲先立“官民”大体，再求“兵财”之用，他批评“王学”但求国用，罔顾国体，而伤民矣，以此与“王学”分开。作为制度学派，其时“王学”已衰，永嘉接踵而来，以“批判的继承”进行思想接力赛。划清了“制度新学”与“王学”的界线，还不足以立派，还要与程朱对立才能立起来。我们之所以称叶適为永嘉学派的代表，就因为他能将永嘉之学与程朱理学的差异发展为学派上的对立。薛、陈二人，其于濂、洛、关、闽之学，大旨还在求同，而叶適已然立异，其思想的芒刺刺穿了理学之皮。

浙学三支统称“事功之学”，又都与朱熹往还。吕祖谦欲调和朱、陆，发起鹅湖之会，而永康陈亮则为朱熹论敌。此二人者，一以调和的姿态，与朱熹求同存异；一以挑战的姿态，与朱熹论战。然陈亮论战多以史论，非以经论，故难以从经学上撼动朱熹，被朱熹一句“读史读坏”就打发了，只有几个论战的观点还在，作为一个论战的学派并未立起来。真正使朱熹担忧的，是为事功之学打了经学底子的永嘉学派。

薛、陈二人开了永嘉学的规模格局，而叶適则以经学立派。朱熹嗅出永嘉学派的异味，从叶適那里感受到了“八面锋”的异端气质。全祖望《水心学案序录》说：“水心天资高，放言砭古人多过情，其自曾子、子思而下皆不免，不仅如象山之诋伊川也。”“水心”即叶適，全祖望说他针砭古人，“自曾子、子思而下皆不免”，这就从根本上动摇了程朱理学，连曾子、子思都“砭”，“四书”怎能确立？“四书”不立，孔孟之道从何谈起？“象山之诋伊川”不影响“四书”，叶適“砭古人”则跳过“四书”，直奔“六经”，推倒朱熹，跨过孟子，只认同孔子。

孔子圣化由汉儒倡导，孟子圣化由宋儒发起，经叶適一砭，就“反潮流”了，不仅回到孔子，还要回到孔子以前去，不仅要回到孔子的儒教，更要回到孔子以前的治道。而治道的榜样并非孔子，而是周公，而且治道之所在不在“四书”，而在“六经”，因此，不是“孔孟之道”，而是“周孔之教”，代表了治道，更何况“四书”诸公唯孔子尚能言治，其余思、孟，均未从政，皆不足以言治，故叶適断言“孔子传曾子，曾子传子思，必有谬误”，其所谓“治国平天下”者，乃大言不惭。如是一说，便将“四书”推翻了。“四书”是儒学的产物，而“六经”不是，儒学之前就有，因此，儒学对于“六经”没有专利权。但儒学对“六经”的解释却拥有垄断的话语权。叶適没超越这话语权，可他已意识到儒学并非治道的源头，不光儒学的“四书”不是源头，连“六经”也不是。“六经”如蓄水池，先王治道流入那里，又从那里流出来，形成诸子百家，儒为其中之一分为八。

叶適曾言及“世间有一般魁伟底道理，自不乱于三纲五常”。这世上难道还有能立于“三纲五常”之外，比“三纲五常”更高的道理？对此，朱熹追问道：“既说不乱三纲五常，又说别是个魁伟底道理，却是个甚么物事？”叶適无语，他从思想深处打开了另外一个窗口，从那儿眺望，似乎看到了比“三纲五常”更高更有普世性的道理，可那是个什么道理？他一时还说不清，他在“中国之道”里还没有找到恰当的表达方式。对此，陈亮已有所察，论及永嘉诸子，陈亮以叶適“视天下事有迎刃而解之意”，而曰“此君更过六七年，诚难为敌”！也许，叶適早就八面开张，不经意触及了近代化问题……

南宋龙泉窑叶適青瓷墓志

叶適（1150—1223），温州永嘉人，出身贫寒，28 岁中榜眼，因居永嘉水心村，被称为水心先生。创永嘉事功学派，与朱熹理学、陆九渊心学并为南宋三大学派。叶適志存北伐，在出任沿江制置使时，军政措施颇有政绩，他还提出“堡坞之议”“屯田之策”，主张在长江以北江淮之间阻金南下。

04

永嘉学派的战魂

叶適一生中最重要的事功是一次用兵，他挽救了朝廷。宁宗朝“开禧北伐”失败后，他临危受命，与金人战于江北。此次用兵本由韩侂胄拟议，询之叶適，叶劝以慎战，韩不听，叶上书宁宗，言韩轻战，贸然出兵，乃“至险至危”，主张“必备成而后动，守定而后战”，要紧的不是马上出兵，而是“经营濒淮沿汉诸郡，各做家计，牢实自守”，要“淮、汉能守”，“然后进取之计可言”。可那时宋四路大军已出，诏书已下，叶適之言，如耳旁风一吹。

叶適于此时多言“家计”而不言“国计”者，何也？“家计”，乃以家族为单位计，欲从民间起兵，而为全民的战斗。如其所言，则“州以万家为率”，“计一州有二万人胜兵”，由“国家大捐缗钱二千万，为之立庐舍，具牛种，置器仗，耕织之外，课习战射”，使兵民合一，耕战合一，立于汉淮间，亦屯亦战，亦贸亦战，成为一个生产与军事相结合的军政单元。

或曰，此为屯田，历来不绝，何奇之有！然读史至宋则罕见，此与宋治军有关，盖因屯田造成的军政单元，易为自治，故叶適所言，非军屯，乃民屯也。有宋一代，宁弃边防也不设屯田，就是害怕藩镇割据发生。但民屯之民究竟是作为户口而服徭役的国民，还是居无定所而需安置的流民？观其所言者，似乎是以家族为单位的移民。

家族移民以血缘为纽带，天然就有凝聚力，以氏族为本体，自然形成原始组织以及组织化的生产力和战斗力，宜于乱世造就“家军”集团，如“岳家军”。当时的永嘉就来了这样的移民集团，深入江南山水佳处，既为安身——避战乱，亦为立命——以耕读造就桃花源。不过，南宋桃花源与东晋有异，南宋有书院，而东晋没有。有书院，就留住了文化的根，人与人就不光有血脉相连，还有历史相传，就不会如陶渊明所言，问之不知有秦汉，也不会像陶渊明那样，读书不求甚解，但求自乐。

南宋一朝，论讲学，当以朱熹为第一，论兵事，则朱熹远不及叶適。叶適不似陈亮好谈兵，然其将略实堪比岳、虞，观其从容渡江，迎九路来敌，以攻为守，略施奇袭即大败仆散揆，如岳败金兀术，虞败完颜亮，皆挽狂澜于既倒，定国倾于一时。那时，敌骑势如破竹，前锋切入江北，锋芒所向，金陵危矣！黄宗羲于《宋元学案》之《水心学案》曰：“是役也，不用先生之言以取败，事急而出先生以救之。”李贽《藏书》卷十四也大赞：“此儒者，乃无半点头巾气，胜李纲、范纯仁远矣，真用得！”

统三军，战必胜，叶適较之岳飞、虞允文等名将，似乎难以并论。然其将领则似近人曾文正，虽不以应变将略见长，却以政略和战略优胜。试观其于江北设堡坞，步步为营，驱逐金人，此非曾氏“结硬寨，打呆仗”之先驱乎？观其部下多门生，而士兵皆子弟，岂非于兵营讲学，以理学治军的圣人子弟兵原型？观其军中，多家族移民，以家长领子弟，兄弟肩并肩，或为湘军雏形？开疆拓土，或可用雇佣军，而保家卫国，得靠子弟兵。

然而，子弟兵近将领而远朝廷，易为私兵而成家军，反为朝廷眼中钉。家军能战，已不待叶適言，当年岳家军如何？居然要“还我河山”，还是赵家的河山？还要“直捣黄龙”，自命“今日长缨在手”，来问“何时缚住苍龙”了！朝廷惧之尤甚于敌军。朝廷之于敌军，尚能求和，一旦言和，便要来收拾家军，谁能担保那家军到头来不会黄袍加身？一代王朝的出身是那朝廷的命，谁动了朝廷的命根子，朝廷当然就要他的命。

可怜岳飞，死到临头还问死因，朝廷回话了“莫须有”，这还要问！不要以为给岳飞平反了，就能自立家军，趁那叶家军未成，让他赶快收兵。于是，就有人对皇帝说，叶適已步韩侂胄后尘。南宋朝廷在将韩的人头献给金人时，把叶適也打回老家去了，谁让他动了朝廷的命根子？

叶適回籍，也有如曾氏。清廷曾怕曾国藩将湘军办成曾家军，而放了他的假，让他奔丧回家去，但清廷对他并未失礼，所以，朝廷一来召唤，他就东山再起，屡败屡战，终于战来“必胜而无败”的胜势，那就是以水师制长江，先掌握制江权，再战于江两岸，其沿江制置，与叶適当年相似。

当年叶適设堡坞于江北之地，战于两淮之间，他背靠的就是南宋水师，依托的就是水师制江权，以堡坞为据点，退可守东南半壁，进能北伐以取中原。叶料定，金已衰，衰必败，败而亡乃势所必至。但他反对长驱直入。此因南宋多年“甘弱而幸安”，仓促间已无能战之军，遑言常胜之师，虽欲趁乱，却无胜算，故长驱而战欲一决胜负如韩侂胄者乃赌徒，其欲一战而取之，孰料一战而溃。

叶適用兵，多守拙，少用奇，多备战，少出击，先为不可胜，待“改弱以就强”而后战，战则渐进，不求速成，期以越战越强，而诉诸必胜。然其战策，一战之后，终未能复用，效果究竟如何，难言可知，不过，可借鉴曾氏讨洪、杨一役，以观得失。讨洪、杨，曾氏有《讨粤匪檄》，号召国人救亡，非救王朝，乃救天下，故与之战者，不独以官军，要全民动员，不是为了救朝廷，而是跟着朝廷去救天下，这就将一代王朝安危转嫁到文化中国上，使拜上帝会与朝廷之战转化为名教战争，破了华夷之辨的底线，使太平军成为全民公敌尤甚于夷，夷能转化，而公敌唯有杀！

当年叶適亦如是。面对宋儒论战和，皆以金人为夷狄，而怒斥之曰：金人不是夷狄，而是仇敌！仇敌不共戴天，仇敌势不两立。在《水心别集》卷四中，他这样问道：子弟不能报父兄之仇，反怕仇人不能放过他，竟与之结欢而苟安，这样行吗？他认为，宋人和战不定，是因为迷失了自己，论华夷，无非和与战，若跳出华夷，但以仇敌视之，则“和”字从何谈起？

那时，举国上下，同仇敌忾，唯有备战而已！曾氏讨洪、杨便因其不曾在剿与抚中迷失而终成，若徘徊于剿抚，如宋人又和又战，能成乎？

叶適临战，诸将献策，无非治战舰、列岸兵、埋鹿角、设暗桩、掘沟堑，但求自保，还是“数里而屯，计步而守”那老一套，然其门生滕宬知其欲进取，非进取无以鼓士气、安民心，故献策“斫营劫寨”，以开劫进取。然其上司，所谓“宣司”——两淮宣抚使，闻之色变，初不敢行，叶適开导说“南人唯长于此技”，宣司恐败，叶適笑曰：敌实不能战，所以胜我，乃我自败耳！果如其言，几番“斫营劫寨”下来，金人败去。

战后，叶適相度形势，布下一战局，以为“石跋足以蔽采石，定山足以蔽靖安，瓜步足以蔽东阳、下蜀，西护历阳，东连仪真”，乃于石跋、定山、瓜步三地设堡坞，聚民募兵，立定江北。敌若窥江，则以堡坞制之；敌攻堡坞，则以舟师救之；敌若舍堡坞而掠淮地，则以堡坞兵袭之，此为“近江第一层”。由此而北，则以豪杰之士率移民集团，依托堡坞，结山寨四十有七，发动民众，就地战斗矣。此后曾、李剿捻，战于两淮之间，亦用此法——以堡坞设防，画河圈围。先以水师炮船锁黄河，防捻北上；再据运河、淮河、沙河、贾鲁河之流域设堡坞以制捻，欲以“节节进取，步步设防”胜之，何似当年叶適？

经此一战，叶適已知金之将亡，宋若不趁胜取之，反而求和，则必为“他人”所取，为此而长叹息曰：“女真崛起暴强，据吾太平之土壤，已五六十年矣！使其复为，天祚盛极将亡，他人必出而有之，不可畏哉！”那时，元方兴起，铁木真横行大漠约与叶適同时，所谓“他人”，乃此人耶？正是此人临死定下联宋灭金之策，非但要取金而代之，更欲亡宋而居中国矣。叶適之死距宋亡五十余年，这五十余年，没人记得叶適的遗言：金不足虑，可畏者，“他人”也！而宋竟联手“他人”以灭金，不自取金地以防之，结果，反被“他人”所灭也。明清之际，黄宗羲观此语而叹曰：“盖其先见如此！”

曾氏讨洪、杨时，亦曾面对“他人”，此“他人”者乃英、法联军。

曾氏既要联手“他人”灭洪、杨，又要防“他人”亡中国，灭大清，此用心可谓深，可谓苦也，好在英、法并无“亡我之心”，使曾氏得以保中国，存大清。南宋撵走了叶适，此其所以亡也，清朝留住了曾氏，所以还能复兴，一去一留，有了不同的国运。

叶适过后，到了文天祥时代，叶適预言的“他人”终于来了。他们联宋灭金后，紧接着就南下，要将南宋灭了。文天祥率义军勤王，君王对他讲，你不是不怕死吗？别打仗了，快去议降。文天祥去了，但他只议和不议降，被元人掳了北上。

他被掳时就有求死的心，之所以隐忍而行，是以天下尚有可为。当时，北兵虽破临安，但江淮尚能一战。故北行至京口，他便逃走，自以为“中兴机会，庶几在此”了，欲约江淮诸将，告北兵虚实，以图“连兵大举”。但他却被人误会，“扬州昨夜有人来，误把忠良按剑猜”，差点把他杀死。他在《〈指南录〉后序》里谈起这一段死死生生，说自己有二十多次差一点儿就死去，故有“呜呼！予之及于死者，不知其几矣”之叹。

底线破了，朝廷逃之夭夭，像当年高宗一样，逃到金瓯来了，还是落脚在那江心屿，“可怜此屿无多土，曾抵杭州与汴州”——可那毕竟是金瓯呀！不过这一回，朝廷没久留，因为皇帝已经投降了，元军就要追来。文天祥从海上赶来，“独向江心挽倒流，忠臣投死入东瓯”，当他赶到时，小朝廷又逃走了，他“侧身天地成孤注，满目河山寄一舟”，独自留下来，问“扬子江心月照谁”？浩浩长江，还有谁在战斗呢？他从元军逃出，从江南逃往江北，还想召集江淮诸将，试与元军决战于江淮上，结果又如何呢？朝廷排挤，诸将怀疑，他死里逃生，一逃再逃，逃向瓯海一孤岛。可那是一座天命之岛啊！曾经的“六朝无限江山在”，如今还担待着国朝兴衰。南渡之初，国朝在此受命，开了中兴的国运，今又莅临，他跟着，乘潮而至，忐忑着“暗度中兴第二碑”。

可国朝就没想过要在此“巩金瓯”，立个“中兴第二碑”。朝廷靠不住，靠什么？靠义士！每当生死关头，无穷的义士就会涌现出来。那义士就是来自文化江山的战士。永嘉多义士！他们是耕读之士，也是耕战之士。他们是启蒙者，要人民自己救自己；也是救亡者，要向入侵者展示生生不息的伟大战力。

虽然叶適已经用战争证明了他是一个伟大的卫国者，也曾发动过全民战斗，但他并未经历易代之际，更未投入最后的战斗，没有救亡底线的检验，还不能算民族自卫能力的代表。但他留下了一个伟大思想，那就是以耕读传家为基础的子弟兵思想以及从耕读到耕战的书院军事化思想。这一思想虽被朝廷唾弃，却在故土升起，大放光芒。

文天祥虽然被历史大书特书，做了代表，但那是道德意义和精神层面的，而非战场上的，故未能真正体现卓越而伟大的自卫能力。一个民族要使国破而不亡，必须显示两大力量，一是文明的力量，这方面有了文天祥，还不够，还要有伟大的军魂来显示民族战争的力量，这方面，有一位永嘉之子，桃花源的儿子，他在国史里本该与文天祥齐名，可没多少人知道他的名字。他就是陈虞之。

临安陷落，元军南下，进犯温州，义士陈虞之率族人拒敌于瓯。那时，小朝廷刚从温州下海，元军便追来，他赶赴温州江心屿，与文天祥议对策，决定在此牵制元军，掩护小朝廷海遁，遂以不足千人的“陈家军”列阵于瓯江北岸，与元兵相抗衡，且于楠溪江口绿嶂蚌，首战打败元将乞答剌。然后且战且退，退至芙蓉村，退上芙蓉岩，那是真正的全民的战斗，不光为祖国战，更为理想国而战。那理想国就是他们的桃花源。享受过自由的人，怎么还会做奴隶？能自治者天然就是伟大的战士。那些纵横欧亚的铁骑，以为弓矢所向，天下无敌，可他们在这里碰到了硬钉子。

芙蓉岩像钉子一样扎在元军的脚后跟。岩分北、中、南，形如纱帽，又称芙蓉三冠，南岩最高，“陈家军”立寨南冠，冠高耸，峭拔云天，顶平阔，四壁如削，仅一条山道通往岩顶，另于崖壁用木头搭起临时栈道，供人马通行。上千人，游击于山中，大小数百战，多次击退元军，还缴获了一枚刻有元代八思巴文的金印，乃元军“总把之印”。此印乃清末时被人砍柴拾得，约斤半重，芙蓉村人以为是陈虞之的帅印。

就这样，陈虞之率“陈家军”以一个家族、一座村落，抵抗了三年，这是不是比那个新开张的小朝廷要强得多？张世杰能征惯战，其于军事当胜于一介文士陈虞之，数十万南宋水师战于海上，当不亚于元军铁蹄，可小朝廷还是那样不堪一击！

好在还有陈虞之与元军战——实不亚于当年斯巴达之战波斯，展示了什么是为自由而战的士人军魂。战到小朝廷全军覆没时，陈虞之义无反顾，唯求一死，跨骏马，携妻子，从容一跃，向着死亡飞去，八百义士随他而去，那玉碎的军魂，是一片漫天飞舞如花飘零的心。那产生了文天祥和陈虞之的文明，该是多么伟大的文明！那产生了文天祥和陈虞之的民族必定是不可征服的民族。

几乎所有的入侵者和统治者，最后，都向文明低头，都被“上下与天地同流”的伟大的民族精神同化了。读史至此，我们真正懂得了什么才是《孙子兵法》里所说的最高境界——“不战而屈人之兵”，什么才是寄托了最高理想的“不战而胜”——最伟大的战争，是文明的战争，最彻底的战争，是民族精神的胜利。

05

祖国是一首正气歌

歌曲《我的祖国》这样唱着："一条大河波浪宽，风吹稻花香两岸……"这首歌我们童年就唱过，一直唱到了今天。歌词里的"祖国"是土地和人民，是生活和风情，是一腔热爱和平的意愿和一颗勇敢者的心。"我的祖国"太美，美得没有丝毫阶级属性，没有半点暴力特征。

中国历朝历代都讲忠奸故事，史官文化讲，民间叙事也讲，讲从道不从君，讲为民请命，讲舍生取义，杀身成仁，讲出"我的祖国"，而与王权犯冲。王权主义不允许王权之外还有"我的祖国"存在，岳飞一句"还我河山"就冒犯了王权国家的本质。岳飞是"忠臣"，秦桧呢？何尝不是"忠臣"？一个是"我的祖国"的忠臣，一个是王权国家本质的忠臣。然而，在民间叙事里，唯有敢于冒犯王权国家本质的人才配称为"忠臣"，而王权本质的维护者和执行者则被视为奸臣。岳飞要十二道金牌才能调回来，可以想见，他是如何冒犯了王权，秦桧要处死他，罪名"莫须有"。还需要有吗？这是王权国家本质的要求。

文天祥起兵了！一个死到临头的小王朝，还紧抓着王权国家的本质不放手，对于民间的战斗做种种阻挠。文天祥上书，要朝廷放手，放手让人民去反抗。可朝廷就是不放手。国可以亡，但王权国家的本质不能丢。文天祥从民间起兵，没有吓退敌人，吓到了君王。他与陈虞之在温州江心屿相会后又逃回江西，再举义兵，可还是不容于小朝廷。小朝廷只信赖自己的军队，他想让两军合兵一处，可有谁听取的他建议？

伤心人遂自领一孤军，转战于闽、粤、赣，终于兵败被擒。当时没人问他，后来也没人问，他究竟为何而战？如为朝廷而战，朝廷不战他为何还要战？皇帝已降他为何不降？此由朝廷之外，还有“我的祖国”在，朝廷亡了，他要为祖国而战。

被俘后，元将张弘范来劝降，他椎心泣血，血诗以明心志：

> 辛苦遭逢起一经，干戈寥落四周星。
> 山河破碎风飘絮，身世浮沉雨打萍。
> 惶恐滩头说惶恐，零丁洋里叹零丁。
> 人生自古谁无死？留取丹心照汗青。

中国文人敢吐雄语，善作豪词，能为痛言，而乏血性之诗。绝命人为绝命词，这首《过零丁洋》堪称中国第一血性诗。诗句之最佳者并非“人生自古谁无死？留取丹心照汗青”。此句浅显，真理自在，然以必死者言之，亦自有其震撼力。但“惶恐滩头说惶恐，零丁洋里叹零丁”，则有了一种新觉悟。

那是怎样的觉悟？那“叹零丁”便是他文化个体性的觉醒。“山河破碎”“身世浮沉”为他提供了觉醒的家国背景，而“惶恐”则道出了他作为个体面对自身而觉醒的心理动因。或曰，不就是害怕吗？是的，是害怕，但不是一般的怕，不是借着“惶恐滩”说事，如通常诗人忧患的那种怕，而是极端的怕，入骨的怕，魂飞魄散的怕。此乃打碎了自己的菩萨金身露出自我本来面目的怕，是撕破了庄严的袈裟而不得不赤条条来去的怕，是彻底放下了君君臣臣必须独自一人面对“我的祖国”的怕。这是命运拿捏灵魂的怕，是真理抽搐生命的怕，是在脱胎换骨中选择生与死的怕。那是赴死之后，到死也摆脱不了的怕。他求死呀，可他依然害怕，他不怕死，可他还是要“说惶恐”。

他怎么了？他“零丁”了！“零丁”是一种状态，是孤独的绝望的状态，是君不君、臣不臣、家不家、国不国的状态，是生不如死却求死不能的状态。他也自杀过，也绝食过，可他还是活着，还那样“零丁”地活着。“一山还一水”呀，他寻寻觅觅地活着，“无国又无家”，他为了寻找活着的证据而活着。于是，他写诗。而我们则有幸读到了一个真正的“零丁”者“叹零丁”的诗，一个知道自己就要死去的人时时面对死亡而写的诗，一位死去活来者所写的方死方生的诗。中国诗人没有天堂可去，但有历史可栖，那么他就诗意地栖居历史。诗人超越了死——“人生自古谁无死”，就往历史去——“留取丹心照汗青”。“汗青”就是历史，他为自己安排好了后事。

过零丁洋时，他正好被拘禁在元军船舰上，目睹了厓山之战，亲眼见宋军大败和宋帝蹈海，故有《二月六日，海上大战，国事不济，孤臣天祥，坐北舟中，向南恸哭，为之诗曰》悼念。他在诗中写道，“古来何代无战争，未有锋蝟交沧溟”，中国历史上还未曾有过如此大规模的海上决战。尤为可悲的是，这场决战并非在汉人与蒙古人之间进行，而是在南人与北人之间进行，“南人志欲扶昆仑，北人气欲黄河吞”。“勒功奇石张弘范，不是胡儿是汉儿！”元将张弘范就是河北人。原来还是中国人打中国人！仗打得很惨，“一朝天昏风雨恶，炮火雷飞箭星落。谁雌谁雄顷刻分，流尸漂血洋水浑”。结果是，“昨朝南船满厓海，今朝只有北船在”，南宋王朝就这样亡了，“正气扫地山河羞”！但“我的祖国”还在，历史还在，无论生与死，他都以独立人格立命于史。

他以“匹士”自居，“但愿扶桑红日上，江南匹士死犹荣”。他之前，有孟子“三军可夺帅，匹夫不可夺志”，他之后，有顾炎武“天下兴亡，匹夫有责”，皆以“匹”为个体，而他自称“江南匹士”，寄托深呀！

他相信时间。时间是历史的长河，而眼前就有“一条大河波浪宽”，滔滔不绝，奔向永恒！而文明就是“风吹稻花香两岸”，大河文明的美啊，美在江南。

为什么一有国难，就会想到江南，就会想到长江天堑？历史上，江南这一线是国家独立的底线。只要中国之心还在此跳动，哪怕中原沦陷，中国也不会亡。最后的抗争是文化，最彻底的征服是同化。无论如何入中原，却入主不了从庐山到会稽山的江南诗意空间；能征服王朝，却征服不了诗人的江山与英雄主义的美学构筑的历史空间——文化中国。

文天祥就是一个历史意识和自我意识都觉醒了的美的战士。文明的较量，胜负岂在一时？“虏运从来无百年！”论兴亡，要笑在最后。有人说他学过《易经》，算得很准，因为元朝寿命没有一百年，只有九十多年。他何尝算？这不过是一种来自历史经验的坚定信念。

有人劝他说，历史都是由胜利者来写的，你的国家已经亡了，忠孝之事你也尽到了，如果你真的为了忠孝而死去，那么谁来为你写史——“亡国大夫谁为传”？不要指望王朝啊，更何况是敌朝！他自信旧朝不在，中国还在，“朝”能改而“野”不改，所以，他还能“只饶野史与人看”！中国史，有正有野，史官修史，称正史，民间修史，叫野史。这样划分，出于王朝史观，正野之辨其实是官民之分。易代时，史失而求诸野，官失而求之于民——“只饶野史与人看”。孔子著《春秋》，哪有什么官修身份？他代王立言，还不就是“只饶野史与人看”？太史公“究天人之际，通古今之变，成一家之言”，也是“只饶野史”。

何谓“历史本体”？是三皇五帝？不是！是天命天子？不是！是什么？是“正气”！“天地有正气，杂然赋流形。下则为河岳，上则为日星。于人曰浩然，沛乎塞苍冥。”正气是宇宙本体，充满了天地人，在人身上便是浩然之气。浩然之气在平时是一片和平气象，到了转折时期，才转化为历史。“时穷节乃见，一一垂丹青”，“穷”是转折的那一点，经由那一点，天地正气转化为历史正义：

是气所磅礴，凛然万古存。
当其贯日月，生死安足论！
地维赖以立，天柱赖以尊。

三纲实系命，道义为之根。

正气万古存，何来生死？人生是“上下与天地同流”，可谓“浩然”，死是回归本体，“生死安足论”。在一系列历史人物身上，他看到了历史的正义：

在齐太史简，在晋董狐笔。
在秦张良椎，在汉苏武节。
为严将军头，为嵇侍中血。
为张睢阳齿，为颜常山舌。
或为辽东帽，清操厉冰雪。
或为出师表，鬼神泣壮烈。
或为渡江楫，慷慨吞胡羯。
或为击贼笏，逆竖头破裂。

这些人都视死如归，如今，他要加入他们的行列。这是他对历史的一种选择，他选择了“我的祖国”——文化中国。他的文化中国，有情有义却没有皇帝，没有孔子“祖述尧舜，宪章文武”和“吾从周”那一套，也不像太史公那样，以为“炎黄子孙”遍天下，溥天之下皆同胞。那里是英雄的国度，是他生长的地方，那里有正义的花儿开放，有不可战胜的青春的力量。他从历史的深处拿起了猎枪，这是最后的斗争——文化中国的斗争！

他听到了江南深情的呼唤：“魂兮归来哀江南”！以中国之大，跨长城内外，通黄河上下，踞长江南北，皆不足以言之。“茫茫禹迹，化为九州”，可他为何独钟情于江南？就因为那江南留住了他的魂、文化的根，能以文化中国做最后的斗争。“臣心一片磁针石，不指南方不肯休”，临刑前，他问，哪边是南方？有人给他指了方向，他向南方一拜，便从容就义。

一颗大好头颅，就这样面朝南方落地了，落在了他同乡张千载手里。这位张先生，别号一鹗，文天祥曾多次举荐他做官，都被他拒绝了。后来，文天祥自粤败还，被押解到吉州城下，他暗地里来与文相见，对文说：我跟你去。他从江南跟到河北，寄寓在囚所附近，三年来供送饮食，无一日缺。他还密造一椟，收藏文的头颅，跋山涉水，带回江南老家安葬。老家在哪里？就在文天祥《元夕》诗中吟咏的“孤臣腔血满，死不愧庐陵”的“庐陵”，那是一块怎样的大地啊——“三千进士冠华夏，文章节义写春秋”！

据说，文天祥出生时，其父梦一婴儿，足踏紫云，飘然而至，故名为云孙，取字天祥。殿试中，理宗阅其“御试策”，洋洋万言，说“天之祥，乃宋之瑞也”。于是，这位状元郎成了国家的祥瑞，故改其字曰“宋瑞”。理宗半生荒唐，却做对了这件事，为大宋朝选了一位好状元。

历朝历代不乏状元，但科举制里的状元却罕有成为杰出历史人物的，有之也就这么一位字“宋瑞”，他不但是科举士子中的状元，还是历史人物中的状元。还有他的这位朋友，不辞万里，不计生死，将他的头颅带回来，在这次国难中成了榜眼，李卓吾叹曰：张氏何人，置囊舁椟。生死交情，千载一鹗！

安葬之日，头颅就显灵了。文的儿子梦见父亲怒气冲冲，说自己还被绳子束缚。惊起视之，果真有绳子绑着头发。卓吾闻之，赞曰：不食其禄，肯受其缚！一绳未断，如锥刺腹，生当指冠，死当怒目。当文以零丁一身，才发现自己还拥有自由。

求死得死，岂非自由意志？仁至而死，义尽而亡，就是自由！只有自由意志觉醒了的人，才会选择死，才懂得什么是真正的死。“不自由，毋宁死！”不能在最高的存在里生活，就在最高的存在中死去。活着，就要活在“我的祖国”，那是美丽的祖国，英雄的祖国。死了，就要死在《正气歌》里，回到历史正义，回归宇宙本体。

自从有了《正气歌》，中国何曾亡过？在历史的治乱循环里，在天下兴亡中，起起落落的是王朝中国，而文化中国却在发展着，辽、金、元、清不过尔尔。它们能替代一个个王朝中国，可它们谁能替代文化中国？近代以来，中国遭遇两千年来未有之巨变，方死方生。方死的是王朝中国，在民主与科学的历史大潮中死去；方生的是文化中国，是在“独立之精神，自由之思想”中新生的近代化的中国。有一种旋律，从天地进入心里，从《正气歌》贯穿《我的祖国》，引导我们从王权国家的本质里走出来，走向文化中国的自觉。“五十而知天命”，那天命，就是文化中国——我的祖国。

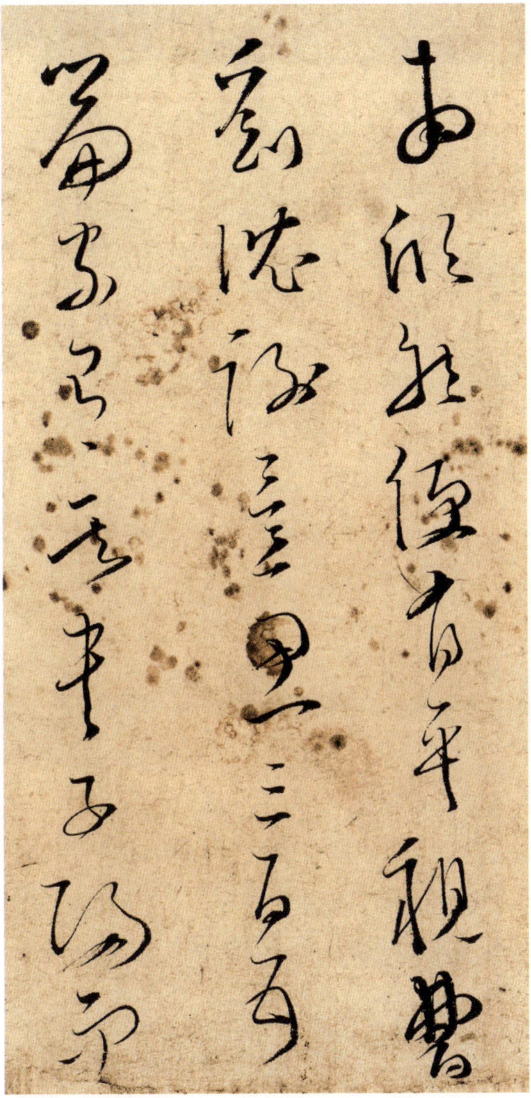

《木鸡集序》（局部），（南宋）文天祥书

文天祥，号文山，江西庐陵（吉安）人。20岁中进士第一，三甲状元。为官刚毅直言，得罪董宋臣、贾似道，1273年索性辞职回乡。两年后，蒙骑南侵，文天祥散尽家财，招募兵勇，组军勤王，朝廷派他北入蒙营谈判，被囚南逃，重回民间，起兵再战。1278年，在广东海丰五坡岭“方饭”之时被俘，押解至元大都。忽必烈爱惜英雄，不忍杀之，用尽威逼利诱之术，文天祥不为所动，1283年1月9日就义。存世有《文山诗集》《指南录》《指南后录》。

三 中国——文化的胜利

01

思想的救赎

南宋亡了，可书院还在，思想还在。文化中国还在以书院的形式发展着。在书院的发展中，宋人的义理之学终于结出了一个硕果，那就是理学，在民间私学的发展中，终于瓜熟蒂落。

义理的果子在朱熹手里成熟了，那就是天理。这天理若跟书院在一起，还有个共和的样子，一跟政治相结合，便走向专制了。书院里的朱熹和官场上的朱熹，就像是截然不同的两人。作为思想者的朱熹，有着鲜明的共和气质，引领着时代。

中国思想史以话语形式来区分，可分为三个时代：百家争鸣时代、名士清谈时代和先生讲学时代。争鸣基于学派，清谈表现自我，讲学传道授业。争鸣，结果要“定于一”，就像上战场，有一条思想战线，孔子诛少正卯，孟子辟杨墨，荀子非十二子，韩非子攻五蠹，都是争夺思想领域的霸业。清谈，则是以“雅集”——沙龙的方式，各说各的话。而讲学，不是个人发言，要有书院，如杜甫诗言“安得广厦千万间，大庇天下寒士俱欢颜”，不是今日流行的所谓房地产开发，细想来，应是指书院。

唐朝可怜，民间很少有能“庇寒士”的书院。那时的书院，多半是私人读书的书斋和官府整理典籍的衙门，而非讲学的场所。书院成长要有条件：一要有发达的货币经济——有钱，二要有普及的印刷技术——有书，还要有儒道释共和局面。

“少学孔孟，晚师瞿聃”，不独王安石、苏东坡如此，此乃宋代思想之大势，朱、陆异同，各以醇儒自居，然究其根底，谁离了道与释？朱、陆对于道、释各有其认知，但不如王、苏二人，以平常心、平等心对待之，而有一片光明洒脱的风致。

试观王安石手写《楞严经》，如飘风骤雨，自天而来，目此手迹，如见佛立教之原始——“天上地下，唯我独尊”。洛学丑诋安石，以杨时为最，朱熹父朱松虽学承杨时，却喜安石书法。睹安石遗墨，朱熹叹曰“跨越古今，斡旋宇宙”。王安石生前，已将其读书、讲学之半山园以及附近数百亩地，都捐作寺院，此举表明，他对儒道释思想共和的认同，对于新学的失足，似乎有所反省。

有宋一代，儒道释思想共和突破了先秦诸子“定于一”的思想禁区，打开了汉唐以来经学独尊的“大一统”的樊篱，而有以民间私学为主的讲学兴起。以此大势所趋，儒学虽然排斥佛老，也难以“定于一”，其内部各派虽难免彼此攻讦不休，却不能违了共和原则，而书院便体现并担待着这一原则。

让我们以嵩阳书院为例。嵩阳书院因坐落在嵩山之阳而名之，始建于北魏孝文帝时，时称嵩阳寺，唐时改为嵩阳观，为道观，五代时，改成了书院。从佛寺到道观，再到书院，如此变迁，可见三教共和有着历史因缘。而书院制度，除了儒学本身，兼采禅宗丛林、道教宫观传法，表现出共和特征。其一，书院采取讲会制度，请不同学派、观点的学者来会讲。其二，书院办学，实行门户开放，有教无类，不受地域限制。其三，书院教学采用问难讨论方式，实行自学与导师相结合。这三点作为教育方针，是“二程”在嵩阳书院定下来的，简言之，便是思想共和、开放办学和自主学习。

后来，朱熹又在白鹿洞书院为书院定学规，云：五教之目——父子有亲，君臣有义，夫妇有别，长幼有序，朋友有信。为学之序——博学之，审问之，谨思之，明辨之，笃行之。修身之要——言忠信，行笃敬，惩忿窒欲，迁善改过。处事之要——正其谊不谋其利，明其道不计其功。接物之要——己所不欲，勿施于人，行有不得，反求诸己。这一套体系是为“做人”设计的，不是用来“求知”的。所以与柏拉图学园倡导数学以求真理那一套是不一样的。

真理与天理不同，天理是前提，就在那里，而真理要去发现。除了用思想去发现，还要以实验和信仰来证明。以实验来求证的，便是科学；以信仰来求证的，就是宗教。思想实验介于科学与哲学之间，逻辑和数学不能少；做实物实验，就要在可控条件下的实验室里进行。柏拉图实验，多半还是思想实验。

在书院里“作新人”，当然不是做思想实验，但也要有操作性。“道之大原出于天”，然而“天道远”，说都说不清，如何能有操作性？而天理便是天道在人自身，总起来说时，叫天理，具体而言，便是做人的道理。

朱熹立的学规，一条条都是道理，将这些道理贯通了，天理就会显现出来，不像天道只是悬在那里，做个必然性的提示，令人忧虑。学规是可以操作的，能在人的身心里坐实，其操作性指向三个维度：一是自我操作，以“正心、诚意、修身”指向无我；二是人际操作，以“五教之目”使无我之人化作“社会关系的总和”；三是形名操作，为“家、国、天下”之名器，定名分，立标准，而成“立德、立功、立言”之新人。

但当他以宋人喜欢的极简主义的方式提出“存天理，灭人欲”的思想纲领时，我们就看到了有文化中国与王朝中国在他身上存在，文化中国以“存天理”的方式存在，王朝中国以“灭人欲”的方式凸显，他要把文化中国与王朝中国结合起来。这一结合具体到他个人身上，就表现为书院和官场，他在书院“存天理”，在官场“灭人欲”。

朱熹在书院是成功的，在官场却是个失败者，最失败的一次在台州。据洪迈《夷坚志》所言，他在浙东为官一任，与唐仲友起了纠纷。唐仲友为当时的台州知州，也是浙东永康学派的代表人物之一。朱熹之于永康学派素来不睦，因为永康学派标榜“事功”，同永嘉学派一样，都号称“事功之学”，而在朱熹看来，“事功之学”便是不折不扣的“人欲之学”。他与永康陈亮、永嘉叶適多有书信来往，彼此各持己见，争执在所难免，但他们都能坚持思想共和立场，恪守书院平等原则，这在朱熹，便是为了“存天理”。同样面对永康学派中人，他对待唐仲友便与对陈亮截然不同，这就是他在官场与在书院的区别。他与陈亮的交往，体现的是思想者之间在书院的关系，他们各述所学，是为了天理而争辩，而朱熹与唐仲友则是官场同僚，要进行“灭人欲”的斗争。

斗争胜负不取决于他们，要以朝廷的眼色为准。这场斗争不过是朱熹的一次“灭人欲”的实践，从男女关系入手搞政治斗争。他抓来营妓严蕊，原以为妓女都是软柿子，没想到捏了个红粉硬钉子，碰了个情之所钟的刺头。即便如朱熹所言，唐真的是贪官，严是唐的老相好，但用女人做祸水，让女人背锅，就破了士人政治的礼制底线。

朱熹“灭人欲”式的政治斗争，当时虽然不入士流，却为后世官斗开了一窍，不幸的女人成了男人政治围猎的目标，唐宋以来才子佳人旧梦，以及南宋士人美女新潮，都被他搞砸了。不光眼前的唐仲友和严蕊被他辣手摧花，就连早已作古被南宋人追捧的苏轼，也被他用理学家的眼睛做严格审查，一查思想来源，就道“天理不纯”，因有佛老混杂，再查言行，当然就更是“人欲有亏”了，总之不是一块当圣人的料。

圣人是怎样形成的？朱熹认为，斗争出圣人，最根本的斗争就是天理与人欲的斗争。人一来到世上，天理人欲便相伴而来，如《朱子语类》卷四十一所言：“人只有天理、人欲两途，不是天理，便是人欲。”天理人欲之争，谁胜谁负，殊难预料，《朱子语类》卷五十九说：“以理言之，则正之胜邪，天理之胜人欲，甚易……以事言之……邪之胜正，人欲之胜天理，却甚易。”因此，人应该“把定生死关头，扶其此心来斗。”

但朱熹并不排斥人的本能欲求，只要求适可而止，“且如著衣喫饭，也是为饥寒”，人的生理性需求可以说是道德的基础，“苟有一毫私意于其间，即废天职”，纯粹的本能是天理，若有私意掺杂其间，就成人欲，“饮食者，天理也；要求美味，人欲也”。

饮食男女是天理的低级形态，与人欲不同，其特点为“安分”，而人欲则“过分”。人伦纲常就建立在“安分”的基础上，它是天理的一种高级表现形式。

苏东坡当然不肯把自己放在天理与人欲的斗争中安身立命。他不会像朱熹那样，为了做圣贤而“拔出心肝与他去做”，不会在自己身上开辟一个天理与人欲两军交战的战场，不会擂起天理的战鼓向着人欲席卷而去。所以，朱熹看苏轼，怎么看都是文采风流，看不出有圣人气象。

朱熹看来看去，看得这也不是，那也不是，看恼了明代狂人徐渭。徐渭说朱熹，只要人说他是个圣人，还用圣人的眼光看一切，看得别人者人人不中他意，事事不称他心，无过中必求有过，谷里拣米，米里拣虫，其实看不懂苏东坡。东坡千古一人而已，朱熹说来说去，都是吹毛求疵，无过中求有过。

徐渭看不惯朱熹，反映了明代民间思想者的一个倾向。那时，朱熹的思想已经进了庙堂，其学说亦已成为官学，同他生前多灾多难比起来，影响大不一样。

朱熹要当圣人，当然得有个一贯正确的模样，可这模样，其实跟朱熹本人无关，他本人在官场从来就没有过一回政治正确，他一错再错，令人惨不忍睹。跟唐仲友斗得两败俱伤，贻人以香艳笑柄，那还是小事一桩。后来有个机遇，他到了皇帝身旁，做顾问，当老师，但他还是一副“存天理，灭人欲”的肝肠，可这一回，他“灭人欲”灭到皇帝头上了。他对宋宁宗说，人欲一动，就会被身边的小人利用。隔了三百多年，徐渭都看不惯他那副一贯正确的嘴脸，想想看吧，那皇帝也够可怜的，得常常面对那样一副嘴脸，听那样一套唠唠叨叨，听着听着，皇帝就怒了：这个老头，整整他！往哪儿整？往人欲上整，把他从人伦表率整成人欲奇葩。

皇帝让监察御史沈继祖去查他，专门往他的人欲上查，要将他“灭人欲”灭了。这么一查，就把他查成了一个人渣，诸如纳尼为妾、儿媳无夫而孕之类的罪状。不可思议的是，老夫子居然认了。不是“饿死事小，失节事大”吗？要么那些指控都是真的，要么就是他怕死，这两种情形，无论哪一种都证明了他是伪道学。

死很难吗？不难，他应该不是个怕死的人，在当时，死是解脱，活着才是下地狱。可他为什么不去好死，而要赖活着接受那些令人不齿的“莫须有”的指认呢？其中的委屈，不足以为人道，亦不必为人道。我不下地狱，谁下地狱？就让我把地狱背走吧，作法自毙呀！就让我为“灭人欲”而牺牲吧，在“存天理”的祭坛上，就放下我那颗“灭人欲”的头颅吧！于是，他承认了，这一切都是他的生活作风问题。

他对付唐仲友的那一套，被人用来对付他自己了，“灭人欲”终于灭到了自己的头上。若天塌下来，他一人担当，若下地狱，他独自一人去，忍辱负重也好，披肝沥胆也罢，总之都是他一个人的事。当时，有人提出“斩朱熹以绝伪学”。“斩朱熹”可以，他已经认了“十大罪状”，要斩要杀就随便了，但“绝伪学”不行，他还要保学统，续文脉，留着书院的根。皇帝没想要他这条老命，只是要灭灭他的人欲，对他羞辱一番后，就让他回家了，虽说搞了个“庆元党禁”，开列了伪逆党籍，但他的门人基本上都得以保存。

六十多岁了，已知死到临头，抓紧著述，把道统立起来，道统不立，人不能死啊！终于完稿了，七十岁的老人，在一片皆曰可杀声中，绝望而死。他的弟子们原想在信州举行大规模会葬，被朝廷禁止，后来改以建阳会葬，参与者仍有近千人。

人死了，可思想没有死，迫害者死了，可被迫害的思想还没死。

人的思想会死吗？绝不会死！思想者需要平反吗？不需要！谁能杀死

思想？那是痴心妄想，谁能为思想者平反？谁也不能！思想者宁愿受难，也不会接受平反。那么朱熹呢？他的思想不是从伪学变成理学；他本人不是从伪人变成圣人了吗？这难道不是平反吗？当然不是！那是王权主义向自由思想让步，是一代王朝被思想者征服。当然，不是被一个思想者征服，而是被一代又一代思想者征服。也是他的思想——存天理的因对他的行为——灭人欲的果的救赎。

02

书院北上王朝南下

书院是思想者的家园，思想共和是共和国的根。文化中国在，书院就在，书院在，思想者就永不败。思想要传承，思想者要有接班人，所以要留住书院的根。统治者有王朝，思想者有书院，从书院里可以听到思想的述说。书院，是开放社会的标志，是个思想的国，是思想者的共和国。书院里有自由的思想和独立的精神，还有共和的制度与生活。

在《中国书院史》里，邓洪波描述了有宋一代书院分布的情况。他说，宋有书院 720 所，分布在今日中国的 19 个省区，南到海南、香港，北到河北，都有书院。其时，书院存在可以分作三个人文地理带：一是黄河流域书院带，有 30 余所，以河南为中心，著名者有嵩阳书院、应天书院；二是长江流域书院带，有 500 余所，尤以江南为盛，以庐山为中心，形成东西向与南北向相交的书院十字地带，往东，从庐山到会稽山，形成了陆王心学的思想山川，往西，地接衡庐，由程朱理学一贯三，把庐山白鹿洞书院、长沙岳麓书院、衡山石鼓书院连接起来，开辟出内圣外王的思想路线，向南，从庐山往庐陵，从白鹿洞书院到白鹭洲书院，这一线造就了隐士与烈士的精神家园；三是岭南及沿海书院带，有 100 多所，以闽、粤为重点，为近代化的到来预留了发展空间。

由此可见，中国书院主要在江南，以江西为中心，向全国发展。

但凡书院中心，必有三多，钱多，书多，读书人多，而此三多处，除为当时经济中心和文化中心，亦必为一人文地理枢纽。王勃言江西水利，“襟三江而带五湖”，言其位于江南，襟带长江，连东吴，出东海，西涉湘鄂，可入川滇，尚未言其内有赣江，从岭南到江南，沟通珠江和长江，顺势而北，可直抵中原，由此而南，则出河源下南海。而“控蛮荆而引瓯越”，则言江西之地利也，言其北控荆楚，南引瓯越，东南向，出武夷而入闽境，南向，过梅关而临粤海，于闽、粤两地，皆有通道入海。更何况，宋代基本国策——向北防御，往南发展，从河北到河南，从河南到江南，从江南到岭南，从岭南下海，开拓海疆，由打通西域丝路，转向开发西洋瓷路，在这个战略转型中，江西以其江南枢纽之地位，连接河南和岭南，沟通江河与湖海。

当时，通商口岸有广州和泉州，海货上岸，多走江西，由赣江北上，通过鄱阳湖，进入长江，转入运河，北上至汴河，就到了汴梁。产品外销，也是走运河、长江、赣江一线，过岭南，然后出口，太湖流域的丝、鄱阳湖流域的瓷，行销世界各地。尤其瓷，后来居上，取代丝，成为“中国”的代名词——China。巨额贸易顺差使赣江、抚河成为黄金水道，滚滚财源顺着江河流入赣鄱大地。王安石就在贸易顺差里长大，还在11世纪，他就从中嗅到了重商主义，书院也跟着贸易顺差一个接着一个兴起。不说别的，就一个产品——瓷，养了江西多少进士？

当然还有书院，朱熹从庐山到武夷山，走的应该就是抚河一线。他走下山来，走向海边，走到福州、漳州、泉州，走出一条连山通海的书院路线，把书院从山林湖畔办到沿海岸边。他一生开办、修复、主讲70所书院，最重要的书院有两所，那就是岳麓书院和白鹿洞书院，虽然早在他以前两书院就已存在，但直到他出现，才成为中国文化的标杆。岳麓书院的朱张会讲和白鹿洞书院的朱陆会讲开启了思想共和的新纪元，尤其在白鹿洞书院，朱熹立学规，明宗旨，定制度，形成思想共和纲领和学术开放原则。

朱子至死有一心愿未了，他多想率领一支书院新军，以学术开放为矛，思想共和为盾，代表文化中国出征，以书院的形式北伐，从江南到江北，从淮南到河南，从河南到河北，从大河上下到长城内外，像岳飞“还我河山”那样“还我文化的江山”。

这一天终于要来了，等到宋理宗为他“平反”时，北方的蒙元亦已认同了朱熹。他无论如何也想不到，第一个响应他办书院的，竟然是大漠天骄窝阔台。

大汗有一名汉人养子，名叫杨惟中，是蒙人灭金时窝阔台收养的孤儿，长大后被窝阔台重用，史载他“知读书，有谋略”，大概也受到了王子般的教育。大漠里出了一个读书人，那人必定是一粒天生的读书种子。

读书的种子问世了，就要有文化的江山供他生根、发芽、开花。他要将自己播种在哪里？他是北人，所以，首先想到中原，中原有伊洛之学，接着便想到了江南，因为文化的正统性，已从中原转移到了江南，伊洛之学在江南发展为朱子之学，代表伊洛之学的嵩阳书院在江南发展为岳麓书院和白鹿洞书院。因此，他要在北土中国也开一朵书院之花，一朵像岳麓和白鹿洞那样的书院之花。他在燕京遇到了另一位中原人士，那人名叫姚枢，两人一见相知，遂共图文化中国复兴之大举。

刚好皇子阔出用兵，南下中原，杨惟中受命，随军行中书省事。此次南下，他一身二任，一任在王朝，他要助北蒙统一中原，一任在文化，他要以书院的形式复兴文化中国。他认为，书院传道继学当如岳麓白鹿，以为天下标准，使学者归往。

此行，姚枢于刀兵水火中救了宋儒赵复，据《宋元学案》：元师伐宋，屠戮德安城即今湖北安陆，姚枢奉诏，求儒、道、释、医、卜者，适逢赵复被俘，姚枢与之言，奇之。但赵复不欲生，月夜赴水自沉。姚枢觉而追之，在积尸间，发现赵复解发脱屦，呼天而泣，姚枢把他搀扶出来。当时，南北不通，程、朱之书不及于北方，姚枢正协助杨惟中建太极书院，立周敦颐祠，选取“二程”、朱熹遗书八千余卷，有请赵复讲授。姚枢“首受其学”，从学者达百人，从此，理学复兴于北蒙。

赵复又本照伏羲、神农、尧、舜所以继天立极，孔子、颜回、孟子所以垂世立教，周敦颐、“二程”、张载、朱熹所以发明绍续者，作《传道图》，且列书目于后，由此程、朱之学在北方广为传播。赵复曾被元世祖召见，世祖问：“我欲取宋，卿可导之乎？”答曰：“宋，父母国也，未有引他人之兵以屠父母者。”世祖义之，也就不勉强他了。

黄百家说：“自石晋燕云十六州之割，北方之为异域也久矣，虽有宋诸儒叠出，声教不通。自赵江汉以南冠之囚，吾道入北，而姚枢、窦默、许衡、刘因之徒才得闻程、朱之学，以广其传。”黄百家是黄宗羲的儿子，父亲的未竟之业和未了之志，由他来继承，黄氏父子同处于明清之际，其际遇与宋元更替何其相似！宗羲复明未果，百家于康熙时，是否想转型如赵复焉？总之，要重启书院，留住文化的根，最后的胜利必定属于文明。

中国思想者，文明“未亡人”，就这样，以思想的传播和书院的拓展，收复土地和国权。蒙元重武轻文，其于武力方面对汉人管控甚严，连每家每户的菜刀都要管，在文化方面则放任自流，任其发展，最好让汉人都入书院，在读书中，而非马背上，度过一生。而这正中“未亡人”下怀，于是，大办书院，开辟了一条新的思想战线。蒙元对此反而网开一面，欲使汉人尽入书院彀中，纳入他们的文治安排，在文化中趋于文弱。蒙元贵族起于牧武，不解耕读，因而认为文弱可以欺负。

文何至于弱？《正气歌》、程朱理学传入北土，重新唤醒了中国意识。

蒙元进入中原，都道是武力取胜，然而，都未深究其所以然，也没问一声：何以窝阔台与蒙哥汗皆败而元世祖忽必烈能成？个中缘由在于，忽必烈完成了转型，将蒙宋战争转变为中国内部的南北战争，而忽必烈本人也从蒙古大汗向中国皇帝转化了，使北蒙对南宋战争具有了中国历史的争正统的性质。

自金统治以后的北人，已有近百年虽与南人同属一个中国，但相去已久，分隔已深，且已奉蒙元为正统，故其欲以北朝自居，而与南宋争天下之心常在，跃跃而欲试矣。他们参与宋元战争，将战争纳入中国历史传统。

元朝在中国的出现使得战争的性质发生了根本转变，宋元之战不再是如汉与匈奴、唐与突厥那样的战争，而是变成了中国内部的南北朝战争。南宋之所以失败，就因为失去了北人的支持，当宋元联手灭金时，宋本想趁机收复中原，但似乎并未得到中原民众的响应，蒙元一反攻，宋师就退回南方了。

宋元四十年战争，分了三个阶段。第一阶段，是窝阔台时期；第二阶段，是蒙哥时期；第三阶段，是忽必烈时期。前两个时期还是大汗制，到了第三阶段，就开始了从大汗向皇帝转移。

大汗与皇帝不一样，主要是权力的来源不一样，虽然都是家天下，但大汗产生是通过部落式的家族民主制议会——忽里勒台大会选举产生的，帝国则采取兄弟共和的联邦形式，成吉思汗、窝阔台汗、蒙哥汗都是这么产生的。到忽必烈时，他因常在漠南汉地经营，受了儒术影响，便自称大汗，由于未经忽里勒台大会选举，干脆改称皇帝。大汗由选举产生，皇帝则以世袭制，大汗制采取联邦共和的形式，皇帝则以君主专制，忽里勒台大会因而解体。忽必烈在统一中国和统一大漠之间做了取舍，他选择了做皇帝统一中国，故其生前和死后都未能在整个大漠行使最高的统治权力，亦不被四大汗国认可为“大蒙古国大汗”，直到元成宗时，经过铁坚古山一战，元朝得胜，乘势与四大汗国达成和议，四大汗国从此承认元朝皇帝世袭“大蒙古国大汗”称号。

为了统一中国，忽必烈改制，把大汗改成皇帝，大汗要选举产生，皇帝可以世袭，哪个帝王经得起这样的诱惑？所以，他把政治中心从大漠向南转移，宁可不做蒙古大汗，也要做中国皇帝，为了当皇帝，他可以接受中国儒士建议，改国号为“元”。

胡人对“元”字有独钟，还在隋唐以前的南北朝时期，就有北魏孝文帝汉化改制，让鲜卑人改用汉家姓氏，皇族拓跋氏就改姓为元，而蒙人则以国号为元。本来，历朝历代都是以自己在王朝中国里的出身为本朝国号，汉朝是以汉王出身，唐朝以唐国公出身，宋朝在宋州起家，唯有元朝，在王朝中国里没有来历。但它有文化中国的依据，它出自《周易》“大哉乾元”之元，对文化中国的认同，使它进入了中国历史传统，从历史传统中，获得了王朝中国的北朝身份。

有了北朝身份，它就能争取北人支持。宋元对峙，势均力敌，谁能得到北人支持，谁就能取得最后胜利。窝阔台和蒙哥时期，元朝未立，故宋元之战难有结局，蒙哥合州一战，甚至命丧汉地。到了忽必烈时期，元朝兴起，才从国力上对南宋形成压倒优势——蒙人加北人大于南人，而且出现了中国历史上独有的奇观——文化中国北上与王朝中国南下。

蒙元没有王朝中国出身，故亟须文化中国确认，还在南宋灭亡之前，朱子就被北方士人拥戴，朱子之学就被蒙元王朝定于一尊，连朱子在南宋的悲惨遭遇，也成了蒙元声讨南宋并南下征伐的理由。于是，书院北上，蒙元南下，如此南来北往，中国就统一了。当蒙元恢复科举时，便诏以朱子《四书集注》为准试取士子，把朱子之学定为科场程式。朱熹胜利了，不仅在于王朝中国对他的认同，更在于他的弟子们衍生了一支文化中国的思想大军，用他的思想——理学，还以他的书院，北定中原。

蒙元王朝以理学和书院确认了它在文化中国的正统性。北人早已断了南望王师的念想，但他们却看到了王道南来，重现文化中国的景象，而这一切却是蒙元给他们带来的，带来了当时最先进的思想和文化。

南下灭宋的张弘范就是北人，他死后，有人骂他“不是胡儿是汉儿”，就是站在了笼统的宋人的立场来看他，没有分作南人北人来看。其实，自秦桧提出“南人归南，北人归北”的主张，宋人的范围就缩小到南方去了，北人已不在宋人之列，河北的人归金，河南的人归齐，齐是由金人册封的刘豫政权。所以，把张弘范当作宋人，是文化上的一厢情愿，不符合历史事实，说“宋张弘范灭宋于此”，那样的反讽毫无意义。

张弘范非宋人，但他却是文化中国人，他对宋朝没感觉，对于江南，他却不能无动于衷。他在《过江》诗中，宛如国殇般吟曰：“磨剑剑石石鼎裂，饮马长江江水竭，我军百万战袍红，尽是江南儿女血。”好个“江南儿女血”，都是王朝造的孽！南下之初，他有《木兰花慢·征南》词一首，大将军曰：“混鱼龙人海，快一夕，起鲲鹏。驾万里长风，高掀北海，直入南溟。生平许身报国，等人闲、生死一毫轻。落日旌旗万马，秋风鼓角连营。炎方灰冷已如冰。余烬淡孤星。爱铜柱新功，玉兰奇节，特请高缨。胸中凛然冰雪，任蛮烟瘴雾不须惊。整顿乾坤事了，归来虎拜龙庭。”战后，他对战争进行了反思，“十年鞍马是非场，虚名半纸几多忙”，已透露出人生的无奈与无聊，叹曰“世事莫论量，今古都输梦一场，笑煞名利途上客，干忙！千丈红尘两鬓霜”。

北归后，他被身病与心病夹击，殉了王朝中国，被他带到燕京的文天祥也以一死殉了文化中国。

《卢沟运筏图》，元，纵143.6厘米，横105厘米，反映了元世祖忽必烈时期，为营建元大都运输木材及其他物资的繁忙景象

1229年，成吉思汗第三子窝阔台即汗位，对外，南下灭金国，远征欧洲；对内，重用契丹人耶律楚材及汉人养子杨惟中，施行汉法，推广理学，提倡儒教，并开科取士，取用北方汉人。1235年，杨惟中在姚枢帮助下，于燕京城内建太极书院，将他随军征战收集来的8000多卷儒释道以及百工之书，全部存放其中，并遍访民间学者到书院讲学，将许多被打入奴隶籍的儒生重新解放出来。

太极书院旨在弘扬理学，所以取理学开山祖周敦颐所著《太极图说》为书院命名，并为周敦颐立祠，以张载、“二程”、游酢、朱熹配享，从汉人俘虏堆里请出大儒赵复执掌书院。从此，宋代书院民间形式，从私学向官学转化，太极书院成为大蒙古国第一个汉学皇家学院，书院制度化，也是笼络北人，统治南人的手段。

1260年，忽必烈称帝，诏改燕京为中都，1271年，取《易经》“大哉乾元”之意，忽必烈定国号为“大元”，改中都为大都，奠定帝国首都格局。

03

国与家的宿命

王朝中国统一了，那是蒙元帝国的军事统一。文化中国也以新的方式统一了，那是理学与书院的统一。

如果说宋朝是中国历史上书院产生最多的时代，那么元朝就是书院发展最快的朝代。在统一战争中，元世祖忽必烈显然把书院当作他统一中国的一个法宝。为了防止战争对书院的破坏，忽必烈下诏“凡有书院，亦不得令诸人骚扰”，“禁诸官员使臣军马，毋得侵扰亵渎，违者加罪”，兵荒马乱时，对书院采取保全措施，使得亡宋士人在血雨腥风中有一个不失尊严的去处，既能够安身，还得以立命。当元军进入集庆即今江苏南京时，明道书院曾一度被元军进驻，混乱中，士兵还将孔子的像给扔了。书院儒士向元军统帅申述，元军立即“还复书院房屋租产，招安秀才”，还表示“当奉钧旨，令书院依例复旧”，于是，一切恢复如旧，弦诵不辍。

把书生都送进书院，免得与元军抗争，这真是一大法宝，立见奇效。窝阔台和蒙哥时期，宋人之于蒙元多有抗争，少见降者，而到了忽必烈时期，宋之降官、降将明显增多，最后，连皇帝也降了，蒙元给了他们一个投降的去处，那就是书院。

对于亡宋遗民，蒙元网开一面，给他们留了一条康庄大道，让他们去兴学，去办书院，对于他们办的私学，政府不但承认，而且给予支持，使书院官学化。

书院官学化，作为蒙元一朝的基本国策，始于忽必烈。统一不久，忽必烈就诏令江南兴学，但凡“先儒过化之地，名贤经行之所”，都要重启，“并立为书院”，书院山长也被列为学官，“受礼部付身”，步入仕途。

后来，元朝开科举了，书院生徒与官学生同等待遇，均由科举出身，入仕。朝廷还特事特办，“赐会试下第举人七十以上从七品流官致仕，六十以上府、州教授，余并授山长、学正”，前两条，是优待亡宋遗民，后一条，是要推广书院。元初书院成了“亡宋登科贡舍之人”的寄托处，他们寄身于此，托命于此，“每日登堂讲《通鉴》一章，然后会食”，得以了却生计，尚能苟全性命于乱世。然而，他们毕竟是读书种子，终究要发出文化中国的根苗，即便血性有亏，但理性不亏。

蒙元自以为掌握了汉人的弱点，尤其是士人的弱点，只要有书可读便能安生，所以大办书院，广招士子。蒙元之于文武，除了元世祖本人，均重武轻文，无不以文为弱，持读书无用论，故其欲置汉人于文弱之地，便做一张文教的大网，把士人都装进去，使之文弱到底，永远臣服下去，却不知还有柔弱胜刚强的一面，更何况文化本来就优于刀兵，一旦承平，久之，刀兵已然无用，国家机器也就以文化运行，被文化主导了。

再说，蒙元能胜赵宋，根本在于宋元分据南北，分了南人北人，故宋元之间，北人所向，实为胜利之本，蒙元胜利，胜就胜在拉北人打南人，同时又给南人留了一条书院出路，并使之通往仕途，这样就如釜底抽薪，从根本上瓦解了南宋士人的抵抗。

此固为忽必烈之远略，但他还是未料到，书院最终将蒙元颠覆了。或问，书院难道不是他统一中国的法宝吗？何以蒙元最终还是被书院颠覆了呢？就因为书院的普及带来了文化的统一，不分南人北人的统一的中国人的意识觉醒了，一个新的命运共同体——中国，再次出现。

蒙元重武轻文，对于文化有莫大好处，在君主专制下，出现了难得的自由化的文化空间。都说蒙元来自大漠和草原，文化方面本来是它的短板，可它对于文化的放任，反而促进了文化的大发展。

蒙元可以入主江山，但入主不了文化，可以拿走王朝，却拿不走家，文化的种子终归要从家里发芽，而家便是守护文化中国的最后堡垒。因此，我们换个角度，从一个亡宋遗民家庭的朝野变迁，来看文化中国深处的人性景观。

亡宋遗民中，没有哪一个家庭能比赵孟頫一家子还有文化。他那一家子，是正宗的皇亲，他们还有着傲人的血统，据说是“八贤王”赵德芳的后裔。他的老家就在他念念不忘的江南湖州，南宋孝宗之胞兄赵伯圭，以王侯身份被赐第湖州，到了赵孟頫时，这支皇族已在此地经营四世了，赵孟頫的父亲赵与訔，官至户部侍郎，知临安府浙西安抚使，既是皇室嫡亲，又是朝廷重臣。

湖州之于太湖，坐南朝北，居臣位，是个处江湖之远的“臣”。那时，它的名字叫“吴兴”，原本是江南一座令人遐想的宋邑。

江南这方水土远离中原，天生养就了自己的性子，任是帝王将相的天下，也很快会转化为才子佳人的世界。如果日子就这么过下去，赵孟頫兄弟八人、姊妹十四人，琴棋书画，诗礼承传，教化一方，风流一地，倒也是尽了为“臣”的风水之道。可是，战乱来了。赵孟頫也许看透了帝王家的活计及其兴衰的无常，不想名垂“汗青”，只想就地隐居。隐居中，他作了绢本《松溪图卷》，很有点超然家国独立江山的自命况味。后来，他画了一幅老子像，看那模样，倒很像是在为自我立言。

十年后，忽必烈派人来了，来江南“搜访遗逸”。这位隐居的“飘零人”终于被新朝发现而“征贤”了，他举家北上，入侍新君。

有一天，忽必烈问他，叶李与留梦炎孰优？两人都是南宋降臣，他回答说“梦炎优”，因为留梦炎是他父亲的朋友，他这样说当然是尊长，而非敬贤。帝笑曰：不然，梦炎在宋，状元及第，位至丞相，贾似道误国，只是附和，叶李布衣，却能伏阙上书，故叶李贤于梦炎。但叶李论事刚直太过，易招人怨。说罢，便要他诗讽留梦炎，他一挥而就，诗曰：“状元曾受宋家恩，国困臣强不尽言；往事已非那可说，且将忠直报皇元。”这首诗，既针对留梦炎来说，也是他本人的一个投名状。

据说，文天祥就是被留梦炎害死的。本来，忽必烈有意放了文天祥去做道士，但他坚决反对：天祥出，复为号召江南义士抗元，吾辈将置于何地？元朝若放了文天祥，留个持不同政见者，宽容一名伟大的反抗者，那么元朝也必定会成为一个伟大的王朝，也许会有二百年国运，不至于“胡运从来无百年”。文天祥不死，其力量亦有限，南宋大势已去，他个人再努力，亡国也难以翻盘，可他一死，就变得力量无穷了，一代代志士被英灵召唤，足以颠覆蒙元。忽必烈明知留梦炎其言足以丧邦，行亦能误国，何以还听之？究其根底在于，他认定这些南宋降臣皆是文弱之人，元帝用他们，同时又瞧不起他们，蒙元的国策是用文弱者，不用文强之人，而文天祥，在他看来，便是个强人，强就强在不仅能以诗言志警醒国人，更能民间起兵。蒙元不留文强之人。

赵孟頫本来也是个文强之人，也曾有过一番王猛、谢安那样的抱负，这是他早年写“秋怀”的一首诗：“搔首风尘双短鬓，侧身天地一儒冠。中原人物思王猛，江左功名愧谢安。苜蓿秋高戎马健，江湖日短白鸥寒。金尊绿酒无钱共，安得愁中却暂欢。”但他一入蒙元便改做文弱之人了，他深谙老子弱用之术，所以把自己藏得很深，像老子说的“深藏若虚”，将他的自我藏在了书画后面，尤其是他的政治面目，不让人看出来，唯二三知己或能略知一二，如被他提携过的诗人杨载，当时就这样说他：“孟之才颇为书画所掩，知其书画者，不知其文章；知其文章者，不知其经济之学。”

所谓“经济之学”，就是经邦济世之学，这本是他的初心，被他深藏起来，秘不示人，若被人看破本来面目，知其初心所在，他便难于安身朝廷。然其经济之学，虽曰潜龙勿用，但不能无动于衷，偶或一用，也不能摆出“侧身天地一儒冠”的架势，而要像老子说的那样“弱用”，以“柔弱胜刚强”。

赵孟頫摸透了忽必烈对留梦炎的态度，便去求忽必烈侍卫近臣彻里，说自己人微言轻，说不上话，请彻里向皇上进言，说当朝宰相桑哥就像南宋奸相贾似道，擅权误国，其时，留梦炎正追随桑哥，刚好应验了忽必烈对赵孟頫说的那番话，有了留梦炎做陪衬，忽必烈看桑哥，怎么看都像贾似道，最终导致桑哥被杀。

文弱之人，不动声色便将政敌除去，此即所谓“弱用之术”。这就是他的官场，只能用弱，不能用强，作为贰臣，道德文章没法写，以文弱自处，经济之学不能讲，那就回家吧！于是，他手书旧作《吴兴赋》，将他内心的曲折在书写中表达出来，通过审美解开心头的纠结，转化为乡愁，为人格焦虑的炎症找到了诗意的破口。

命中注定了臣位，还被视为“贰臣”，他便戴着“贰臣”帽子回老家一趟。适逢管仲姬佛寺进香，寺僧闻她才名，请她留下墨宝，她便在佛寺东墙壁上画了一幅巨大的《修竹图》，慕名而来观赏者，其中便有赵孟頫。

管仲姬迤逦而至，美人一瞥，瞥向从京城归来满怀乡愁的赵孟頫。两颗诗心恰似微雨初湿，一对文种尽显文人情怀，结为连理。仲姬 28 岁方出阁，想必其家风甚为开明，才好成全这位绝世女子。其家世据说是管仲后裔，仲姬是字，原名道昇，为家中独女，自幼便优游于吟诗作画，擅写墨竹、梅、兰等，兼工山水，笔意清醇，墨韵凛然，自成一贵格。观其名，读其曲，阅其画，柔情似水中清风款款，皆丈夫气也。多亏了墨香牵引，这对诗画眷侣就像格律诗对仗般的“门当户对”，在两个人的沙龙间，你画我题，你题我画，爱情在自家的江山里随着画轴铺展开来。婚后，仲姬追随丈夫，香踪余韵，一路北上，从湖州到了京城。

易代以后，救亡之余，前朝遗老遗少的生存状态，无论入侍新朝，还是隐居自了，都有着各自的伤痛记忆或刻骨铭心的辛酸挣扎，纠结在文化的江山里。怅望山河依旧，只能在“一种烟波各自愁”中，打发伤心人余生。

但国破家未亡，这是慷慨赴死的烈士们所未能看到的另一种力量。那就是以家庭为单位所承载的一种文明的生活方式原有的力量，而家庭的核心或支撑点往往是女性的耐心和耐力。女人，尤其是那个时代的女人，不管是谁的天下，她们都是家庭的守护神，都要将家庭按照文明的传统样式不慌不忙且淡定地存续下去，在男人失意之际，女子还可以让诗意的灵魂在家庭里留守，让灵魂在宣纸上驻足。

国已破，家不能亡。在阴晴欲雨的养花天，年届五旬的赵孟頫一时无聊，忽起心潮，欲仿名士纳妾。可他毕竟是个老实人，不敢冒失面陈，便写了一首小曲，悄悄放置在夫人房中，曰：我为学士，你做夫人，岂不闻，陶学士有桃叶、桃根，苏学士有朝云、暮云，我便多娶几个吴姬、越女，有何过分？你年纪已过四旬，只管占住玉堂春。

仲姬读罢，心头一热，回了一曲《我侬词》，置于夫君"纳妾词"上，曰：你侬我侬，忒煞情多，情多处，热似火！把一块泥，捻一个你，塑一个我，将咱两个一齐打破，用水调和，再捻一个你，再塑一个我。我泥中有你，你泥中有我。与你生同一个衾，死同一个椁。这是一个不惑之年的女人对爱情的绝唱，单薄的身后，突然空如深渊，但她不想跳下去，爱的岁月早已过了青春期，情犹醇香沉郁，直往心坎里。若爱是泥，情犹如水，仲姬用水和着泥吟唱心曲，唱得百折不回。不见泪珠，不见断肠，唯有活在水边熟悉水性的人，才会想起用最清澈的水和最本质的土，将爱情揉捏到感天动地，揉捏得鬼神为之哭泣，揉捏到生死界去。我们曾经一起破碎过，共同用水和土将那破碎的你我揉合，再复活！还如何分得清你和我？"问世间，情为何物，直教生死相许。"元好问对大雁殉情唏嘘不已，也许"天南地北双飞客，老翅几回寒暑"最能为仲姬此时的心境做起搏。

仲姬太聪明，水一样的聪明。老子说"上善若水"，孔子说"智者乐水"，她比写《红楼梦》的曹雪芹早了好几百年就发现女人是水做的，男人是泥做的。

爱情，融合了生命的水和土，变成了温柔的泥，并在元曲的形式里获得了渐次明确的表达。依托念字的诙谐，节奏的多变，保持了自己含蓄而清高的尊严。也许她的情绪也曾有过"一把推开了理性"的瞬间，但她一旦表现，便精细得多，婉约得多，迷醉得多，幽默得多。一切都那么自然而然，顺理成章。她信手拈来那自由活泼的“街市小令”，抑或“村坊小调”，往里灌水注泥的，便表白了她要与夫君“执子之手，与子偕老”的决绝。柔情似水里，她只想做个小“泥侬”，而不想做个“蒸不烂、煮不熟、捶不匾、炒不爆、响珰珰一粒铜豌豆”，她是那轻风斜雨，只细碎了水面涟漪，而非狂风怒吼，偏要掀天揭地。赵孟頫看了《我侬词》，再也不提纳妾一事，想必愧心惭肺。

一场家庭风波，就这样被仲姬用水化解，男人的土性被水化泥了。

一阴一阳谓之道，若水为阴，那么土就是阳；男为阳，女就是阴，由阴阳而男女，由男女而夫妇，由夫妇而父子，而家国。家在国就在，国已破家不能再亡！由此可见，日寇入京，老舍何以要作《四世同堂》，有了家，中国就不会亡。

艺术的种子在女人心里发芽，这世上就会生长一个美好的家。赵孟頫称，夫人翰墨、词章不学而能，乃天成，或曰其行楷，与赵孟頫神似，同卫夫人并称“中国书史两夫人”，须知那卫夫人当年曾授王羲之笔法。

仲姬安于相夫教子，使家居生活充满了艺术气息，儿子赵雍，孙儿赵麟，皆有画名，一门三代，出了七位画家。家成了亡国避难所，书画成了孟頫的护身符。

读孟頫手书欧阳修《秋声赋》，当他写到“夫秋，刑官也，于时为阴，又兵象也，于行用金，是谓天地之义气，常以肃杀而为心”时，那真是芒刺在背呀！可他书写却依然从容，写出一派春华气象，是以审美对自我的救赎，甚为难得。

孟頫早期多以兰石枯木写自我意识，线条飞扬，古意浓郁，纯净里透着简明的心宁。入侍蒙元后，画风多了御用之味，肥马胡人，一派雍容，为盛世奏鸣。元世祖父子皆喜好收藏赵孟頫一家人的字画，除了给孟頫加官晋爵，还赐仲姬吴兴夫人、魏国夫人头衔。但仲姬不以为然，小女子人淡如菊，生活中有大义。就在赵孟頫扶摇而上，官居从一品，贵倾朝野之际，仲姬作《渔父词》，劝丈夫不如归去。

她想家了，可帝都不是她的家，她的家在江南，江南梅花正开着。她想起了家里那几株梅树，想得好苦：遥想山堂数树梅，凌寒玉蕊发南枝；山月照，晓风吹，只为清香苦欲归。只为那一片“清香”，她要及时归去。她的家，在太湖南岸的吴兴：南望吴兴路四千，几时回去霅溪边？名与利，付之天，笑把渔竿上钓船。回家就是回归自我，回到自由，自由多美呀！人在云水边，垂钓于画船，可她却“身在燕山近帝居”，只能“归心日夜忆东吴”，因此，她劝夫君：人生贵极是王侯，浮利浮名不自由；争得似，一扁舟，弄月吟风归去休！

孟頫心动了，他回爱妻一首：渺渺烟波一叶舟，西风落木五湖秋。盟鸥鹭，傲王侯，管甚鲈鱼不上钩。还为仲姬《渔父图》题款曰：“依住东吴震泽州，烟波日日钓鱼舟。山似翠，酒如油，醉眼看山百自由。”那自由的江山啊，在他们的宣纸上诉说着一种自由的乡愁。

夫画《春江垂钓图》，妻依旧补绘墨竹；妻绘墨竹，夫仍然为之做《修竹赋》；妻画《梅竹卷》，夫照样为之题款。夫唱妇随，日日画中游，望断春风又绿江南岸。

孟頫官场得以善终，盖因仲姬在家中安置了文化的江山寄托乡愁，于王朝中国外置个文化中国自留地，用于对官场权斗清热解毒。

想归去呀，孟頫一念乍起，即书陶令《归去来兮辞》，那些年里，他不知书写过几回，这一回，他要咬定青山不放松，犹如铁板钉钉，一字一钉，都在做证，他要归去！

仲姬病了，他终于获准辞官，携老妻双双南归，行船于运河中，就要到家了，仲姬却病发身亡，空留他面对一汪伤心水，无尽江南泪，真是魂兮归来哀江南。

仲姬去世后，孟頫函告中锋和尚：“孟頫与老妻，不知前世作何因缘，今世遂成三十年夫妇，又不知因缘如何差别，遂先弃而去，使孟頫栖栖然无所依。”于是，他画了一幅吹箫美人图，那美人应该就是管仲姬吧，她坐在一张矮脚木几上，身后是一块像山峰一样的石头，石顶上还有几枝芭蕉叶，仿佛做怒发冲冠状，而那块石头，当然也就是他本人的化身了，他想化作石头，与他的仲姬以法身永远相伴。那画面本来是一方净土，属于他们两人的世界，可如今你再来看时，从天头到地脚，都盖了印，题了字，塞得满满的，两人的世界就这样被入侵了，尤其仲姬头顶，盖着一枚华盖般的“古希天子”的大印，正是王权当头，红运压顶，是难逃的宿命，我们似乎听到了那石头的心跳和愤怒的呐喊。

《烟雨丛竹》卷（局部），（元）管道昇绘，纸本，水墨，纵 23.1 厘米，横 113.7 厘米，台北故宫博物院藏

《枯枝竹石图》卷，（元）赵孟頫绘，纸本，水墨，纵 25.9 厘米，横 69.2 厘米，台北故宫博物院藏

赵孟頫深谙老子的“用弱”之术，这是他入仕新朝的法宝。

四　民间话语权的开启

01

戏说

“民间”是什么？是国家的社会形态，是人民的空间存在。“民间”是生产方式的群众性分布，是经济要素的市场化集合。“民间”是以家庭为单位的社会存在，是以家庭维系的文化中国。国家的自然形态，我们叫“江山”，“民间”坐落于“江山”。国家的文化形态，我们叫“历史”，“民间”承载着“历史”。“民间”称“野”，与“朝”相对，但王朝若过客，“民间”永不灭，三千年来，王朝不再，而“民间”还在，从君主发展到民主，从王权中国走向民权中国。

勾栏瓦舍，结彩开张，衣冠粉黛已登场，正上演着宋、元杂剧。悲欢离合还没完场，一转眼，便脱掉宋、元戏服，换了明朝装。王朝如衣裳，换了秦汉换魏晋，换了唐宋换辽金，换了辽金还要换宋元。到了明朝，朱家皇帝穿上龙袍，戏依旧，还是民间归民间，但是变了调，换了腔。

谢灵运任永嘉太守时，民间流行骑竹马儿童戏，俗称“竹马戏”。到宋代，一丑一旦、爆料现实的“秧歌”进入永嘉戏曲。宋代竹马戏是中国戏曲的早期形式，永嘉杂剧源于村坊小曲。可以说，是楠溪孕育了南戏，而南戏则是八百年昆曲的源头。

南戏，也叫戏文、南词，最早出自元人夏庭芝所著《青楼集》。这种带有元朝划分南北的时代称呼，大概是为了区别于元杂剧吧。其实，宋人已直接称“南戏”为“永嘉杂剧”，或称“戏文”，或简呼曰“南词”。不过，要记住，永嘉杂剧虽然号“杂剧”，但它还是与宋杂剧有所不同，它更野性，更率直，表达了来自民间的话语权力。

南戏出自民间，人称“永嘉戏曲出，泼少年化之，而后淫哇盛，正音歇”。“淫哇盛”，表明永嘉戏曲很流行，“正音歇”，让主旋律——“弦歌”都歇菜了。这一说法里，当然有着士人的偏见作怪，因为陈傅良写永嘉就有“弦歌满市衣冠盛”的说法，可见“淫哇盛”，“正音”也盛，可那些传统士人见惯了“正音盛”，对于新兴的民间小曲还不太适应，以“淫哇”称之，就带有蔑视的口气。须知《诗经》时代，诗人采风，其于民间小曲何曾以“淫哇”称之？皆称“国风”，亦国运使之然也。明人徐渭《南辞叙录》云，南戏至北宋末已滥觞，其盛行始于南渡，北人南迁之际，号称“永嘉杂剧”“永嘉戏曲”，又称“鹘伶声嗽”。“鹘伶”，乃永嘉优伶；“声嗽”，即唱腔。

永嘉之地“尚歌舞”，民间流行“俗曲俚词”，“社火”更盛，《隋书·地理志》就有记载，宋以后，巫祝之风更盛，祈福禳灾，竞相立庙，建筑乐亭，戏酬鬼神。叶適《永嘉端午行》诗云：“岸腾波沸相随流，回庙长歌谢神助。”《水心文集》里还记述了南戏盛况，虽酷暑亦演，如有官衙禁之，便假托禳灾赛祷，率众呈举，获准，非迁就于丛祠，则移香火于戏所，将演戏与祭祀一同举办，自是官民两便。

为何把演戏与祭祀放在一起？祭祀本为家国头等大事，演戏不过娱乐而已，岂能与之并驾齐驱？显然演戏不只娱乐功能，还有教育意义。礼乐文明在民间，礼为祭祀，乐是演戏，所以，演戏不仅是一种文明的样式，还凸显了民间自由的话语权力。

这种祭戏合一的传统，在永嘉流传下来，宋高宗南渡之初，为逃命曾浮海绕道至温州，并以州治为行宫。永嘉文泽笃厚，楠溪诗情画意，使他落难之后重获欣喜，于是，将太庙迁到永嘉。随后，北方士绅，诸色艺人，纷至沓来，落户到永嘉。

新移民本就是宋杂剧的老胚子，他们将北方元素注入南戏。永嘉人很快将北来的文艺精神，消化在当地的民间歌舞形式里。明初叶子奇说俳优戏文始于永嘉《王魁负桂英》，徐渭亦提到永嘉《赵贞女蔡二郎》《王魁负桂英》为南戏之首。赵贞女与蔡伯喈的故事虽由北宋人原创，南渡后却改为永嘉戏文。《张协状元》是目前唯一保留下来的一部完整的南戏，该戏编剧是南宋永嘉九山书会，与《赵贞女蔡二郎》《王魁负桂英》为同一时期永嘉南戏作品。

宋代南戏绝少有剧本传世，幸而《张协状元》尚存于《永乐大典》的残卷中，从戏文中还能一睹南戏的原样式，人称它是“中国第一戏”和“戏曲活化石”。

南戏的唱腔、唱词设计，皆以曲牌形式，曲牌计有160多种，由宋词与永嘉曲调组合而成，如徐渭所言，是以“宋人词而益以里巷歌谣”。与北宋词牌类似的有“卜算子”“长相思”“捣练子”“风入松”“临江仙”“生查子”“满江红”“水调歌头”“忆秦娥”，而“酷相思”“梅子黄时雨”等，则与南宋词牌类似，“锦绵道”“荷叶铺水面”“青杏儿”，这些诸宫调曲牌也很有点儿国风的味道，顺着乡间晚风扑面而来。

永嘉南戏兼收北宋杂剧的诸多元素，尤以诸宫调为主。宫为古代音阶中的第一级音，以宫为音阶起点的曲子称为宫调，由多种宫调组成一个完整的长曲就是诸宫调，它将唐宋以来的大曲、词调、缠令、缠达、唱赚以及北方流行的民间小调，按声律高低编订不同的宫调，用以说唱故事，每段曲词唱完后间有说白，转下一个曲词宫调演唱，曲词可长可短，可以一二套曲子连唱长篇故事。《梦粱录》《武林旧事》《夷坚志》都有记载，说临安杭城里，唱诸宫调的名角就有不下六七位，《张协状元》一开篇就用了五种不同的诸宫调，今人看起来颇为繁杂难懂。不过，南戏虽然采用了诸宫调腔，却不用北杂剧乐器伴奏，北曲以琵琶为主，南曲以笛见长。

词演变为曲，除了文人依曲填词外，还有民间艺人用村坊小曲的腔调唱词，《张协状元》的村坊小调与江南民间流行的曲名相似者有80多种，如“红绣鞋”“懒画眉”“生姜牙”“孝顺歌”“采茶歌”“鹅鸭满渡船”等，透出一片江南生活气息。

《张协状元》的开场白是这样的，“末泥”即“副末”角色，一上台就从“水调歌头”到“满庭芳”，用曲牌名报出一口的吉祥喝彩，叫作“引口词”，含有祈吉禳凶之意，如太子“千秋岁”，春围“昼锦堂”，一株“红芍药”，开出“满庭芳”。这是从南戏开始形成的风雅套路，而来自北方的诸宫调紧随其后，引出悬念，曲白相间，直到张协在五鸡山被打得大痛无声，不知性命如何，台上顿时戛然无声。副末再绕个场踏，道：“暂息喧哗，略停笑语，试看别样门庭。”于是，这副“别样门庭”照旧是一场人间的喜怒哀乐，像一面镜子面对台下观众，给出一个人生的告白和警醒。

南戏舞台上的样式从《张协状元》的剧本里可见一斑。

生、旦主角通过唱白展开剧情，功夫尤在身段，舞台寂寥，月光如水，巾生与旦花两位角色，一举手，一投足，一个眉眼儿，一个转身，一个背影，在洁净留白的空旷中，意味含蓄细腻，聚焦了台下所有目光，在舌尖底下品咂，在心尖上回味。

除以生、旦为主外，《张协状元》剧中，还辅之以净、丑、末、外、贴五个角色，他们可以扮演40多个剧中人物。丑是配角里的主角，插科打诨，填满了舞台留白的空间，保持了民间小戏的样式，喜怒哀乐，少他不得，有他就活泼。张协与王贫女婚礼，李大婆吩咐小儿李小二弯腰以背为桌，小二贪馋，甘愿盘杯在背上，唱道：“做桌底，屈腰又低头，有酒把一盏，与桌子吃。”旦花王贫女问道：“小二在何处说话”？丑答：“在桌下。”旦一回身，桌子没了。问小二：“桌子呢？”小二回答：“找我娘借去了。”李小二的幽默和善良给这场酸楚的婚礼带来欢乐和妙趣。丑角以背当门，王贫女上，打丑背喊：“开门！”舞台空间虚拟，而观众已知此乃古庙之门。

空间在唱念的时间中完成转化，这也是南戏的原创，如张协赴任时，唱“过了一里又一里”“长亭共短亭”“涉溪东渡水”，一连串下来，他便到了任上。

还有“唱、念、做、打”那一套戏曲形式，也都从永嘉南戏里开始确立，在《张协状元》中，它们都有了一个基本范式，构成了中国戏剧舞台上的表演特色。

简约的舞台上，生、旦、净、丑、末、外、贴，依次登台。南戏原创了七个角色，在表演上也有了比较固定的格式。

还在南戏之前，《赵贞女蔡二郎》的故事就已广为流传。平民蔡伯喈进京赶考，高中状元，入赘相府，一去不回，弃双亲背贤妻，被暴雷震死。而蔡伯喈妻赵五娘聪慧，善琴工画，在家侍奉公婆，忍饥耐寒，公婆逝后，又以罗裙包土筑坟茔，辞别悲伤的乡土，带上亲笔描摹的朝夕相处的公婆画像，背着一把琵琶，一路卖唱上京寻夫。可丈夫不仅不认，还放马踹死赵贞女。蔡伯喈是东汉末年著名文人蔡邕，民间传说附会其名，借名士之名，说一遭因功名利禄而负心遭报应的中国式悲剧。

《王魁负桂英》也是同样题材，时间就在宋代，更加靠近现实。王魁科考落第，流落山东莱阳，为妓女敫桂英收留，桂英怜才，以身许之。三年后，在桂英母女的资助下，王魁再次进京赶考，得中状元，便嫌弃桂英，另娶座师韩丞相之女，封三百两银子并一休书，派老仆王兴送往莱阳。桂英得书，独自到她和王魁曾经盟誓的海神庙倾诉绝望，然后自缢。老仆回京将桂英自缢的消息告诉王魁后，也辞主他去。夜晚，王魁在书房捧卷，青灯忽忽，鬼魂来寻，王魁拔剑追杀桂英，误杀己命。

《张协状元》讲的是四川书生张协赴京应试，途经五鸡山，遭山贼抢劫重伤，为破庙里的王贫女所救，结为夫妻。后王贫女卖发，助夫赶考，张协状元及第，王贫女寻夫到京，张协嫌她“貌陋身卑，家贫世薄”，不肯相认，将她打出官邸，并在他赴任途中剑劈王贫女。可王贫女未死，意外遇高官将她救起。高官收养她为义女，还安排她与张协破镜重圆，教训不义之人，从此故事开始转型，从人性悲剧转向人伦大团圆结局。但团圆背后还有裂痕。编剧九山书会不厌曲折，反复铺陈，将王贫女与张协的故事以悬念展开，一层层推进，当善良被丑恶一次次凌辱，我们看到了两个形象，一个是民女，一位是官男；一个贫穷、善良、宽容、自尊，一个衣冠楚楚掩盖着一颗丑恶的灵魂；一个是住在破庙里活在社会底层的受难女子，却说出了“辱莫大于不知耻辱”这样的道德真理，而另一个却处心积虑要害死自己贫穷的发妻……几经波折后，当这个官男到相府娶亲时，才发现那美丽的新娘原来就是自己要杀的发妻，对此，他竟然毫无悔意，矢口否认一切。我们不禁要问，这究竟是大团圆的开始，还是开始了新的更可悲的悲剧？

古代民女与官男的冲突，始终是中国悲剧的主要形式。古代将官与民的矛盾投射男女关系，从根本上撕裂了人类最自然最基本的关系，这关系本来应该表现为爱情，表现为婚姻，构成社会制度化的基本单元——家庭。可一旦有一方，多半是男方，其身份如果突然发生了从平民向官人的转变，主要是通过科举制来转变，那么家庭、婚姻、爱情就都要经受考验。试想一下，如果王贫女没有发生从民女向官女的转变，她与张协状元这面破镜如何能够重圆？如此团圆，不过是身份团圆，而非道德团圆，在道德上，依然还存在着悲剧的根源。这根源使大团圆一开始就有了缺陷，而中国式的悲剧就从这缺陷里产生。

王朝有史，民间有戏，戏说是人民自己说史，南戏有史笔。“死后是非谁管得”？朝廷不管人民管！唱啊唱，人民放开了喉咙自己唱，唱出了民意，唱出了人民自己的话语权力，从永嘉杂剧唱到南戏，从田野地头唱到了戏台上，唱得“淫哇盛，正音歇”，将那山村和市井的戏台唱成了民心民意的民间审判台。载入史册，还能被翻案，一革命，一改朝换代，一切便都可以颠倒过来，可一被人民传唱，无论善恶，都被钉在了民意的铁案上。戏曲之于民心，往往比史官的陈述更有力量。

对此，朝廷焉能不管？它可以禁演。祝允明在《猥谈》里说，那时赵闳夫张榜禁演的曲目里就有《赵贞女蔡二郎》。这位赵闳夫便是南宋光宗赵惇同宗堂兄弟，《宋史·薛季宣传》里也载有薛季宣曾“禁蒲摶杂戏”的事，其时永嘉文集，如王十朋《梅溪集》、陈傅良《止斋集》、薛季宣《浪语集》、叶適《水心文集》都没有提到过南戏。据《漳州府志》说，朱熹知漳州时，亦曾禁演当地的南戏。可见南戏的民间话语倾向，既同官方相悖，亦与士人有异。以科举为进身的士人正是南戏批判的对象，为此，他们对“书生负心”的南戏十分反感。

可九山书会毫不妥协，把张协安顿在一个暴发户的背景里，看来是个“富二代”，其父“欲改门闾”，让他“攻读诗书”；其母则盼他做官，好为自己放高利贷撑腰，“有人少我课钱，千万与娘下状论”。

在货币经济里，最赚钱的是钱赚钱，而钱赚钱最简单的便是放高利贷，高利贷是利滚利，债滚债，但是，若官场无人做后台，欠债很可能要不回来。

一为光宗耀祖，二为放高利贷，科举之门就为这样的人敞开。据《宋史》记载，仅宋一代，永嘉就出了563位进士，有多少像张协那样，是老娘用高利贷培养出来的？恐怕为数不少，以张协为代表。不过，作为背叛者的寒门子弟，如蔡伯喈、王魁者，恐亦不在少数，他们一旦跳龙门，做了官家的乘龙快婿，便前程似锦，弃原配而迎新妇便成了家常便饭。但在南戏里，他们要面对的就不仅仅是弃妇一人，一家，一族，而是整个民间，经了民间话语公决，若被定为“负心汉”，就要遭到人民审判。

审判方式便是演“负心戏”，将那些“朝为田舍郎，暮登天子堂”的负心汉形象押上戏台，让他们在剧终时都死于非命，蔡伯喈死于暴雷震死，王魁死于妄杀，而张协则恐怕生不如死吧……这样的戏一演，“负心汉”就众叛亲离，有家难归了。若在每一个村落宗祠的戏台都演一遍，别忘了，永嘉可是京师临安的后院，天子的后花园，一唱开了，传到临安，传到天子跟前，到时候，瞧那负心汉！若论捍卫道德根基，这比喊“存天理，灭人欲”口号更有效。

南宋人周密在《癸辛杂识别集》中记载了一出以南戏复仇的真事。永嘉有一恶和尚祖杰，强占民女，为掩人耳目，又将女子假配与庙中俞姓和尚的儿子。俞的儿子不甘邻人嘲笑，携妻出逃，惹恼了祖杰，将俞家并女子以及女子所怀骨肉斩尽杀绝。随后又贿赂官府，平息血债。民间愤愤不平，书会“唯恐其漏网也，乃撰为戏文，以广其事”，剧目为《祖杰工文》，在永嘉各地上演，众口难掩，众怒难犯，最终，官府法办了恶和尚。

伸张正义的不是官府，而是书会，民间话语权由书会伸张。

早期书会是为了应举而读书讲学的民间社团，以期“登第补中舍选”，类似乡校、家塾、会馆，永嘉状元王十朋未仕之前，就曾在书会中治学。书会中人有落第秀才，就转化为下层文人、民间艺人，将书会演变成编写话本、戏本、曲艺的文艺行会。当时有名可考的书会有：御京书会、元贞书会、古杭书会、永嘉书会、九山书会。后来，永嘉书会以《白兔记》而改了“负心戏”套路，转向“孝义”剧了。在上海嘉定宣氏墓中发现明朝成化年间北京永顺堂刻本《新编刘知元还乡白兔记》，内有“亏了永嘉书会才人，在此灯窗之下，磨得墨浓，蘸得笔饱，编成这一本上等孝义故事”。

南戏《荆钗记》也出于永嘉书会，剧中俚俗巷语皆为永嘉方言，还留有许多永嘉坊间旧名。这部戏从南宋就开始上演，到了元朝，由柯丹邱最后完成。戏中永嘉书生王十朋，才富而家贫，贡元钱流行欲以爱女玉莲许配，王母无钱，仅以一枚荆钗为聘礼。十朋同窗有富豪子弟名孙汝权者，也慕玉莲，而欲娶之，故以金钗一对加四十两纹银下聘，被玉莲拒绝。玉莲收下荆钗，嫁给穷书生王十朋。王十朋中状元后，心念结发妻子玉莲，断然拒绝丞相万俟招赘，被分配到潮阳。十朋特送家书一封，被孙汝权窃改为“休书”，继母遂逼玉莲改嫁，玉莲愤而投江，被原温州太守钱载和救起，收为义女，派人打听，误传十朋已死。十朋亦曾派人回家接母亲与妻子，也得知玉莲投江消息。万俟被劾倒台后，十朋改任吉安太守，钱载和也升任两广巡抚，钱赴任，途经吉安府，十朋前去码头拜谒，钱载和欲以义女嫁他，十朋不知隐情，思念前妻不从，待见到荆钗重现，这一对苦命夫妻终于团圆，意外相逢，多少苦乐悲欢。

到了《荆钗记》，中国戏曲里常见的大团圆的故事，才开始讲圆了。

明张大复《寒山堂曲谱》卷前的《谱选古今传奇散曲集总目》中，在《荆钗记》剧下，注称作者为"吴门学究敬先书会柯丹邱"，看来是吴门书会中的写家。这位柯丹邱，据说是东海边上的台州人，与永嘉相邻，而王十朋则史有其人，为南宋状元。戏曲出状元，不足为奇，但把一个真的状元写到戏里，成为传奇，王十朋有可能是第一人。柯丹丘对他当然熟悉，在同一方水土，传奇会像风水一样流行。

从《张协状元》到《荆钗记》，"负心戏"转向"孝义戏"，民为国戏，戏为民史，书会的取向也可以说是一班戏子的趣味，竟然与朱熹同归，须知那王十朋便是朱熹从永嘉学人中树立的道德标杆，可他在学人中推崇，怎及戏子们在戏台上传颂？十朋入宋史，那是王朝话语，怎及《荆钗记》里唱得活泼泼的人民话语？王朝史里记录的不过是王权下的臣子，怎比得上《荆钗记》里中国人民的好儿子？

王朝亦如戏，你方唱罢我登场，像跑龙套一样，跑出一个元朝来。戏剧运动也从南戏跑到北曲，而明元交替之际，从永嘉杂剧发展出的我国戏曲四大腔调之一的海盐腔，因其腔调清婉，又多用官话，逐渐传入苏州、松江、南京、北京等城市，甚至还传到了江西、山东等地，为士人所喜好，成为昆曲之源头活水。

温州永嘉楠溪江苍坡村古戏台

在永嘉，每一座古村落的建筑核心，一定是宗祠，而宗祠对面一定搭建一座戏台。居于宗祠正厅中间的祖先牌位，与院子里背靠“中央照门”的古戏台面对面，祖先也看戏，监督子孙在戏曲中接受做人的教化。

02

曲论

宋元戏说都出自书会，从南戏到北曲，均由书会才人主笔。如果说书院是民间思想者以学术目的形成的士人团体，那么书会则是民间文艺者以艺术为目的形成的才人团体。

士人与才人，分属两个不同的社会阶层。士人作为精英，有着制度安排的政治仕途，处于上层建筑，而才人则活动于社会基层，要在经济基础里安身，从市场需求中立命，两者之间隔着一道科举的门。大体而言，进了科举的门，就成为士人，进不了的，就去做才人。士人隔着科举的门缝看，当然要把才人看扁了，才人从科举的门外瞭望，所见不确，难免也会看走形。才人对士人若有不满，“负心戏”便是才人的拿手好戏。

书会，随着南戏从温州开始，在北宋就有了，南渡以后，形成了临安中心。陈万鼐《元代“书会”研究》根据《永乐大典》中仅存的三种南戏，将书会按时代先后排列，《小孙屠》和《错立身》都出自“古杭书会”，《张协状元》出自“九山书会”，“九山”乃温州别称，古温州又名永嘉，所以，又叫“永嘉书会”，有名可考的书会，以此为最。

像书院一样，元初，书会也北上，都在元大都扎了根。我们知道，最早的书院就是窝阔台时期的太极书院，而最早的书会则说不太清楚，不过，在《错立身》戏里，才人自称“一管笔如飞，真字能抄掌记，更压着御京书会”，“真字”即正楷，“掌记”乃剧本，能以正楷写剧本，在书会里是一件值得夸耀的事情，说明才人的一笔字可以像士子那样去参加科举考试了。《错立身》出自“古杭书会”，其中提到与之同时的另一个书会——“御京书会”，说明当时一南一北两个书会中心已经出现，南有古杭，北有御京。

“御京”二字表明，御京书会就在京城，在元大都。陈万鼐指出，“御京”与“玉京”同音，如皇帝“御旨”亦称“玉旨”。以此，我们认为，御京书会很有可能就是玉京书会，对它的称呼，或内外有别，在大都内，人称“玉京”，对外则称“御京”，强调书会的皇城身份，突出书会的中心地位，敢说“压着御京书会”者，必是吴越才人。

玉京书会的班底都是燕赵才人，而其主持便是“驱梨园领袖，总编修师首，捻杂剧班头”的总编剧、总导演，还兼着演员，后来被称为元曲四家之首的关汉卿。

还有一家，叫“元贞书会”，也是一班燕赵才人搞的，也起了个向皇朝国号靠拢的仿佛皇亲国戚身份的名字，它的名字跟国号一样，都是从《易经》里来的。

文学史上的元曲四大家，就在这两个书会里。王国维写《宋元戏曲史》，以他们为主流，用了传统士人眼光，将他们放在唐诗宋词一脉上，作为元曲代表来写。他说：凡一代有一代之文学。楚之骚，汉之赋，六代之骈语，唐之诗，宋之词，元之曲，皆所谓一代之文学，而后世莫能继焉者也。“元之曲”里有南戏吗？很少有人这么一问。我们觉得元曲的来路跟南戏有所不同。

元曲来自阳春白雪的唐诗宋词一路，而南戏则从下里巴人的方言土语发展而来，元曲作为唐诗宋词以后“一代有一代之文”的新的文体样式，被王国维推崇。他说：“元曲之佳处何在？一言以蔽之，曰自然而已矣。古今之大文学，无不以自然胜，而莫著于元曲。”诗言志，词抒情，都难免有隔，唯曲叙事，能一任自然，此固由文学形式本身使之然，更由于“元剧之作者，其人均非有名位学问也；其作剧也，非有藏之名山，传之其人之意也。彼以意兴之所至为之，以自娱娱人，关目之拙劣，所不问也；思想之卑陋，所不讳也；人物之矛盾，所不顾也；彼但摹写其胸中之感想，与时代之情状，而真挚之理，与秀杰之气，时流露于其间”。所以，他说“元曲为中国最自然之文学”。

“自然”，是从已经形成的文学样式上来说的，而对于创作者本人的要求则是“自由”，表现为“兴之所至”“自娱娱人”，至于情节如何安排，思想是否正确，人物矛盾与否，则一概不管不顾，只是由着自己的性子去说，以自由的表达获得自然效果。

元初科举未开，当时读书人有两个去处，一是书院，一是书会。去书院的，要代圣人立言，等待朝廷召唤；去书会的，要为百姓发声，从市场经济里找饭碗。

宋代读书人多应科举，或去书院，书会则由村秀才或落第秀才主持，而元初不然，士人无科举可应，无仕途可去，要往市场经济里安身，转去书会做才人。这些人的加入不但扩大了书会才人队伍，还对才人提出了更高的要求。陈万鼐指出，在南戏《司马相如题桥记》中，有“一位才人的自述”，即该剧第四折：看这个才人，将那六经三史、诸子百家，略出胸中余绪，九宫八调，编成律吕明腔……学养与乐感兼有，这样的书会才人，似乎要苏轼加上柳永才够。

我们不知这位南戏才人出自哪个书会，你尽可以说他自吹，但他如此高标，若是个村秀才，怎起得了这般大话头？就是个落第秀才，那思想也发不出这等高烧！才人对于思想性的追求，在王国维看来，却是跑了“自然”的调，显得自由度不够。

还有编剧，对关目——情节也很讲究。那才人说：做杂剧，如穿梭织锦，要一段胜于一段，又如种花一般，不光要“桃李芬芳”好看，还要“看那收园结果”。

这样刻意追求思想性与戏剧性统一，显然不入王氏“自然”法眼。

我们来看另一位“才人自述”，不是个无名氏，而是元曲里最有名的那一位。他这样说道："我是个普天下郎君领袖，盖世界浪子班头"——他不在"六经三史"里端拱做老学究，而是在花酒茶马音律中活得朱颜不改，极尽风流，了无闲愁，与他相伴，都是"银筝女银台前理银筝笑倚银屏"，"玉天仙携玉手并玉肩同登玉楼"，"金钗客歌金缕捧金樽满泛金瓯"，他是个不知老的美少年，"占排场风月功名首"，做"锦阵花营都帅头"。这还不够，他要把"我"说透：我是个蒸不烂、煮不熟、捶不匾、炒不爆、响珰珰一粒铜豌豆，恁子弟每谁教你钻入他锄不断、斫不下、解不开、顿不脱、慢腾腾千层锦套头？我玩的是梁园月，饮的是东京酒，赏的是洛阳花，攀的是章台柳。我也会围棋、会蹴鞠、会打围、会插科、会歌舞、会吹弹、会咽作、会吟诗、会双陆。你便是落了我牙、歪了我嘴、瘸了我腿、折了我手，天赐与我这几般儿歹症候，尚兀自不肯休！则除是阎王亲自唤，神鬼自来勾，三魂归地府，七魄丧冥幽，天哪！那其间才不向烟花路儿上走！

这是三千年来中国历史上第一篇有关自我的宣言，比晋人空灵的"我与我周旋久，宁作我"更为有声有色，更加有血有肉，名士自我不及浪子自我赤裸裸。自我是自由的本体，自然是自由的样式，表达自我意识，三者相通就是"不隔"，而以"三通"之人为"不隔"之文的"浪子班头"，便是王国维不吝赞词说他"一无依傍，自铸伟词"的关汉卿，因他"言曲尽人情，字字本色"，故称"元人第一"。

没有人比王国维更懂关汉卿，一个伟大的矛盾由此形成，三千年来最拘谨的一人，居然与最放荡的一人，在相隔六百年后，在内心深处得到印证。由此我们可以想见，严于律己的王国维内心多么渴望像关汉卿那样无依无傍、无拘无束、自由自在、绝对自我地放荡一下。这一天终于来临，他要绝对自我一回了，可他并未绝对于生，而是绝对于死呀——"五十之年，只欠一死"！要是他能像关汉卿那样，绝对地生一回，那该多好啊，但他是未知生，已知死，真是比"窦娥冤"还冤！

关汉卿写了六十多部杂剧，流传下来的据说有十八部，其中最有名的一部就是这《窦娥冤》。中国传统戏剧多写团圆戏，虽多悲情，却罕有悲剧，唯一的一部，亦即《窦娥冤》，也被人认为是“冤剧”，而非悲剧。但“冤剧”一说也就说说而已，作为一种文学类型并不成立。不过，要说《窦娥冤》是悲剧，它又确与西方悲剧的经典样式迥异。西方悲剧有两种类型，一种是古希腊的命运悲剧，还有一种是莎士比亚以来的人格悲剧，《窦娥冤》不属于这两种类型，我们认为，它属于一种中国式的权力悲剧。

命运悲剧强调必然性，个人被必然性控制，身不由己，不能自主。人格悲剧加入了个人的主体性，是由个人选择失误而产生的悲剧。而中国式权力悲剧，则是用被权力锁定的道德死结来勒死道德楷模，是用道德律来扼杀道德主体。窦娥就是这样一位富于道德性反而被道德毁灭的美丽女子。之所以产生如此异化，是因为在道德律和道德主体之间，被权力打入了一个楔子，将道德律转化为法律，并以官府的名义将道德主体绳之以法。道德主体与道德律之间的关系，通常要受到社会关系总和的评价，当道德危机出现时，法律就起作用了。

无依无靠的个体，对社会关系的总和进行绝望的抗争，自由意志的美和个体人格的美，就成为总和里的一个不可饶恕的异类，越是站在道德领地的高端，就越容易遭到道德群众的谣言，在谣言的风暴里，就越是摇摇欲坠，孤立无援，而权力的价值取向，永远在道德群众和谣言那一面，更何况专制的权力总带有那么一点如马克思所说的“使人不成其为人”的动机，而这一权力的动机，就成为中国悲剧的根底，面对权力，个体危矣！

最早的危机出现在《楚辞》里，屈原作为被君权放逐的个体，忧愤不已，愤而投江求一死，一死之后被太史公追认，写入《史记》，成为史有其人的悲剧第一例。同样的危机出现在元曲里，被关汉卿载入“民间话语的史记”——《窦娥冤》。

窦娥的原型出自《汉书・于定国传》，传中言及孝妇，不过顺带一笔，主要是为了表彰传主于公的政绩，却被关汉卿拿来放在民间话语里，演绎出一个感天动地的悲剧故事。从中我们可以看出，史官文化的孝妇同民间话语的悲女有着怎样的距离。

首先便是审美的距离。孝妇抹了太多政治正确的脂粉，而悲女则自有天人之际一段愁——满腹闲愁，数年禁受，天知否？天若是知我情由，怕不待和天瘦。这是一个怎样的女子呀！能将不尽苦难举重若轻，化为一腔闲愁。

我们且听那小女子自道来也：妾身姓窦，小字端云，祖居楚州人氏。我三岁上亡了母亲，七岁上离了父亲，俺父亲将我嫁与蔡婆婆为儿媳妇，改名窦娥。至十七岁与夫成亲，不幸丈夫亡化，可早三年光景，我今二十岁也……窦娥也，你这命好苦也呵！

她是一朵悲剧的花呀，从《汉书》来到元曲，地久天长，旧愁新怅，业艰苦，双眉皱，情怀冗冗，心绪悠悠。似这等忧愁，不知几时是了也呵！谁似她无尽头。那小女子的内心有一片《诗经》的风景，有一种忧雅的黍离之声，不是那云淡风轻的“人比黄花瘦”的呻吟，而是“知我者谓我心忧，不知我者谓我何求，悠悠苍天，此何人哉”的咏叹，是国风“杨柳依依”拂过她内心如古镜照神般悲凉孤独的倒影。如此忧雅，是孝妇原型所没有的，若非浪子班头一往情深，谁能触动小女子忧雅的心弦呢？

还有，就是有关正义。在史官文化里，孝妇的正义可以被平反，也能得到表彰，但她不能做自我表白，可在民间话语里，悲女却能自由地表达，独立开花。窦娥虽忧，其性却雅，从不怨天，不尤人，温柔敦厚有如诗云，即便忧深，亦仅以自问：莫不是八字该载着一世忧……莫不是前世里烧香不到头？今也波生招祸尤！

然而，当正义被摧残，天理遭扼杀，那邪恶的权力将她残忍屈打，那无情棍棒她挨不得，不由她不魂摧，恰消停，才苏醒，又昏迷，捱千般拷打，万种凌逼，一杖下，一道血，一层皮，打得她肉都飞，腹中冤枉有谁知？“天那！怎么的覆盆不照太阳晖！没来由犯王法，不提防遭刑宪，叫声屈动地惊天，顷刻间游魂先赴森罗殿，怎不将天地也生埋怨！”这时，她便骂，骂掉了史官文化里的天和地——两颗政治正确的大门牙：“有日月朝暮悬，有鬼神掌著生死权。天地也只合把清浊分辨，可怎生糊突了盗跖颜渊，为善的受贫穷更命短，造恶的享富贵又寿延。天地也，做得个怕硬欺软，却原来也这般顺水推船。地也，你不分好歹何为地？天也，你错勘贤愚枉做天！哎，只落得两泪涟涟。”

这就是王国维所说的“不隔”，这就是基于自由意志的自然表达。这样的语言不带“思想”，比哈姆雷特问“生还是死”要强。都说关汉卿是东方的莎士比亚，可他要比莎翁早两百多年！莎翁若知有他在先，在后面追赶的，那一定就是莎翁了。可来得早不如来得巧啊，莎翁适逢欧洲文艺复兴，而他秉承的却是宋金以来的流风余韵，历史的运势不同，反而使得后来者居上。

我们再来看看窦娥的自由意志究竟有多么强大！她缔造了神话。她说：监斩大人啦，有一事，若肯依了窦娥，便死而无怨。要一领净席，等我窦娥站立，又要丈二白练，挂在旗枪上。若是我窦娥委实冤枉，刀过处头落，一腔热血休半点儿沾在地下，都飞在白练上者。不是我窦娥罚下这等无头愿，委实的冤情不浅。若没些儿灵圣与世人传，也不见得湛湛青天。我不要半星热血红尘洒，都只在八尺旗枪素练悬。等他四下里皆瞧见，这就是咱苌弘化碧，望帝啼鹃。

刽子云：你还有甚的说话，此时不对监斩大人说，几时说那？娥曰：大人，如今是三伏天道，若窦娥委实冤枉，身死之后，天降三尺瑞雪，遮掩了窦娥尸首。官云：这等三伏天道，你便有冲天的怨气，也召不得一片雪来，可不胡说！娥曰：你道是暑气暄，不是那下雪天；岂不闻飞霜六月因邹衍？若果有一腔怨气喷如火，定要感的六出冰花滚似锦，免着我尸骸现；要什么素车白马，断送出古陌荒阡？大人，我窦娥死得委实冤枉，从今以后，着这楚州亢旱三年。官云：打嘴！那有这等说话！

娥曰：你道是天公不可期，人心不可怜，不知皇天也肯从人愿。做甚么三年不见甘霖降？也只为东海曾经孝妇冤，如今轮到你山阳县。这都是官吏每无心正法，使百姓有口难言。刽子云：怎么这一会儿天色阴了也？娥曰：好冷风也！浮云为我阴，悲风为我旋，三桩儿誓愿明题遍。婆婆也，直等待雪飞六月，亢旱三年呵，那其间才把你个屈死的冤魂这窦娥显。

但剧的结尾却未能免俗，还是从书生应试到书生做官那一套，以权力作为解决问题的方案。一个未曾应过科举的江湖才子，不去江湖找出路，而去科举求仕途，关汉卿在此失足，莎翁能后来居上，是因为他为个人的命运找到了更广阔的出路。

山西洪洞广胜寺水神庙壁画

水神庙壁画

水神庙位于山西临汾洪洞县城东霍泉源头，庙内四壁皆彩绘，有唐玄奘印度取经归来受到唐太宗欢迎的盛况，有祭祀水神祈雨的场景等，还有一面墙的元杂剧壁画，尤为珍贵。壁画完成于1234年，这一年，正是元杂剧大家关汉卿诞辰100年，逝世34年。有说关汉卿是山西运城人，距离洪洞县也不远，也许水神庙壁画以它更加成熟的戏剧表现，向这位元杂剧师祖表达了充分敬意。且看壁画横幅楷书“大行散乐忠都秀在此作场”，画面3米多宽，5米多高，演员11人，生旦末净杂俱全，七男四女，一女从后台探头观望。道具有刀、牙笏、扇子，乐器有鼓、笛、拍板，演员化妆或戴面具，舞台分前后台，还有颇为讲究的布景等。

散乐是隋唐时期的主要戏剧形式，主要表演内容有杂技、武术、魔术、歌舞戏以及参军戏（滑稽戏）等，总百戏于一个舞台上的表演形式。不同时代，形式和内容常有增减。宋代时，散乐还叫“杂手艺”“歌舞”“杂剧”等，有一宋人名叫“灌蒲耐得翁”，写了一本《都城纪胜》，记载了宋代“散乐传学，教坊十三部”，内容更为繁复。到了元代，杂剧发展到鼎盛，又叫“元杂剧”，这与元初科举未开有关，有些文人直接进入书会，创作剧本，编演剧目。如关汉卿北漂燕京时，就亲自主持玉京书会。

03

演义

关汉卿虽然混迹江湖，却未能从江湖中替窦娥找个出路。

到了元朝末年，江南太湖流域出了个姑苏人物，名叫施耐庵。他写了一本书，叫《水浒传》。《水浒传》里指了一条路，是一条水泊梁山路，却偏要往《诗经》里去找个来历。找到《诗经·大雅·緜》里，找出一句“古公亶父，来朝走马，率西水浒，至于岐下”，由此可见，“水浒”是古公亶父指引的一条路，这条路通往“岐下”，当然是王道。

“水浒”，是江湖之路，古公亶父“率西水浒”——走江湖，走出了一条革命道路，走到岐山下，建立根据地，那水泊梁山的原始意蕴，便是“吾从周”。从此以后，但凡中国由民间起兵者，无不熟读或耳熟能详于《水浒传》者。何也？其书虽以文立，却以言传，读之者，闻之者，皆能以心传心而神往矣！

金圣叹评《水浒传》说：大凡读书，先要晓得作书之人是何心胸。如《史记》，须是太史公一肚皮宿怨发挥出来，所以，他于《游侠列传》《货殖列传》特地着精神，乃至其余诸记、传中，凡遇挥金杀人之事，他便啧啧赏叹不置。《水浒传》却不然，施耐庵本无一肚皮宿怨要发挥出来，只是饱暖无事，又值心闲，不免伸纸弄笔，寻个题目，写出自家许多锦心绣口，故其是非皆不谬于圣人。后来人不知，却是《水浒》上加“忠义”字，遂并比于史公发愤著书一例，正是使不得。

这一番话是直冲着李贽说的，因为李贽作了一篇《忠义水浒传序》，把《水浒传》说成是像《史记》那样的“发愤之所作”，“发愤”者谁？施耐庵与罗贯中也。李贽说：“施、罗二公身在元，心在宋；虽生元日，实愤宋事。”若按照李贽的说法，“施、罗二公”作《水浒传》，与南宋遗民龚开作《宋江三十六人赞》可谓“人同此心”也。龚开在《赞》序中提到，南宋李嵩曾画过宋江三十六人像，他年少时应该见过这些画像，“欲存之画赞”，但因“未见信书载事实”，所以“不敢轻写”，后来，言及“宋江三十六人横行河朔、京东，官军数万无敢抗者，其材必有过人，不若赦过招降，使讨方腊，以此自赎，或可平东南之乱”，始知宋江辈真有其人，于是，便给三十六人画像各写一赞，而成其《宋江三十六人赞》。龚开称赞宋江等人“能出类而拔萃”，大骂乱臣贼子“所为近在一身而其祸未尝不流四海”。

南宋李嵩忧国朝无人，曾画过一幅《观潮图》，图中烟雨迷蒙，江山无人，但他却以民间话语为据画宋江等三十六人像，其欲呼唤江湖英雄豪杰之心昭然；元初龚开曾与陆秀夫为友，同朝共事，陆殉国，即为之作传，还作了《文丞相传》，由此可见其内心尚有仿效文天祥于民间起义兵驱逐鞑虏之志，故以宋遗民身份盛赞宋江等人。

大约与之同一时期，出现了一个讲史话本——《大宋宣和遗事》。该话本乃宋代无名氏所作，或许出自某位书会才人，但成书于元，元人或有增益，为笔记小说辑录，由多个类型的笔记小说组合并以说书的方式连贯而成。全书分为元、亨、利、贞四集。宋江等人的故事出现在元、亨两集。这原是一本以民间话语形式出现的反金话本，却在元初流行起来，其以反金为名，实为反元。

到了元末之时，施、罗二人便一边参与民间起兵，一边写《水浒传》了，他们将时代精神同个人体验结合起来写，读者和批评者也从这两个方面来读和评。

李贽的评价用了史家法眼，把眼光放在时代精神上，特别强调了以忠义为标杆的救国救民的普世情怀，而金圣叹则倾向于施、罗二人的个人体验，从他们的内心独白倾听忠义情怀的弦外之音，从书中替天行道的江湖情节和绿林行径密聆不言之教。

但金圣叹何以要说“施耐庵本无一肚皮宿怨要发挥出来，只是饱暖无事，又值心闲，不免伸纸弄笔，寻个题目，写出自家许多锦心绣口”呢？他难道不知《水浒传》的来历，不知道宋元之间的那些事？以金圣叹之博学，显然不至于，可他为什么偏要说出那样无知的话来？这就要从金本人所处的环境来看了，他那样说施耐庵，实是夫子自道。

他在明清之际处于文字狱的险境，能说《水浒传》是一部反元的书？能说《水浒传》的作者参与了元末民间起义？当然不能。清朝之于文人与元不同，元以为文弱，放任汉人为之，清则不然，汲取蒙元教训，对文人盯得很紧，所以大兴文字狱。

在文字狱的刀下，还敢批注《水浒传》，当然是别有怀抱。据说，他本姓张，名喟，因明亡时曾喟叹：金人在上，圣人焉能不叹！从此，他便自称“金圣叹”。“金人”就是清人，因为清又称“后金”。他对“金人”那一叹真是意味深长，那些代圣人立言的人都被朝廷招安了，就留下他来替圣人一声叹息了。

他在“六才子书”里就藏了这么一部让圣人为之一叹的书，所以得包装一下，勿使其露出宋元本来面目。他自己也要包装成一个文艺闲人，并将此闲人面目投影到施耐庵身上，于是，我们就看到了他说施耐庵那几句变形走样的话。

他本人已绝意仕途，故对受招安极其反感，经他批注的《水浒传》就被他砍掉了受招安的下半身，一百二十回的原作变成七十回的本子了。这么一来便适得其反，原作全本是个受招安的悲剧，经他腰斩，七十回的本子见好就收，是一曲英雄的欢乐颂，豪杰的大团圆，没了招安，原作的悲剧性也随之消失。

从文学的趣味看，七十回刚好，但演义——历史的逻辑尚有不足。史家对于历史的价值偏好有演义和资治两方面，演义大都为失败者写史，而资治则是为胜利者写史，是结合制度安排，为一代王朝的治国理政来写史。演义并非从《三国演义》才开始，从《史记》中我们就看到了演义和资治两条腿走路，演义那条腿属于失败者，必然要走向悲剧，而资治那条腿属于胜利者，终归于治国平天下。

在《史记》里，我们看到了《水浒传》演义的一个源头，那就是《刺客列传》。刺客演义，或演一个义字，或演一个忠字，或者将它们联起来演出忠义二字。《水浒传》就是江湖列传，是为108个江湖人物立传，分了天罡地煞两类，人物大小不一，叙述详略不等，演义前后有别，是对《刺客列传》的一次文艺复兴。据说，《水浒传》原名《江湖豪客传》，施耐庵听了弟子罗贯中的建议，才改名为《水浒传》，这一改，就把江湖人物纳入"吾从周"的儒家圣人革命中，把替天行道的侠义行为转变为忠君爱国的忠义情怀，把江湖之远与庙堂之高用儒家道统连接起来。

《水浒传》中，梁山泊演义经由从侠义到忠义两个阶段，其间发生了从晁盖到宋江，从聚义厅到忠义堂，从江湖义士到朝廷忠臣的转变，终于受了招安。然而，施、罗二人都反对受招安。元末，张士诚民间起兵，割据苏州，二人皆在其麾下共举义事，后来，张士诚受元朝招安，施、罗劝之不听，便弃他而去。于是，就有了三段式《水浒传》：侠义开山，忠义立堂，招安而亡。

侠义初期，聚义者便似墨者集团，为个"义"字，不惜赴汤蹈火，死不旋踵，其替天行道亦如墨家"天志明鬼"学说，仅止于救民于水火，解民于倒悬。

到了忠义阶段，宋江替天行道，就以忠君爱国在江湖义士与朝廷忠臣之间建立统一战线，聚义厅向忠义堂衍变，为被逼上梁山的朝廷命官提供了儒教据点。

有了忠义堂这个据点，加以不断表达忠君爱国的心愿，受朝廷招安的目标就一定能实现。可一旦受了招安，那些刀头舔血的绿林英雄江湖豪客如何能体制化生存？替天行道的"道"太大，朝廷放不下，将他们搁哪儿？

侠义精神惯于自由化，怎能被体制化？

出路只有一条，给他们一个忠义的理由，让他们去死吧！让英雄杀英雄，豪杰打豪杰！知道富甲天下的宋何以会被金、元灭亡吧？亡就亡在，它有一个专门消灭英雄豪杰的制度安排，而宋江就领着他的弟兄进入了这样的制度安排。

对此，李贽不察，极力赞美之。他说：未有忠义如宋公明者也。今观一百单八人者，同功同过，同死同生，其忠义之心，犹之乎宋公明也。独宋公明者，身居水浒之中，心在朝廷之上，一意招安，专图报国，卒至于犯大难，成大功，服毒自缢，同死而不辞，则忠义之烈也！真足以服一百单八人者之心，故能结义梁山，为一百单八人之主。……故有国者，不可以不读，一读此传，则忠义不在水浒，而皆在于君侧矣。贤宰相不可以不读，一读此传，则忠义不在水浒，而皆在于朝廷矣。兵部掌军国之枢，督府专阃外之寄，是又不可以不读也，苟一日而读此传，则忠义不在水浒，而皆为干城心腹之选矣。否则不在朝廷，不在君侧，不在干城腹心，乌在乎？在水浒。此传之所为发愤矣。

而金圣叹却最讨厌这样的说法，干脆将那些乌烟瘴气的忠义都砍了。

此二人者虽然皆以异端思想成为王权主义的悲剧中人，却不如施、罗深谙中国悲剧的底蕴，且欲以“演义”确立中国悲剧精神，并以此为中国的立国之本。

除了《水浒传》，施、罗二人还有《三国演义》。《三国演义》的史料来自陈寿《三国志》和裴松之注，其悲剧性的演义原型则出自《史记·项羽本纪》。胡适作《三国志演义序》，没有提到过《史记》，但他以考据学眼光，从文本的样式上看出了《三国演义》的来历。他说“唐朝已有说三国故事的了”，作为例证，还举了段成式《酉阳杂俎》以及李商隐《骄儿》“或谑张飞胡，或笑邓艾吃”的例子。到宋朝，他又以孟元老《东京梦华录》中的“说三分”举例，以及苏轼在《志林》中提到的，父母为了安顿孩子，“辄与钱，令聚坐听说古话。至说三国事，闻刘玄德败，则颦蹙有出涕者；闻曹操败，即喜唱快。以是知君子小人之泽，百世不斩”。苏轼不经意地告诉我们一件事，那就是宋人已经用三国故事来教育他们的孩子讲义气，做君子，以此安身立世，向民间普及英雄主义的政治伦理。

胡适认为，《三国志演义》不是一个人作的，乃是五百年的演义家的共同作品。为此，他还列举了十九部讲三国故事的元杂剧作品，与《三国演义》已很相近，其中就有关汉卿的《单刀会》。《三国演义》与《荷马史诗》相似，是承载一个民族精神的文学共同体，从说唱艺术到戏剧艺术，从戏剧艺术到文学艺术，我们称之为“史诗三步”。

施、罗二人，尤其罗贯中，集五百年之大成，完成“史诗”最后一步。但胡适还是对这部“史诗”的文学性提出批评，认为《三国演义》“只可算是一部很有势力的通俗历史讲义，不能算是一部有文学价值的书”。何以见得？他指出两点原因：第一，《三国演义》拘守历史的故事太严，而想象力太少，创造力太薄弱；第二，《三国演义》的作者、修改者、最后写定者，都是平凡的陋儒，不是有天才的文学家，也不是高超的思想家。

关于第一点，我们认为，是胡适对《三国演义》的看法出了问题。胡适的看法还在传统俗见里，他的思想还没有从《三国志通俗演义》的命名里解放出来，还在把《三国演义》当作《三国志》的“通俗演义”，是对史籍《三国志》的文学性解读。其实不然，《三国演义》是独立于《三国志》的，“演义”并非史志的通俗化和文学化，而是一种新的历史观和一种新的悲剧叙述方式，其源头在于《史记》。

《三国志》是史官文化的产品，而《三国演义》是民间话语的产物，最先以民间话语入史的是《史记》，而以“演义”的方式复兴民间话语的是施、罗师徒。《项羽本纪》里有“鸿门宴”，开了历史演义的头，还有垓下英雄美人悲歌，开了历史悲剧的头，项羽和刘邦分别成了中国历史上英雄和小人的代表。从破釜沉舟到乌江自刎，从吴门一吼到垓下悲歌，太史公以英雄项羽确立了历史演义的叙述方式和悲剧精神的演绎结构，而小人刘邦却总有一副“政治正确”的行头，从历史的飞跃，我们固能听到英雄的心跳，但胜利的果子，总落在小人之手。

《史记》如是说来，说着说着就被王朝史观打断了，真理毁弃，被施、罗重启，接着《史记》来说，于是，我们就看到了《三国演义》从“桃园三结义”到“三国归晋”的布置，一个英雄时代，一部英雄传奇，从“结义”开始，也以“不义”结局。

关于第二点，我们认为，胡适对施、罗二人的看法也有问题。胡适说他们“不是有天才的文学家，也不是高超的思想家”，把他们说成“平凡的陋儒”，对此，我们只能说一句：伟大也要有人懂！胡适是个政治理性化的君子，是体制内的改良者，没有落草为寇的经验，没有民间起兵的经历，也没有文学创作的体验，所以，他不能真正懂得施、罗二人的价值，也就难以进入《水浒》和《三国》的悲剧底蕴。胡适以历史考据的方式兼作文学评论，当然考证不出文学的天才和思想的高超，有关的论述，要看真正的文学评论家怎么说，要把他们放在世界文学史的背景里来看，你才会发现他们应有的位置。这方面的代表作，有《周泽雄新批三国演义》一书。

周泽雄在《为什么评点〈三国演义〉》中，以贯通中西的口吻说道：站在罗贯中的时空点，我们不难发现，他是在一个前无古人的艺术空间从事文学开拓。罗贯中写《三国演义》时，欧洲还在黑暗的中世纪，“日心说”并未占统治地位，哥伦布尚未到达美洲新大陆，意大利语还不是一种文学语言，法国人不知道法国文学的存在，至于德国文豪歌德的祖先，还没学会用杯盘吃饭。单就长篇小说而论，罗贯中既是中国文学的开创者，也是世界文学的始祖，在世界范围内，只有日本人紫式部的《源氏物语》比《三国演义》出现更早。文学不同于科学，最早的往往是最好的，或至少是不可超越的。《荷马史诗》及古希腊悲剧、中国的《诗经》和《楚辞》、但丁的《神曲》等，都是经典范例，《三国演义》亦然。原因在于，文学世界的拓荒者不像继承者那样有经验可借鉴，有教训可吸取，但他同样没有后继者的种种顾虑。他独自迈向一个洪荒世界，举目皆是新鲜，抬腿即是开拓，创造与惊奇时时与他相随。他们是最早给人类带来文学光亮、给生命赋予意义的人，是盗取文学天火的人，他们的成功令人惊奇，他们的失误——如果有的话——有时也价值连城。

要这样说，才把施、罗的文学价值说清楚了，至于他们的思想价值，其实胡适已经发现了，只是受到文学差评的牵连，不愿承认而已，他说：

话虽如此，然而《三国演义》终究是一部绝好的通俗历史。在几千年的通俗教育史上，没有一部书比得上它的魔力。几百年来，无数的失学国民从这部书里得着了无数的常识与智慧，从这部书里学会了看书写信作文的技能，从这部书里学得了做人与应世的本领。他们不求高超的见解，也不求文学的技能；他们只求一部趣味浓厚，看了使人不肯放手的教科书。《四书五经》不能满足这个要求，二十四史、《通鉴》、纲鉴也不能满足这个要求，《古文观止》与《古文辞类纂》亦不能满足这个要求。但是《三国演义》恰能供给这个要求。我们都曾有过这样的要求，我们都曾尝过它的魔力，我们都曾受过它的恩惠。我们都应该对它的作者表示相当的敬意与感谢！

那样的“魔力”，不是思想是什么？具有“魔力”的思想者，难道还不是“高超的思想家”吗？仕途有“四书五经”，民间有《三国》和《水浒》，这样的比重难道还不够思想家的分量？孔子曰仁，孟子曰义，施、罗曰义气，各有其一方思想的领地。施、罗二人把自我置于历史的演义里，用演义的语式说三国，说水浒，据乱世，走江湖，为乱世演义，为江湖立传，确立民间社会的核心价值——“义气”。

《三国演义》“演”什么？“演”的是“义气”二字，“梁山聚义”“聚”什么？“聚”的也是“义气”二字，孙猴子西天取经，头上的箍究竟是什么？说到底，还是“义气”二字。王朝以“春秋大义”圣化孔子，立为“万世师表”，民间以“义气”神化关羽，使之成了财神，若以王权主义论关羽，成王败寇，作为失败者，他本不足取。然而，他虽武不及吕布，智不如孔明，势逊于曹操，且为“走麦城”的败将，却能成神，何也？以“义气”二字。观其放下曹操，过五关斩六将，千里走单骑，去追随刘备，尤于华容道上，放下刘备，义释曹操，宁以一死成全“义气”二字可知。

一部《三国演义》，价值理性在于“义气”，工具理性在于“用计”。讲“义气”，以关羽为代表，论“用计”，以诸葛亮为代表。关羽也会“用计”，观其“水淹七军”可知，但不及孔明远矣。孔明亦讲“义气”，以“鞠躬尽瘁，死而后已”可知，但他讲“义气”以“忠”为前提，还是服从于王权的“忠义”。讲“义气”，讲到超越生死，还有人可及，讲到超越王权主义，则唯有关羽。当其追随刘备，便放下了知他爱他重用他的曹操的王权主义，当他义释曹操，就更是放下了与他情同手足且有君臣名分的刘备的王权主义，正是“义气”高于王权，他才放下了两头的“王权主义”。

施、罗以“义气”开篇，以“不义”结局，历史的悲剧就在于此。

让我们来比较《三国志》和《三国演义》。若以王朝为据，《三国志》便是正史，《三国演义》连野史都不够，属于小说一流；若以文化中国托底，则演义的价值取向就拔了民族精神的头筹。演义优于资治，民间话本《三国演义》超越史官文化《三国志》。若问为谁写史？是用史官文化为帝王写史，把历史写成帝王家谱，还是以民间话语为人民写史，写出一个民族的心灵需求，表现一种民族精神的文明样式？这是个根本问题。

陈洪绶人物版画《水浒叶子》

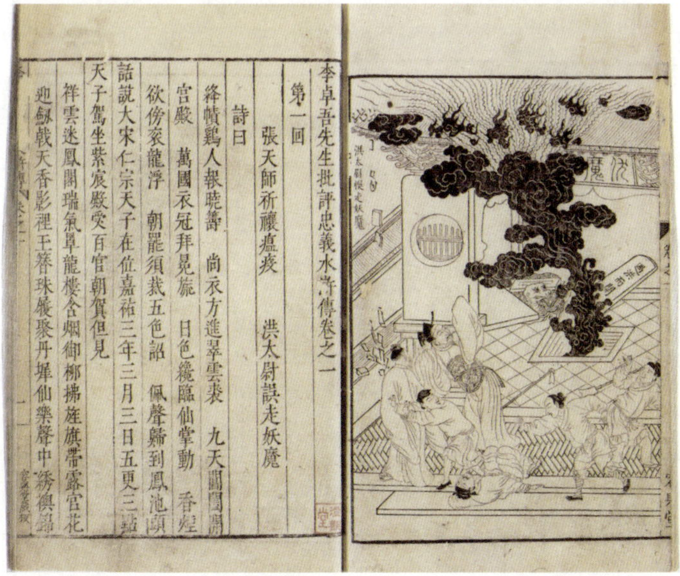

李卓吾先生批評忠義水滸傳卷之一

第一回

張天師祈禳瘟疫　洪太尉誤走妖魔

詩曰

絳幘鷄人報曉籌　尚衣方進翠雲裘　九天閶闔開宮殿　萬國衣冠拜冕旒　日色纔臨仙掌動　香烟欲傍袞龍浮　朝罷須裁五色詔　佩聲歸到鳳池頭

話說大宋仁宗天子在位嘉祐三年三月三日五更三點天子駕坐紫宸殿受百官朝賀但見

祥雲迷鳳閣瑞氣罩龍樓含烟御柳拂旌旗帶露宮花迎劍戟天香影裡玉簪珠履聚丹墀仙樂聲中繡襖錦

《李卓吾先生批评忠义水浒传》一百卷，（元）施耐庵撰，（明）李贽评，明容与堂刻本

04

谈兵

中国传统里，有一种学问叫“上知天文，下知地理”。这是怎样的学问？总之说不清。但有明白的人，比如刘伯温。

刘伯温原本是个科举制里的读书人，按照现在填表的格式，他的“个人成分”应该是“学生”。然而，科举制对“学生”的要求并没有“上知天文，下知地理”这一条。可见刘伯温是个科举制框不住的人，他可以从科举制出身，却不让科举决定终身，所以，在儒教经典之外，他还要另辟蹊径，要“上知天文，下知地理”，“究天人之际”。据说，他小时候，父亲要他对对子，冲口而出“武定邦”，他即刻回应“文治国”。父亲接着说“成家立业”，他立马回答“开天辟地”。小儿乳臭未干，竟有这等气象格局。

当年，我们读王勃《滕王阁序》，读了多少遍，也不知道文章好在哪里，后来，我们才发现，就因为它“上知天文，下知地理”，君不见“豫章故郡，洪都新府，星分翼轸，地接衡庐”，开篇十六字，就把天地古今都拧起来了，这还不是大手笔？可王勃也就那么一说，他没活到“知天命”之年，说了也白说。

纸上可以谈兵，但最好不要说命，须知天命不给青春加分，命运得熬出年成。王勃年成未熟便透支了生命，而刘伯温出山，便刚好到了“知天命”的年头。

中国帝王学有四大帝师：吕尚、张良、诸葛亮和刘伯温。他们均非从

“周孔之教”里出来的，倒像是从神话与历史交错的道家学说里跑出来的半人半仙。作为帝师，本有两端，一端是治国导师，另一端是用兵军师。这两端分别被儒、道两家把持。政治方面，先是周孔之教，后来有孔孟之道加上程朱理学，做了历朝帝王意识形态的导师，而军师则是据乱世的标配。四大帝师都是乱世的产物，吕尚之所以能功德圆满，是因为有分封制，可以封邦建国。而张良面对的是君主专制，就只能退隐了，封个侯退隐还算善终。至于诸葛亮，严格说来还算不上“一个”军师，“三分天下”，也就是个“三分之一”个军师，不过，诸葛亮却不失为从军师向行政官僚转化的一个范例。

诸葛亮能从军师转化为丞相，有两个先决条件。其一，他本就是个“三分之一”个军师，其二，刘备早死。刘备也就是为了夺取荆益才三顾茅庐，拜他为军师，入蜀后，有两个重大战略行动——关羽北伐，刘备东征，都没让他参与，何也？或如陈寿《三国志》所言“应变将略非其所长”，或许刘备已然发觉，《隆中对》里那“三分天下”的战略，便是诸葛氏家族的战略，诸葛三兄弟分居于魏、蜀、吴三国，便是其家族战略的狡兔三窟式布局。诸葛亮实现个人转型，刘禅却失败了。

诸葛亮之于刘禅，已非所谓“军师”，而是如曹操之于汉献帝，已然权相，有所区别者，在于“忠奸”二字。诸葛亮之忠，曹孟德之奸，古今已有确论，然而，凡为权相，必有奸心，遍观历史，无不应验，不独曹孟德大奸，就连诸葛亮也难免。何也？观其“鞠躬尽瘁，死而后已”，貌似大忠，实为自谋，较之曹操玩汉献帝于掌股之间，虽有大忠与大奸的差距，但忠与奸本来就相反相成，亮此言看似一腔热血，其后面还隐有潜台词，实乃警告后主：若我还有一口气在，就不会还权于汝。

今日，我们重读诸葛亮前后《出师表》，观其明知“民穷兵疲”，战无胜算，还要不断用兵，全无《隆中对》里表现出来的“运筹帷幄”“决胜千里”的战略思想，唯以权谋兵机伏于忠义词章，动辄祭起先帝遗志，而不见其为国为民着想，无谋富国强兵之策，欲以机会主义的用计取胜，而非以提高综合国力来决战。孙子论战，曰："多算胜，少算不胜，何况无算乎！"孙子所谓"算"，就是要从综合国力上来"算"，亮无胜"算"而战，何也？其欲以不断用兵，牢牢掌握兵权，他没想过要归政权于后主，还军权于刘禅。

都说诸葛亮用兵如神，此乃施、罗二人谈兵所致，在《三国志》里，陈寿对于诸葛亮用兵就颇不以为然，为此还被非议。《晋书》就说，陈寿父亲曾为马谡参军，因失街亭，"谡为诸葛亮所诛，寿父亦被髡"，故寿为《亮传》，曰"应变将略非其所长"。

《晋书》为唐房玄龄等撰，唐人承南北朝之余，特别强调汉家正统观念，之于三国，即以蜀汉为正统，而陈寿《三国志》似乎对正统观念显得淡薄，其妄议诸葛一语，似有迎合司马氏之嫌，寿本蜀汉士人，著史未以蜀汉为正统，故被《晋书》非议。不过，清人赵翼在《廿二史劄记》中为陈寿做了辩解，他说，《晋书》对陈寿的指责"此真无识之论也"。他没问责原委，而是就事论事，说："亮之不可及处，原不必以用兵见长。"

那么诸葛亮有哪些"不可及处"？他让陈寿一一作答，不吝赞曰：科教严明，赏罚必信，无恶不惩，无善不显，至于吏不容奸，人怀自厉……至今梁、益之民……虽《甘棠》之咏召公，郑人之歌子产，无以远譬也。又于《亮传》后，陈寿评曰：亮之为治也，开诚心，布公道，善无微而不赏，恶无纤而不贬。终于邦域之内，咸畏而爱之，刑政虽峻而无怨者，以其用心平而劝戒明也。对此，赵翼叹曰：其颂孔明，可谓独见其大矣！陈寿之于诸葛，说了这么多长处，何以只说了一句短处，就被后人笔伐？那是因为时代变了。

陈寿之时，三国归晋，司马氏得了天下，他择晋而去，著《三国志》乃奔晋之作。然时过两晋后，境迁南北朝，迄于隋唐，正统观念深入人心，唐人已奉蜀汉为正统，不仅以诸葛亮为蜀汉正统的代表，而且以之为基于"政治正确"的兵家代表。唐人定下正统口径，经由宋人"说三分"，推广开来，流传更甚，到了宋元之间，多见于宋人话本，活跃于元杂剧中，至元末，便由施、罗二人来演义了。

宋人念念不忘北伐，故欲以诸葛亮为兵家。若论战功，诸葛六出祁山，无功而返，本不足道，但因其志在北伐，不计成败，不论生死，明知不可为而为之，被施、罗二人演义为具有悲剧精神的忠义兵家，并通过一套忠义无敌的用计文化来包装他。

时代需要英雄，民间隐有卧龙，施、罗本为龙种，自视甚高，可惜明珠暗投，投在了张士诚麾下。张士诚非但不去北伐，不去还我河山，反而降了蒙元，真是奇耻大辱呀！他们隐居起来，潜龙勿用，可北伐之心不死，所以，《水浒传》中有梁山英雄北伐征辽，《三国演义》里有武侯兵出祁山，死不旋踵，而当时之人其谁也？

施有一同年进士，即刘伯温是也，二人所学近似，人称施耐庵“举凡群经诸子，词章诗歌，天文地理，医卜星相，一切技术无不精”，刘伯温岂非更如此？其时，西蜀赵天泽论江左人物，首称刘伯温，说刘伯温“博通经史，于书无不窥，尤精象纬之学”，所谓“象纬之学”，即帝王学中天命与算命那一套，把他当作诸葛孔明那一类人。

当刘伯温在帝王学里如日中天，成为一代帝师时，施耐庵带着弟子罗贯中隐于乡村市井，成为那个时代最伟大的书会才人，成为那一时期白话文运动巨星。中国民间社会，自有文化的江山养人，不但养得起施、罗二人，即如帝师刘伯温，到头来还不是被朝廷养得像在火上烤的烧饼？而民间却把他养得神乎其神。

刘伯温与诸葛亮专权不同，他没有完成从军师向丞相的转型。朱元璋找他谈过一次，向他提了几个丞相候选人，征求意见。结果都被他否定了。于是，朱元璋对他说，我看你最合适。他马上回绝：我不行，还是李善长合适。朱元璋说，李善长处处跟你为难，你为什么不换？李善长本来就是丞相，朱来询问，就是有意换丞相。可他没有迎合朱元璋，反而重提李善长。朱元璋当然没有听他的话，那几位被他否定的人选，后来都被朱元璋用作了丞相，可想而知，他们今后会对他怎样，而李善长也不会因此而买他的账。

四位帝师中，唯有刘伯温从科举制里出来，身上难免有书生意气。这意气于官僚体制总有些格格不入，时不时地就要发作。五十岁以前，他从科举制出身不难，可仕途上却磕磕绊绊，书生意气一发作，他便辞了官，回到老家青田，一个人“究天人之际，通古今之变”；五十岁以后，他被朱元璋发现，一而再再而三地邀请，他终于出山！出山以后，战场上克敌不难，官场上还是磕磕绊绊，书生意气再发作，便得罪了朱元璋的老班底淮右集团，又辞了官，归去来兮，最后还是遭了官场暗算。

暗算者，都说是胡惟庸，因他生病时，丞相胡惟庸亲自给他送药来了。他服药以后，病情反而恶化，他把这一情况告诉了朱元璋，朱却未过问此事，眼看着他死去。因此，有人怀疑，朱是幕后主使，若非以御赐的名义，他岂能随便服用送来的药？若被掉了包，朱焉能不理？更何况朱明知胡是他的政敌，偏偏让胡来送药，是何用意？当胡惟庸案发，这笔账就算到了胡头上。帝师没落是大趋势，“每下愈况”，张良不如吕尚，刘伯温不如诸葛亮，刘伯温以后，再也没有那样的帝师了。帝师终结者是朱元璋，看似官场排除异己，实则欲以君主专制消灭书生意气。

书生当立，立于何处？从现在来看，应当立于科学与民主。可书生意气又是个什么东西？还不就是读书读出来的脾气。朱元璋初识刘伯温，先问：能诗乎？伯温回答：诗乃末事。朱即以手中竹箸为题，伯温即兴诗云：“汉家四百年天下，尽在留侯一借间。”诗中“留侯”指汉张良，曾借刘邦吃饭用的筷子为刘邦指画天下大势。可见，那时刘伯温的书生意气还是做个张良那样的帝王师。

民主即自主，书生意气当自用，何必“王佐”？科举制里的书生，岂敢问“苍茫大地，谁主沉浮”？就连曾国藩也不敢问，左宗棠虽是半吊子科举出身，也不敢问，书生意气就在官僚体制内转化，没能转化为帝师，已然转化为“权相”，其时，帝师已死，书生当立而未立，意气犹在，之于曾、左二人，便转化为圣贤品格、豪杰精神，曾之沉郁和左的狂放，就是书生意气的内向和外向，发出一种近代化的芬芳。

从书生意气开出帝王气象，伯温已然，但非自用，做王佐用。当其出山时，见朱元璋率众属参拜韩林儿，即斥曰：竖子有啥好拜的！他不自立，却要朱独立。刘伯温曾游西湖，观异云起于西北，映入湖中，同游者皆以为庆云，拟分韵赋诗，公独纵饮，曰：此天子气也，应在金陵，十年后有王者起其下，我当辅之。同游者闻言，怕受他牵连，纷纷避去。果不其然，十年后，朱破处州，伯温设宴陈说天象，曰：此天命也，岂人力能之耶？此番认同，对象并非自我，而是帝王学里的他者——真命天子，他没自问"苍茫大地，谁主沉浮"，而以"辅之"自了，科举制里的书生，意气不过如此，尚不及当年陈胜振臂一呼："帝王将相宁有种乎！"或曰，刘伯温欲出山，众疑未决，最后由母夫人富氏拍板：自古衰乱之世，不辅真主，讵能获万全计哉！

科举出身的刘伯温，想做的只是"学成文武艺，货与帝王家"。学成帝师，就等于卖了最高价，这就好比小女子裹脚，裹成了三寸金莲，大丈夫裹头，也裹成帝王学里的三寸金头了。反倒是朱元璋那样的流氓，脑子里少有条条框框，该称帝就称帝，该做王就做王，可以自作主张。没了科举制收束，士人从仕途转入江湖，书生意气得到解放，不仅转化为豪杰气概，更转化为帝王气象，不仅在对民主与科学的追求中转化为近代知识分子，还在人民价值论和圣人革命观驱动下走向新的内圣外王。

如上所述，刘伯温上承张良、诸葛亮，下启曾国藩、左宗棠。

可实际上，正如曾国藩、左宗棠未受刘伯温影响，刘伯温也没受过张良、诸葛亮的影响，尽管后人总拿他们这样比着说："南阳诸葛亮，南田刘伯温。"其实，从"南阳"到"南田"，诉诸空间，可谓山长水远；从诸葛亮到刘伯温，求诸时间，相去千余年。可人们还在说："林下风云天下计，留侯筹策武侯心。"

刘氏远祖丰沛，今可考者，乃十一世祖北宋刘怀忠，曾居保安军今陕西志丹县，今之刘志丹或与其同出一源？先祖尚武，久居西北边地，世为边将，惯与西夏战，力战而死。祖上以武名世者，有刘光世先平方腊，后助高宗南渡，举家迁往临安。其子刘尧仁徙居丽水，孙刘集卜居青田武阳。或曰，刘集恐元军扰丽水，而欲徙居，于梦中见清水田边，有执羊头而舞者。旋游南田，问地名，人称“武阳”，乃顿悟清水田为“青田”，舞羊即“武阳”，遂迁焉。定居，选址于五角仙峰南麓，宅基山环水抱，北倚阵山为玄武，东西丘陵为龙虎，南向案山为朱雀，若以宅前鱼池为小明堂，宅外水田，即是大明堂了，堂内“七星落垟”，七个小土包如北斗七星，排列水田。

据《太平寰宇记》载：“天下七十二福地，南田居其一，万山深处忽辟平畴，高旷绝尘，风景如画，桃源世外，无多让焉。”此中山川属括苍一脉，其人文渊薮自有浙东之学起于南宋，脉动于金华、永康、永嘉之间，其异于朱、陆，且与之鼎足而三，为并世之显学者，乃慎言道德性命，而多谈经世致用的事功，尤其好论兵政之事。

书生谈兵，以浙东为甚。浙东三学，谈兵则永康陈亮，其欲“推倒一世之智勇，开拓万古之心胸”的怀抱，非一句“醉里挑灯看剑”所能道。能以谈兵而用兵者，永嘉叶適曾一试牛刀，挥师北伐，观其收拾江淮一役，端的是用兵的行家里手。从陈亮放言北伐，到叶適用兵江淮，已开辟浙东兵家方舆。

伯温缘起，其祖尚武，乃兵家血缘；地名武阳，为兵家地缘。以此二缘，加以浙东学脉，时势造英雄，便造就个帝师来。对于这位帝师，朱元璋是认账的，在诚意伯庙里，我们看到了朱元璋赠刘伯温的一首诗，谈到“亡吴灭汉”。“亡吴”，是指打败张士诚；“灭汉”，则是消灭陈友谅。这些都是从军事上来论的，政治方面没有提到，其实不拜韩林儿，迈出了走向皇权的第一步，其作用不亚于“亡吴灭汉”。朱元璋谈军事，不谈政治，当然有他的用意，因为军事已经结束了，刘伯温也就该退了。他在诗里连退路都为刘伯温想好了，“不居凤阁调金鼎，却入云山炼玉炉”，张良岂不就是如此？所以，他接着说“先生此去归何处，朝入青山暮泛湖”，那当然是书生意气的好去处，可“溥天之下，莫非王土”，官场还是放不过江湖。谁能想到如此这般的诗情画意竟然暗含杀机？军功集团的官场容不得书生意气，一如汉初周勃等人鄙夷贾谊。而帝王气象则弃书生意气如敝屣，恰如刘邦“溺儒冠”对儒生逆袭。

江山如此多娇，要防书生来竞标。刘伯温沛然文采，卓然奇谋，若问“天下英雄谁敌手”，皇权怎能高枕无忧？驭之，当如放风筝，可以龙飞凤舞，放到青云之间，但要牢牢掌握收放其命运的那根线，放，要能放到天上去，收，还要能拽回地面来。刘伯温就被拽了回来，因为总有人跟朝廷打他的小报告，朝廷天网恢恢，江湖在劫难逃，他那书生意气早被朝廷拿捏在手，不让他在江湖风发，要他回到朝廷，在官场，遭遇暗算，辞官归，忧愤而卒。

辞官后，他回到了老家——以谥号“文成”命名的今之文成县。我们发现，浙东还有一位“文成”，那就是以心学和兵学知行合一的王阳明。因此，我们可以这样说，一个“文成”的幽灵在浙东徘徊，从括苍山到会稽山，从瓯江到姚江，曰“事业文章有姚江继武”……“姚江”，即王阳明，从刘伯温到王阳明，其一脉相承者，乃兵学加以文艺复兴。

惜乎伯温，欲以兵家手笔开出“郁郁乎文哉”的“郁离”之国运，终归于武大就而文小成；阳明用兵如神似伯温，虽未至帝师，却以心学开启有明一代文艺复兴。迄于民国，更有蒋百里先生以兵学加上文艺复兴重振中国兵魂，其对日决战之战略，尤胜于当年“亡吴灭汉”之刘伯温。惜乎百里，虽有将略，却未用兵，然而，却不失为中国一代兵魂。所谓兵魂，魂在文艺复兴，江山文成，就是从文化的江山里，开启文艺复兴。

第3章

西洋思想共和

一　从马可·波罗谈起

01

到中国去

——文明的突破口

对世界历史有着决定性影响的，一是战争，二是贸易。战争，用的是帝国尺度，以马力来计算帝国的生存空间。贸易，用的是文明尺度，或以丝绸、瓷器作为文明样式。

蒙元的尺度有多大？从中国长江出海口到欧洲多瑙河流域，都被以马力尺度化了。在得马力者得天下的古代世界，马力所及便是帝国的范围。除了蒙古马的马力，宋人的帆船和伊斯兰骆驼也对世界历史的进程产生了重要影响。

马可·波罗从威尼斯来中国，一过地中海，就进入蒙古马的马力控制的地界，从西亚经由中亚，长途跋涉来到东亚，这一路都是骑着骆驼来的。可他返回时，因为陆路干戈四起，战火不断，所以转从元大都出发，沿京杭大运河南下，经由苏州、杭州等地，往东南沿海泉州港，乘帆渡海而归。

一个中世纪帝国，竟然同时拥有了这三大文明的战力及运力。这是多么难得！须知汉唐通西域，短缺岂止马力？还有驼力。汉将李广利兵行费尔干纳，运力靠牛解决。在斯坦因发现的吐鲁番唐马城里，罕言骆驼，言及者亦为贡品，未能形成生产力，更未作为战略资源投入。蒙元时期的蒙古马，拥有无敌于天下的马力，作为战略动力是足够了，但于战略耐力方面，尚需驼力支撑。形成战略资源的驼力，蒙元取自伊斯兰世界，而制海权则取自宋帆船。

像这样横跨欧亚、海陆通吃的特大型帝国，历史上从未有过。有人以地理形态给它命名，称它为“草原帝国”。其范围有多大？法国人格鲁塞在《草原帝国》一书中指出，从中国东北边境到布达佩斯之间，有一个沿欧亚大陆中部向北方伸展的辽阔地带，就是草原地带，西伯利亚森林从它的北缘穿过，除大中亚外，还包罗了波兰以东的东欧诸国，即东欧草原、俄罗斯草原、西亚草原、中亚草原和北亚草原。

如果说“草原帝国”的代表是成吉思汗，那么蒙元的代表则是忽必烈，二者的区别在于，成吉思汗纵横大漠，所向无敌，但是“只知弯弓射大雕”，而忽必烈却懂得书院重要；如果说一代天骄成吉思汗的底色还是草原帝国游牧文化，那么忽必烈已转向农牧混合型文化。

我们在榆林塞外亲眼见到了历史上那样一条著名的农牧分界线，随随便便地就立了若干木桩，扎了一排栏杆，作为农牧分界的标志横在那里。

沿着草原帝国的历史老路，跟着匈奴人往前走，成吉思汗的前面还有个阿提拉。若就草原帝国而言，蒙古人未必就比匈奴人更伟大，成吉思汗未必就能胜过阿提拉，真正使蒙古人伟大起来的，是蒙元帝国，是打破了农牧分界线的农牧混合型文化。

最近有一项考古研究，证明了蒙元时期的农牧混合型文化。过去，人们对蒙古未有集约化农业却拥有密集人口并表现出等级森严的政治体系感到疑惑，于是，有人对古代蒙古人的饮食结构做了分析，发现早期蒙古人饮食以肉奶为主，后来小米食量增加，饮食趋于多样化，说明蒙古完成了农牧混合转化。

有人说，小米支撑了蒙元帝国。经研究发现，古代蒙古人食用了大量以小米为主的食物，尤其帝国中心及其附近的人，食之尤甚。有一种食物，人称“蒙古炒米”，蒙语曰“蒙古勒巴达”，以蒸、炒、碾等工序对小米加工，再伴以酸奶、白糖，以之为牧民早餐，外出放牧则随身携带，午时，煮奶茶，泡炒米，极为方便，故蒙谚曰“暖穿皮子，饱吃糜子”，不仅为牧民日用之必备食物，且为蒙古军队行军备战之最佳食品。

“蒙古炒米”可以说是农牧混合型饮食文化的产物，是与耕战合一、牧战合一的国家战略配套的，其战略价值，一句“小米加步枪”就足以表达了，然其之于蒙元，则应说是“小米加骑射”。正是农牧合一的“小米加骑射”，缔造了蒙元帝国。

小米的原始产地在中国，最早出现在七千多年前的河北磁山文化里，盛产于农牧分界线的河北、山西、内蒙古等地。据说，小米要黄河水浇灌的才好吃，所以大都分布在黄河流域，游牧民族一旦控制了农牧分界线，尤其是河套地区，就拥有了小米。

蒙古人有了小米，就具备了草原帝国向农业帝国转化的能力，正是这两种类型的帝国的合力——战略化的流动性与组织性相结合，推动着蒙元帝国的兴起。

一个游牧民族以一种游牧文化缔造一个草原帝国，这其实不算什么，匈奴人这样做过，突厥人也做过，连契丹人也这样做了。在中国北部——长城以北游击的游牧民族，但凡能入主中原的，都被同化了，不能入主的，不愿被同化的，都往西边去了。那些往西边去的，基本上都能发展出一个个规模不等的草原帝国。而被同化的，也就打着文化中国旗帜，同原来的王朝中国争正统。这样，就形成了两种南北朝，一种是入主中原之前以长城为界形成的南北朝，还有就是入主中原以后以江淮为界出现的南北朝。所以，南北朝之争要分两步走：第一步，先在农牧分界线上站稳脚跟，然后，越长城，度阴山，逐鹿中原；第二步，立国于中原，用兵于江淮之间，进行王朝中国的统一战争。能将这两步进行到底的，清以前，唯有蒙元。第一步蒙灭金，是由窝阔台发动的，第二步元灭宋，是由忽必烈完成的。

中国文明有两大奇迹，有长城，万里不动，还有运河，千里奔流。蒙元帝国对长城是敌视的，因为长城的作用就是限制游牧民族的流动性，并且作为华夷之辨的文化标志而蜿蜒耸立，所以被毁弃。对于运河，蒙元则情有独钟。立国大都，扎根江南，欲以江南财赋为支撑，故使运河改道，北上至元大都，京杭大运河便由此而生，南来北往者，皆为财源。

当马可·波罗到来时，长城早已被游牧民族干趴下了，所以，《马可·波罗游记》里也就没有提到，有人以此便认为马可·波罗没有到过中国。这样的看法忽略了很重要的一点，那就是我们所见的长城，其实都是明长城的遗产，马可·波罗当然没有见过。可运河他是亲身经历过的，他目睹了运河两岸城市的富庶，为之惊叹不已，其故土威尼斯之于欧洲，虽堪称繁华之都，可以作为城市文明桂冠上最耀眼的一颗明珠，但若与运河两岸城市，尤其是苏州、杭州比起来，它就显得不那么成熟，有点小巫见大巫。

宋元时期的中国，还真是商品社会和消费文化的“大巫”，不但远迈汉、唐，使欧洲无以匹敌，让阿拉伯相形见绌，就连后来的明、清两代也都难以企及。就文明的广度而言，元是“大巫”，硕大无比，就文明的高度而言，宋为顶峰，但已到了农业文明增长的极限，一个熟透了的文明的果实，却不知从哪儿去寻找新增长点，因而坠入危机边缘。

新的增长点，并非如蒙元那样，仅把农业文明与牧业文明相加，一味做大做强，做成农牧混合型文明，而是要从文明的横盘整理中走出来，找到一个突破口。由此突破口起跳，打开文明上升的通道，把握文明转型的转折点。而当时的中国文明已陶醉在自己的成熟里，如千里蚁穴般防范着突破口。

但当时的欧洲正相反，正在寻找新的突破口，马可·波罗一行到中国来，他不知不觉地也在寻求，当他把中国的文明样式带到欧洲，呈现在基督教文明跟前，欧洲就找到了重商主义和消费文化的突破口——到中国去！于是，中国成为欧洲的远大目标。

大航海从此起航，地理大发现始于对中国的追求。如果说古希腊是文艺复兴运动的古典目标，那么宋元以来中国人文主义则成了文艺复兴运动的现实追求。不光重商主义要到中国去，人文主义者也在呼喊：到中国去！

马可·波罗是基督徒，他来到中国，从基督教世界以外，用一个基督徒的眼睛，看到了一种与基督教完全不同的新型的城市文明。他不是一个训练有素的人文主义学者，不知道该怎样为亲眼所见的文明样式命名，他在《游记》里，甚至称南宋为“蛮子国”，称江南为“蛮子省”，这显然是用了蒙古人的口吻，正如南方人称蒙古人为“鞑子”。

“南蛮子”和“北鞑子”这样的叫法都带有歧视，不能用来给宋元时期的文明命名，当马可·波罗以口授和笔录方式，将中国文明的样式呈现给欧洲人时，使得笃信基督教的欧洲人不得不相信，在基督教文明之外，有一种不一样的文明存在，它在提醒欧洲人，文明不是一神，不能强调唯一性。但也有人对中国文明表示怀疑，问：中国在哪里？

这一问，问出了两面性，一面是现代性，还有一面就是古典性。宋元文明样式，呈现那个时代的现代性，就如同欧美之于今日。以宋元文明为镜，欧洲人似乎看到了古希腊人的影子，这不仅因为希腊化世界因素在宋元文明中广泛存在，更因为古希腊文明的本质同宋元文明一样，充满了人文思想，宋元理学与古希腊哲学，都属于人文思想的学术范式，宋元艺术和古希腊艺术，也都属于人文思想的艺术形式。还有，古希腊属于航海民族，宋元也向航海发展，古希腊自西向东出了个横跨欧亚的亚历山大帝国，宋元反其道而行之走向了世界性的蒙元帝国。

眺望宋元文明，欧洲人也许就联想到古希腊，宋元文明的启示，也许就成了欧洲文艺复兴的契机，而寻找中国，可能就是欧洲文艺复兴的一个原始动力。

在《清明上河图》中，我们看到了农耕文明精细的消费文化，农业生产方式发展到这一步，便可见增长的极限，要进一步，那就只能跟游牧文明结合，形成农牧混合型的经济。混合的过程本该由市场经济的交换活动来完成，但由于国家参与，战争在所难免，宋、辽、金、元反复融合，充满了血与火，最终统一于蒙元帝国。

如果说宋代农耕文明已然造极，且无以复加，那么蒙元农牧混合也大而化之臻于极限。但这两者相加只是一个平面扩张，仅为量的增长，未有质的突破。一旦蒙元帝国崩溃，农牧混合型文明的扩张也随之衰退，到明朝时，文明虽未倒挂，却已受损了，高度有损于宋，广度未及于元，而西方文明则从文艺复兴到工业革命，一浪接着一浪涌向中国，终于突破农业文明的极限，进入工业化时代。

马可·波罗之后，欧洲进入文艺复兴时代，中国也在复兴中。比较一下那时的中国与欧洲，可以大致勾勒出一个世界文明样式。

欧洲文艺复兴时期，正是中国有明一代，继宋元复兴的明朝，其陆疆已与草原帝国脱钩，而海疆也被海禁了。其间，虽然有过郑和下西洋，但那是欲以制海权同帖木儿帝国相抗衡，一旦帖木儿帝国解体，下西洋也就停止了。当欧洲人扬帆东来时，那些自宋元以来就习惯了海上自由贸易的出海人，在明朝的海禁中早已变成了倭寇。欧洲人却找到了文明的突破口，一个接着一个，驶往中国来了。最先到来的是葡萄牙人和西班牙人，接着便是荷兰人和英国人。

明朝一如南宋，南宋曾牵制蒙元挽救过欧洲，明朝也牵制住了要攻击欧洲的帖木儿帝国，正如当年蒙哥死于南征巴蜀，帖木儿也死于东征明朝途中，这就给欧洲文艺复兴运动留出了时间和空间，知否，知否，中国人曾两次不经意地拯救了欧洲。蒙古人两次兵临欧洲，未果而还，那是因为它把重心放在了中国。试想一下，如果蒙古人两次入侵有一次能够成功，我们就很难想象欧洲是否还会有文艺复兴运动，正是中国以其巨大的体量承受了草原帝国的一次次冲击，欧洲人才有了闲暇和富裕来从事科学与文艺，研究国体与个体，并赋予国家以民族民主的样式。

有明之初，承担了来自两方面的压力，一是来自西北边疆的草原帝国的压力，一是来自东南沿海的倭寇的压力。倭寇稍息了，西方列强又扬帆东来，帖木儿的草原帝国垮了，俄罗斯帝国又席卷草原而来，这两大压力终于压垮了中国的明清两代。

可压力下，文化中国还在发展着，开始了与西洋思想的共和。

阿拉伯数码字铁板，元，陕西西安元代安西王府遗址出土，据说铁板上的数字排列是一个复合式纵横图，元代传入中国

马可·波罗（1254—1324），意大利威尼斯人。父亲和叔叔都是威尼斯商人。17岁时，他跟随父亲和叔叔从威尼斯出发前往中国，大约跋涉了4年，1275年到达中国元大都北京见到了忽必烈。那时西人对大都的称呼——“汗八里”或“汗八里克”，就出自《马可·波罗游记》，而且这一称呼延续到明朝。马可·波罗游历了中国数十座城市，从元朝的宫廷生活到国际都市元大都里的各种人才，从都城延伸到各地的发达的驿站，丝绸的华美，纸币的方便等，都给他带来新鲜和惊喜。他还曾作为元朝使节出使过南洋各国，那里的风土人情也给他留下深刻的印象。大概十几年后，他们返回威尼斯，返程为乘船走海路。回到威尼斯后，他又参加了1298年威尼斯与热那亚的战争，被俘入狱。狱中，巧遇作家鲁斯蒂谦，于是他口述，作家记录，成就了《马可·波罗游记》，在欧洲一时洛阳纸贵。当代东西方学者均有质疑《马可·波罗游记》的真伪问题，争议颇大。不过，有一点我们要记住，这是一本口述游记，不是历史学著作，时间和地点的混乱，随时有可能发生。

威尼斯人吉奥伐尼-巴蒂斯塔·拉穆西奥（1485—1557），因编撰了《航海与旅行》一书而著称，其中介绍了马可·波罗的旅行故事。书中绘制了马可·波罗从撒马尔罕（唐人称康城，今乌兹别克斯坦第二大城市）到中国的路线，撒马尔罕是丝绸之路上的交通枢纽。路线上南下北，其中特别强调了苏州（Succiu）有大量的大黄，通过丝绸之路出口到西方的，在西方这一植物药效显著。

02

发明本心

——中国人的心

与欧洲文艺复兴同时，中国也产生了一个重要的思想成果。那便是理学被官学化以后，王阳明心学在中国民间的发展。

如果马基雅维利来到中国，他会遇到谁？一定是王阳明吧！他们是同时代之人，见了王阳明，他会说些什么？一定会问“心”吧。“心”是个什么东西？

西方思想库里，没有“心”这个概念，他很可能听不懂“吾心即是宇宙，宇宙即是吾心”那样的说法，对于“理”，他或许还能用逻格斯或绝对理念来理解，但对于“心即理也”，难免又会一脸茫然吧！在他看来，心不就是物质性器官——心脏吗？对于“心之官则思”，他可能无法理解，心脏怎么能思考呢？

在西方传统里，思想是头脑的必要功能，是纯然理性的事情。或曰，西方哲学不是有唯物主义和唯心主义的分别吗？如果西方哲学里没有心，那么唯心主义从何而来？唯物主义好理解，因为西方人有物性论，可西方人从未有过心性论，怎么能够产生唯心主义呢？所以，我们认为，这有可能是用了中国的心学来解读西方哲学，是用心学对西方哲学所做的分别。

西方哲学是理性思维结的果子，而中国哲学则是灵性思维与理性思维相结合的产物，天人感应，天人合一，都含有灵性思维。“吾心即是宇宙”，便是灵性思维的理性化，哲学之中包含了神话，朱子在理性上所做的努力——“道问学”，被陆子一句话就问倒了：尧舜读什么书来？无书可读，只能读“吾心”，去发明本心——“尊德性”。

我们知道，心学的思想源头在南宋陆九渊那里，王阳明与之相隔一个朝代。这就产生了问题，他们之间，思想如何传承？江西之学又怎样进入浙东？这一问，把我们问回南宋，因为心学在浙东的第一个传人便是甬上杨简（杨慈湖），他同袁燮、舒璘、沈焕一道，被人尊称为“甬上四先生”，四人之中，他为首。

《宋元学案》里有这么个故事，杨简曾任职富阳，其间，陆象山至，杨简问“何谓本心”？象山以讼扇喻，曰：彼讼扇者，必有一是，有一非。定孰是孰非者，就是本心。杨简一听，当下顿悟，又问“止如斯邪”？象山厉声答曰：“更有何也！”这样问答，颇似禅宗公案，一语道出，便见本心。若止于此，还是个禅法，然其妙在一问再问，终于问出“唯心”，问向形而上学，此为中国思想一大突破。

“吾心”，不但包罗——“即是宇宙”，而且唯一——主宰宇宙。既然以本心可以断案——“讼扇”，当然也就可以审问万事万物。杨简这么一想，把所有问题都想通了。他原本就有“万物一体”“在吾心中”一念，但从“吾心”到“唯心”，则缘起于“止如斯邪”那一问，象山那样回答，使心绝对化，也使杨简从“吾心”向着“唯心”飞跃，从心的认识论到心的本体论。象山所言，如当胸一拳，他带着“更有何也”回来，想了一夜，次日一早，便拜象山为师。后来，朱熹亦曾器重过他，但他一直不肯转入朱熹门下。

王阳明与杨简同乡，余姚和慈溪，同山同水，比邻而居，但王阳明的思想似乎未受杨简影响，他的心学之源另有来路，走了一条从理学到心学的弯路。我们追溯阳明之学，发现它不是直接从心学来，而是从理学转来，不是从本土浙东之学里起来，而是舍近求远经由江西之学迁徙而来，为什么要到江西去？

这可能跟宋明理学的地理分布有关。陈来在《朱熹与江西理学》一文中指出，广义的“宋明理学”包含了程朱理学和陆王心学，狭义的理学专指程朱理学，中国学术史习惯于按地域分野来分学术流派，宋代理学之代表，即以濂、洛、关、闽言之。

濂学，指周敦颐之学。周晚年定居庐山，将山中一溪名曰“濂溪”，于溪上筑濂溪书堂，人称“濂溪先生”，濂学以此得名；洛学，指“二程”之学，因程颢、程颐兄弟讲学于河南伊、洛间，故称洛学；关学，指张载之学，因张载讲学于关中，故名；闽学，指朱熹之学，因朱熹讲学于闽地而得名。显然，这是按照狭义的理学来划分的。

在狭义的理学里，濂学成了江西之学的代表。但朱熹说的江西之学并非濂学，而是象山之学，陆象山称朱熹之学亦非闽学，而是江东之学。江东非闽地，却是朱熹老家，老家在婺源，南宋时，婺源不属于江西，而属于江东——江浙一带，所以，当时人称朱子之学为“江东之学”，后来，婺源改属江西，朱子之学又变成江西之学了。

王阳明没从甬上四先生那里获得心学灵感，而是在江西之学里经历了从理学向心学的转变。如陈来所言，理学在中国的分布，北方不如南方，而南方各地之间，江西尤为突出，宋代与之并驾的闽、湘，元明时已鲜有建树，而江西之学还在发展。

元代理学号称“南吴北许”，许衡在北方，立官学，坐明堂，传承程朱之学，吴澄在南方，结草庐，传私学，立草庐学派，折中朱、陆，再造江西之学。

《宋元学案》中，有“草庐学案”，称吴澄为“朱熹四传”“象山私淑”，也就是说，在师承上，他是朱熹的第四代传人，在自学上，他是象山私淑弟子，全祖望说，草庐之学出于双峰即饶鲁，固朱学也，其后，亦兼主陆学，但其著书终近乎朱。

吴著《五经纂言》，即“接武朱熹”，但其思想则“和会朱陆”。19 岁时，吴澄作了《道统图并叙》，他说：天生豪杰之士不数也。夫所谓豪杰之士，以其知之过人，度越一世而超出等夷也。战国之时，孔子之徒党尽矣，充塞仁义若杨、墨之徒，又滔滔也。而孟子生乎其时，独愿学孔子，而卒得其传。当斯时也，旷古一人而已，真豪杰之士哉！孟子没千有余年，溺于俗儒之陋习，淫于老、佛之异教，无一豪杰之士生于其间。至于周、程、张、邵，一时迭出，非豪杰其孰能与斯时乎？又百年而朱子集数子之大成，则中兴之豪杰也。以绍朱子之统而自任者，果有其人乎？他当仁不让！

他这一段话，见于他好友同乡为元四儒之一的虞集《吴公行状》。

抚州，为江西之学重镇，北宋时期就有唐宋八大家的两家王安石和曾巩出自抚州，至南宋则有陆象山与朱子齐名，为江西之学代表，元代又有吴澄，调和朱陆，别开生面，至明则有吴与弼，亦为抚州崇仁人，其高祖曾与吴澄为友，但其学“上无所传”，同吴澄无关，黄宗羲《明儒学案》中，《崇仁学案》位列第一，为首吴与弼。

如果说吴澄是在关于道统宏大叙事上“接武朱熹”，那么吴与弼则以身体力行实践朱子之学，但他又不像朱熹那样做章句学问，而是在自己身上做修身的学问，他把这种学问写在《日录》里，“为一人之史，皆自言己事”，在过日子上下功夫。

过日子，就要过“做圣人”的日子，把读书与生产劳动相结合。他是理学家中的陶渊明，亲自带着弟子们下地耕读，劳动是最好的修身——知行合一，因农事而知“敬天保民”，为收成才能真正懂得“民以食为天”。他把自己的梦也写到《日录》里，头一天，他梦见“孔子文王二圣人在南京崇礼街旧居官舍之东厢，二圣人在中间，与弼在西间。见孔圣容貌为详。欲问二圣‘人生知、安、行之心如何’？又仿佛将文王书一册在案披习，似文王世系”。第二天，他又梦见朱熹了，梦见自己“侍晦庵先生侧。先生颜色蔼然，而礼甚恭肃焉，起敬起仰焉”。

其学，自学自得，自本自根，自立立人，开启江西之学二门。一门，以弟子胡居仁及后学罗钦顺为代表，恪守朱子学门户；另一门，则由弟子陈白沙旁及后学王阳明，使象山之学从江南到达岭南，从江右往江左去。

胡、罗皆为江西人，陈、王虽非江西人，却是江西之学的学生。二门一立，流派即出，由分化而异化，派系之争虽然在所难免，却有利于思想发展，正如罗钦顺用理气学说对陈、王心学展开批判，反而启发了心学灵感。

吴与弼有三个学生，陈白沙、胡居仁、娄谅，王阳明曾向娄谅问学。那时，娄谅已 68 岁，而王阳明才 18 岁，因护送新婚妻子诸氏，从南昌归，舟至广信，特来问学娄谅，先生教以格物致知，曰“圣人必可学而至”，王阳明深以为然，始慕圣学。黄宗羲《明儒学案》说“姚江之学，先生为发端也”，王阳明发了什么“端”呢？

一是格物之“端”。王阳明做圣人心切，一回到余姚老家，就开始格竹子，观察竹子，格了一日又一日，也没格出个圣人的样子来，反而把自己格出病来了，显然，这一路细密功夫不太适合他，他的个体性太强，主体性太重，从外面格不动，要回本心去。

那么，本心那一“端”，亦由娄谅启发吗？细思之，并非不可能。当时，胡居仁便说娄谅学近陆象山，“是儒者陷入异教去”，还说“陆子不穷理，他却肯穷理”，罗钦顺也说娄谅之学颇似禅宗，也把他往象山之学里推去。由此可见，娄谅之学，形虽似朱子，神却如象山，其影响之于王阳明，当有潜移默化之功效。

黄宗羲称阳明心学为“姚江之学”，是因为余姚有一条姚江，王阳明故居就在姚江旁，姚江入甬，途经慈溪，然后出海，这一路过来，有宋代留下的慈湖心学遗风，在风土和风气方面，当有助于阳明心学发端，但阳明对这位宋慈湖心学前辈从来就不曾提过。

还有同出一门的师辈陈白沙，与娄谅同学于江西吴与弼吴崇仁门下，是离阳明最近的一位心学先师，更何况白沙门下湛若水与阳明同朝为官、同学为友，所以，有人认为，白沙江门之学应该是姚江之学发端的另一个源头。例如，冯友兰说，阳明之学虽亦自得，然亦必受此二人之影响也。朱维铮也说，陈献章是王阳明学说的真正教父，广东是王学的策源地。他们这样想当然说来，王阳明会接受吗？若会，黄宗羲就不会留下疑问了。

黄宗羲说，有明之学，至白沙始入精微，至阳明而后大，两先生之学，最为相近，不知阳明后来从不说起，其故何也？不光黄宗羲这样问，同时的屈大均也这样问，他说，阳明之学多由甘泉启发，而阳明亦未尝数言甘泉之师为白沙，则又何故？

阳明之学难道还需要外来的甘泉即湛若水来启发吗？心学要领，要在本心，贵在自得，如果需要旁人的启发，那么王阳明就不成其为王阳明，心学也就不成其为心学了。思想交流是双向的，不能把它说成单边的谁受谁的启发，屈大均为岭南人，被乡土情结驱使，欲为岭南学派讨个说法，以此提高一下岭南学派在全国的学术地位。所以屈氏那一问，实含有学术地理的自卑，欲以岭南挑战江南。

自宋、元迄于明中期，江西都是学术的中心，陈、王之学，皆出于江西，接着才有岭南江门之学和浙东姚江之学的兴起，中国学术地理版图从此改观。

就时间前后言之，当然是白沙江门之学在前，而阳明姚江之学在后，说姚江之学受了江门之学影响，也说得过去，但作为学术中心，岭南有所不及，难以枢纽全国，而阳明则以一人使学术中心发生转移，从江西转向浙东，从庐山转到会稽山。

浙东之地本有心学基础，南宋时，已有甬上四先生打底子，而会稽山自东晋以来便与庐山互动，形成了“人与山川相映发”的山水诗的诗意空间，学术中心从江西向浙东转移，往来的门路早已相通，能执此连山路线者，舍阳明其谁也？

从王羲之到王阳明，有个“宁作我”的祖脉相连，远祖羲之“适我”，至阳明则深入“吾心”，以“吾心光明”而为“立德，立功，立言”的“文成”之人。

另有一路，从庐山向岭南，但这一路不是学术中心的转移，而是江西之学的延伸，与走江湖“一花开五叶”的禅宗思想路线并行，居中国学术边缘地带。

但边缘也有边缘的好处，好在具有革命性。先是六祖慧能，在这一路革了禅宗的命，留下了思想革命的种子，后来又有孙中山，以三民主义革命，革掉了两千年帝制。在他们之间还有一人，那便是陈白沙的诗教革命，革出有明一代心学狂飙。

陈白沙同王阳明一样，都是从朱子之门进去，由陆子之门出来，他那诗教口吻同陆子一样惟妙惟肖，有时远甚于阳明，当他说出“天地我立，万化我出，而宇宙在我矣”时，其性情韵味无不肖似陆子，故其趋于陆学，出自天然之源，本乎性情之根。

白沙与陆九渊思想相通，乃气质相近使然，非以学成，所以他敢说“得此霸柄入手，更有何事？”那“霸柄”就是自我，从自我入手，一切可解，可以将“往古来今，四方上下，都一齐穿纽，一齐收拾”。这是怎样的大手笔？谓之陆子转世可也。但他却是自得，他自叙其学，说他年二十七，始从吴与弼学。在吴与弼那里，他将古今之书学了个遍，也不知从哪儿入手，于是，回到白沙，继续读书，此心与此理还是没个吻合处，故舍繁求简，改为静坐，在静坐中体认本心，由内而外，由己及物，终于有了个“身居万物中，心在万物上”的觉悟。所以，尽管他与陆子神似，但他并未私淑陆子。这一点与王阳明不同。阳明对陆子的认同不是出于性情，而是基于思辨，是对朱陆异同所做的选择。

明乎此，便可知阳明何以不提白沙，因为白沙也从来没有提到过陆子，思想归思想，师承归师承，不要因为思想相近，就得按照先后次序建立师承关系，所以，没有必要在陆王心学中塞一个陈白沙进去，更不必做惊讶状，问王阳明为什么不提。

也许陈白沙通过湛若水影响过王阳明，但那影响不过交流而已。今人作宋明思想史，言及心学，多自以为是，理出一个脉络：陆九渊—陈白沙—王阳明。其实，陈白沙无论在思想来源上，还是在师承上，都没把自己当作陆子传人，而是另起思想炉灶，自立心学门户，他没在朱陆之间选边站，而阳明则不同，高扬陆子，旗帜鲜明。

《明史·儒林传序》说：明初诸儒都是朱子门下的支流余裔，师承有自，恪守儒脉正传，无敢改错，学术分野，从白沙、阳明开始，追随白沙者，形成江门之学，但孤行独诣，其传不远；追随阳明者，成就姚江学派，别立宗旨，与朱子背驰，门徒遍天下，流传逾百年，其教大行，其弊滋甚，影响所及，致使笃信程、朱者，亦多流于异说。

由此可见，白沙未追随陆子，然也不反对朱子，只是挣脱了束缚，自说自话，重启明代心学思潮，冲破了朱子学说大一统，而阳明则在朱陆异同中支持陆。

后来，阳明辑《朱子晚年定论》，选朱子晚年与同仁论学的 35 封书信编辑成册，另有序跋，立宗旨，叙缘由，说他自己“独于朱子之说，有相抵牾，恒疚于心”，因而自问“窃疑朱子之贤，而岂其于此尚有未察”？于是，“复取朱子之书而检求之”。

这一“检求”便有了新发现。他发现了什么呢？他发现朱子“晚岁固已大悟旧说之非，痛悔极艾。至以为自诳诳人之罪不可胜赎。世之所传《集注》《或问》之类，乃其中年未定之说。自咎以为旧本之误，思改正而未及。而其诸《语类》之属，又其门人挟胜心以附己见。固于朱子平日之说，犹有大相谬戾者。而世之学者，局于见闻，不过持循讲习于此。其余悟后之论，概乎其未有闻。则亦何怪乎予言之不信，而朱子之心无以自暴于后事也乎？予既自幸其说之不谬于朱子，又喜朱子之先得我心之同然，且慨夫世之学者徒守朱子中年未定之说，而不复知求其晚岁既悟之论。竞相呶呶，以乱正学，不自知其已入于异端。辄采录而裒集之，私以示夫同志。庶几无疑于吾说，而圣学之明可冀矣”。

在这篇序里，他把朱子之学分作中年、晚岁两段，用晚岁朱子否定了中年朱子，自谓“予既自幸其说之不谬于朱子，又喜朱子之先得我心之同然”，以此表明自己是晚岁朱子定论的传人，这样，他就完成了对朱子之学的正、反、合的辩证法运动。他本想用朱子之学来帮助自己做圣人——这是正，因格物失败而转向心学——这是反，当他发现晚岁朱子的定论，才知道朱子原来就是他的心学先师——这便是合了，是否定之否定。

合，方能成其大，不单将陆学发扬光大，而是合朱陆之学，成为集大成者，这本是江西之学的追求。从元初到明初，从吴澄到吴与弼，都有过这样的追求，但他们都以朱子之学为本，兼收陆学，至王阳明，发生了倒转，改以陆学为本，兼收朱子晚年定论，以此调和朱陆，自成一家。合的关键是“致良知”，正是这一点强调了理性思维对发明本心的作用，所以能兼容朱子，使心学从陆学转向王学，改称陆王心学了。

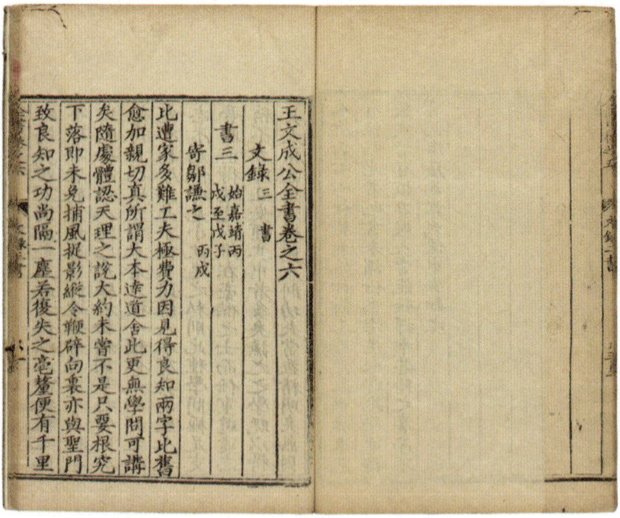
王文成公全書卷之六
文錄三 書
書三 始嘉靖丙戌至戊子
寄鄒謙之 丙戌
比遭家多難工夫極費力因見得良知兩字比舊
愈加親切真所謂大本達道舍此更無學問可講
矣隨處體認天理之說大約未嘗不是只要根究
下落即未免捕風捉影縱令鞭辟向裏亦與聖門
致良知之功尚隔一塵若復失之毫釐便有千里

《王文成公全书》卷之六，总三十八卷，（明）王阳明撰，钱德洪编次，王畿增葺，明隆庆时期谢廷杰刊本

一板子打出明代心学

明代皇帝发明了打板子，宣喻了君臣关系的本质。当然是君打臣的板子，是王权主义打官僚主义的板子，这在历史上是明朝的专利。宋代思想者有福，最起码，从来没有挨过板子。历朝历代，总有些蠢蠢欲动的家伙想借刀杀人，北宋有乌台诗案，南宋朱熹也差点被当作伪人砍了脑袋，但最终都未能得逞，对于思想者来说，这便是有福了。而明朝的思想者却没有这样幸运，难免要挨板子。王阳明就挨了板子，一板子打下去，打下了王权主义，四十大板啊，差点把他打死，每一板子都在告诉他，“存天理，灭人欲”究竟是什么意思！打他的，是太监刘瑾，太监代表皇帝，皇帝代表天理。他挨了打，活该！在天理跟前，没有人权，只有人欲。据说，刘瑾生杀予夺会有暗示，行刑的太监要看他的脚，他的两只脚摆成外八字，就是放一马的意思，摆成内八字，那就得死。幸运的是，王阳明没有死，就从理学转向心学了，成了陆王心学的集大成者。

03

假如马基雅维利遇到王阳明

王学究竟有多大？我们还是来看看《明儒学案》吧。

《明儒学案》共六十二卷，明黄宗羲撰，有明一代的学术流派，被黄氏一一道来。此前，周汝登撰《圣学宗传》，孙奇逢撰《理学宗传》，皆欲综述诸儒学说，但黄氏认为，周书近禅，孙书杂收，故博采明儒文集、语录，以各家宗旨，分宗立派。

全书除以《师说》为卷首，列方孝孺等 25 人，次述门派，分为各学案，以特起者、后学者、不太著名者并列为《诸儒学案》，最后为《附案》。总计：《崇仁学案》四卷，列吴与弼等 10 人。《白沙学案》二卷，列陈献章等 12 人。《河东学案》二卷，列薛瑄等 15 人。《三原学案》一卷，列王恕等 6 人。《姚江学案》一卷，列王守仁等 3 人。《浙中王门学案》五卷，列徐爱等 18 人，又附记 1 人。《江右王门学案》九卷，列邹守益等 27 人，又附记 6 人。《南中王门学案》三卷，列黄省曾等 10 人。《楚中王门学案》一卷，列蒋信等 2 人。《北方王门学案》一卷，列穆孔晖等 7 人。《粤闽王门学案》一卷，列薛侃等 2 人。《止修学案》一卷，列李材 1 人。《泰州学案》五卷，列王艮等 18 人，又附记 3 人。《甘泉学案》六卷，列湛若水等 11 人。《诸儒学案》十五卷，列方孝孺等 42 人。《东林学案》四卷，列顾宪成等 17 人。《蕺山学案》一卷，列刘宗周 1 人。

以上各案，共六十二卷，列 201 人，又附记 10 人，《附案》5 人。合计，共列 241 人。学案体例，首列叙论，为学案提要，次列宗师，述其生平及学脉，并录取各学案著作要点，分出理学和心学两条思想路线，各以薛瑄和王阳明为之代表，以此提撕明儒思潮，将有明一代学术思想大致划分为三个时期：初期，以崇仁吴与弼、河东薛瑄、白沙陈献章为主；中期，以姚江阳明为主；末期，则以东林顾宪成、蕺山刘宗周为主。

黄宗羲出自姚江学派，故以阳明为中心。概述其思想的地理分布，自《姚江学案》外，还有各地王门学案以及由王门而自化的学案，这些学案占了《明儒学案》大部分，实际上，他把《明儒学案》写成王门学案了，其他学案，或作为其来源，如《崇仁学案》，或作为其背景，如《河东学案》，都是为确立王门学案的主体性而存在的。所以，他说“有明学术，白沙开其端，至姚江而始大明”。可见，他在理学与心学之间的学术取向，是倾向于心学的。故《四库全书总目》说黄氏“欲抑王尊薛则不甘，欲抑薛尊王则不敢。故于薛之徒阳为引重。而阴致微词，于王之徒、外示排击而中存调护”。“薛”，即薛瑄，为北方理学代表，其学虽富，但创新不足，因其官学地位已定，圣学气质已成，学术格局已经定型，只能守着朱子学说传承，坐享王朝中国里的荣尊，缺失了在文化中国的发展性。心学正相反，因没被王朝中国裹足，故能在文化中国里迈步。正如黄宗羲所说的，自阳明指出良知，便人人有个做圣之路。

如果马基雅维利在遇到王阳明后，接下来，他还会问什么？或许，他会问“圣人”，为什么要做圣人？这也是西方没有的。

西方文化教人做公民，中国文化教人做圣人，做人不太一样。做公民，是在国家的制度安排里给个人一个定位，以个人权利来表达国家的意志，而做圣人则非以个人为本位，而要以天下为本位，以天下为己任，在天下观里，做一个内圣外王的人。

西方文化立人，有个大前提，那就是上帝，对人性的看法跟原罪有关。中国文化立人，也有个大前提，但不是上帝，而是天地，人为天地之心，立人，就是“为天地立心”。上帝是人格化的，天地是自然化的，这就决定了对人的看法：人是被上帝创造出来的，还是自然的产物？对此所做的不同回答，就形成了东西方迥异的文化。你是面对上帝，做个有罪之人，而神往天国，还是立于天地，做个自然之子，而心系天下？

对于文艺复兴时期的意大利人来说，他们两者都需要，既需要有终极追求的宗教信仰，也需要具有现代性的人文理想，而做圣人就是一种人文理想。可马基雅维利显然不懂得做圣人那一套，他的《君主论》里没有一点儿内圣外王的痕迹，我们从《君主论》中没读到有做圣人的论述，却看到了类似《韩非子》那样的君主专制主义，只可惜，他与韩非同调不同时，与王阳明同时却不同调。

若他与一千七百多年前的韩非相遇，或会引以为同志，深感相见恨晚，我们不知他的《君主论》有无中国影响，也不知道这位佛罗伦萨的骄子是否读过威尼斯商人的《马可·波罗游记》，但他的《君主论》与《韩非子》那么相似，让我们看到了中国影子。

《君主论》在西方政治思想史上是个另类，有人说，马基雅维利是孤独的，例如阿尔都塞就认为，他在西方文化中无法被归类，无法与其他思想家一起被列入同一个阵营或同一个传统，就像一些思想家被归入亚里士多德传统或自然法传统一样。

若在中国传统文化里，那就不一样了，最起码，他不会孤独。在中国君主专制主义的队列中，在他之前的先行者，排队已经排了一千七百多年，即便与他同时的王阳明，对他的《君主论》也不会陌生，反而会觉得是老生常谈。因此，马基雅维利有可能搞不懂阳明的圣人观，但阳明一定能懂他的《君主论》。

圣人观，是对君主专制主义的扬弃，既有扬——表扬，也有弃——放弃，在某种意义上，也可以说是君主专制主义的高级阶段，有了圣人观，何必君主论？圣人观能包含君主论，但必须是用人民价值论和圣人革命观改良过的君主论，像《韩非子》那样搞法术势的君主论是不行的。对于申、韩之术，王阳明当然熟悉，那是王朝政治的死角之光，是国家本质的人欲烙印，圣人观就针对它们的局限性。他发现了那局限性的根本，那根本，就在人心，即“心中贼”。

马基雅维利不懂“中国心”，当然也就不知道有“心中贼”，但他知道如何能“灭山中贼”，“灭山中贼”，他有《兵法》，“灭心中贼”，他就不知所云了。

马基雅维利写了《君主论》，还写了《兵法》，它们是配套的。写《君主论》，是罗马人的一种宿命，那君主的原型可以说是恺撒或亚历山大，他们身上反映了从表达国家独立性到追求世界统一性的历史进程。而君主就是统一性的化身，所以，要有教人做君主的《君主论》。

由于世界市场尚未形成，贸易难以担待世界统一性的历史使命，所以，战争，依旧是运载历史向前的车轮，军队，仍然是引导世界统一性的引擎，君主，作为统一性化身，要时刻准备着用兵，因此，要有教人用兵的《兵法》，为了统一而争夺天下。

在马基雅维利之前，这样的君主有恺撒和亚历山大，在他身后，则有希腊化的彼得大帝和罗马化的拿破仑，他们都是被《君主论》呼唤出来的政治幽灵，他是他们的先知，也是他们的先师，《君主论》通过他们成了一种世界理念和国家精神。

马基雅维利的思想在西方被视为异端，在中国则早已见惯。有人说，他开始用人的眼光，从人性的角度来看待国家，这在西方当然是一次思想解放，若搁在中国，就算不得什么，周公在三千年前就这样做了。

用人的眼光置换神的眼光，将神权国家转型为王权国家，这也许就是王国维说的殷周之际的革命吧！在西方，则是文艺复兴运动在政治思想上的反映。

若停留在“人的眼光”上，那么国家机器还会保留人性温暖和人文之光，无论神权，还是王权，都可以包含在人道主义里面，可惜转向了君主专制的眼光。

用君主专制的眼光来看国家，就会开放国家原罪，放出利维坦。那

《君主论》里的利维坦，岂不就是个“主—奴结构”的君王？由此可见，在古希腊和古罗马的历史原野上，可以文艺复兴，但难以产生新的政治思想，马基雅维利的出现虽然促使西方政治学从神学转向人学，但他并未从神权转向人权，而是从神权转向王权，没有确立个人本位的新的政治立场，而是习惯性地将自己投怀送抱给了君王，把古典政治学最后一块包裹着的道德遮羞布撕开，打出了底牌。

这就逼着西方政治学停留在“人学”上，用“人的眼光”做更深入的观察与思考，不光要在对待性向度上看到君王，更要在非对待性向度上“认识自我”。

把自我放在新的政治思想上，政治就放出了个人权利的光芒。从个人权利出发的新政治必须时时警惕，要谨防君主专制，更要在制度上加以限制，因此，来自西欧的政治思想提出了“三权分立”的新的政治主张。从此，西方政治思想从地中海转向大西洋，由英法两国担当。

王阳明也是从“认识自我”——“心学的维度”上来思考的。但他的思想路线没有通往个人权利，而是另走一路，走向个体人格，其政治路线也没有通往“三权分立”，也是另走一路，走向了“内圣外王”。

个人权利是中国传统文化的短板，在君子小人之辨中，被列入小人范畴，儒家文化的理想国是个做圣人的“人皆可以为尧舜”的君子人格共同体，但政治上的小人又不像军事上的敌人那样分明，所以，战胜小人不能用兵法，而要用心法。

做圣人要有霸气，陆九渊说“学苟知本，六经皆我注脚”。心学的霸气里是含有兵法的，陆九渊虽未用过兵，但他“知荆门军”时，依山川形势，从容部署，访求勇士，议复国大略，已显兵家风范。而王守仁则是众所周知的大兵家，他那两手破“贼”功夫——用兵破“山中贼”，讲学破“心中贼”，两手都很硬，连曾国藩也佩服。

兵法之本，在于立心，以不变应万变，在乎一心。立心以定，而有主体性；立心以慧，而有能动性。而心学，在本体论和宇宙论上，立定本心，打开慧门。

“知行合一”将人的主体性和能动性完全打开了。心法即兵法，心学即兵学，是王阳明的独自体贴。此人用兵，一生无败，学生问他用兵之术，他说：用兵有什么术！只要学问纯笃，养得此心不动，就是术。胜负就在“此心动与不动之间”。

对于朱、陆异同，他是倾向于陆的。他指出，程朱一脉，尚要“追寻孔孟”，而陆氏“简易”，直接就从孟子那里来，所以更加亲近，更为贴切。

但陆氏也有粗处，“致广大”是够了，“吾心即是宇宙”，够大了，可“尽精微”还不够，只一句“心即理也”，没能说清楚“理”的来源处。“理”从天上来，还是从心上来？这是一个根本问题。若从天上来，那就是天理，从心上来，便是“心的条理”。

象山只说了心与理统一，还没有分别心与理，哪个第一，所以，未能“精一”；还承认有心之外的天理，还要到心的外面去格物致知，故未能“知行合一”。

在格物致知里，“知”和“行”分作两段，先知后行。象山读《易》，释“乾以易知，坤以简能”，云：“吾知此理即乾，行此理即坤。知之在先，故曰乾知太始；行之在后，故曰坤做成物。”这便是将知和行分了先后两段来说。这样来划分，在阳明看来，就是“粗”了。他认为，知就是行，要不是为了照顾两段论，连“合一”都是多余的。

一念起时，是知，也是行，这有点像量子力学中的测不准原理，为什么测不准呢？因为你观察它时，就作用于它，并改变它了。当你知时，就是行了，当你行时，就是知了，本来分不开，是为了理解方便而分的，可分了以后，却忘了它们原来不分。

知行如树。论枝叶扶疏，那是“格物致知”，风动，它就动，而有朱、陆异同；躯干耸立，便是“知行合一”，风动，它不动，因为它有根；再深入下去，就是根部——心本体，心一动，便“致良知”。因此，在认知上，“格物致知”是必由的阶段，象山言“心即理”，未言“心外无理”，就是还没有走出来，而他，王阳明，终于走出来了！

然而，他怎样走出来呢？要超越！再超越！不仅要超越程、朱那一路，还要超越象山那一路，回到孔、孟去，走向尧、舜、禹，进入心本体——“人心惟危，道心惟微；惟精惟一，允执厥中”，而知尧、舜、禹之相授受，“此心学之源也”，文明之根也。

他这番觉悟，从荒原来，从瘗旅来，那里，文明不在，历史不在，只有心在，恰如尧、舜、禹时代。脱去历史，剥落文明，王阳明孤独，孤独得唯余心本体。还有死亡，一板子打下去，打出了王权主义，四十大板啊，差点把他打死，每一板子都在告诉他，“存天理，灭人欲”，究竟是什么意思！打他的，是太监刘瑾，太监代表了皇帝，而皇帝代表天理。他挨了打，活该！在天理跟前，没有人权，只有人欲。

据说，刘瑾生杀予夺会有暗示，行刑的太监要看他的脚，他的两只脚摆成外八字，就是放一马的意思，摆成内八字，那就得死。挨了一顿板子，这还不够，还要将他贬到贵州龙场驿。他不想去，可还得去，到荒原去，后面跟着死亡的影子。

在恐惧的荒原里，他孤独若处子，看到了文明的生机——“良知”。后来，他将自己的心得总结为四句话：无善无恶心之体，有善有恶意之动，知善知恶是良知，为善去恶是格物。文明的根底是良知，格物就是“致良知”。

他从根本上倒转了“格致”，不是格物致知，而是以良知格物矣。

这不是文字游戏，他成了倒转中国传统思维的哥白尼，从内心深处高举“良知”，且“致”之，看似不经意，实为大手笔，思想回到荒原，文明从头开始。

此番觉悟缘起于贵州龙场驿悟道，从龙冈书院讲学开始。这是他有生以来第一次在书院讲学，书院开在荒原，一没书，二没钱。

可还是有人跟他走，不仅跟他走，还与他心连心，帮他建书院。他发现，人与人交往，可以没有书，也可以没有钱，人一无所有了，“吾心”之宇宙就会凸现。

人人都有理解心，那是“良知”；人人都有同情心，那是“良能”。以“良知”和“良能”交往，回到文明原点，他与山夷打成一片。

在前往贵州途中，路过长沙，他专门去了岳麓书院。岳麓山里有一条没有名字的小路，青苔或落叶铺路。王阳明就从这条小路通往岳麓书院。走在这条路上，他想起当年“朱张会讲”盛况，也想起朱熹晚年那一番忧愤悲苦的遭遇，竟然在一片可杀声中，绝望而死。

当王阳明从贵州回来，再次走在这条小路上，他还是“反求诸己”，从内心深处拿出良知。

最根本的解决，是政治解决，还是道德解决？他认为，是道德解决。他不知道在“君君臣臣”之外，还有其他途径和方式的政治解决。

那就用良知来照亮一切吧！它的光源，就在每一个人的内心——“吾心光明”，吾心好似一盏灯，满腔热血是光源……良知的光芒，投射在书院的那条小路上。

那条小路啊，就是通往书院的共和之路，通往自由思想之路……从那条小路上走出来的近代湖湘文化，便是“思想发达”“海阔天空”的与西洋思想共和的文化。

二　利玛窦来了以后

01

汤显祖的超越

中国“近代性”的由来有二,一自外来，一由内起。自外来者，随通商、传教而来，为外因；从内起者，有书院和民间海权，与外来相应，而为内因。或曰内因决定外因，但其实外因主导了“近代性”。

以“近代性”眼光来看中国近代史，我们首先看到了传教士。最早来中国传教的传教士是沙勿略，1551 年及 1552 年曾两次到广东上川岛。沙勿略是西班牙人，以“教皇特使”的身份来东方传教。他先到日本，通过日本了解了中国，便来中国传教。那时，明朝正搞海禁，葡萄牙人在上川岛“走私”，他也想通过“走私”上岸，便在此等待时机。

所谓“走私”，其实是因为朝廷限制民间海商，就搞海禁，一搞海禁，贸易就变成了“走私”，沙勿略也只好“走私”到中国，不料，成了先驱者。

沙勿略病死在上川岛，留下两个策略，一个是文化适应策略，一个是科学传教策略，这两个策略被利玛窦带到中国来了。沙勿略本人对中国没有什么影响，但他的思想影响了耶稣会传教士们，通过后者，他的思想影响了近代化的中国。尤其是近代科学进入中国，就与沙勿略的“科学传教”

有关。

沙勿略是先行者，范礼安是设计师，罗明坚是真正的敲门人，而登堂入室者，就是利玛窦。他是意大利人，带着欧洲文艺复兴运动的成果，他先到了印度，然后从印度来到中国。他在印度扮作僧人，到了中国，便接受中国人的建议，蓄发留须，俨然一儒士，这样的变化即所谓“文化适应策略”吧。

他先在澳门落脚，学习汉语，对汉字产生了兴趣，后来，同罗明坚一道入居广东肇庆，造了一座教堂，作为传教会所，他在此绘制了第一份中文世界地图——《山海舆地全图》，并用中文和罗明坚一起将天主教的十条诫译为中文，称为《祖传天主十诫》。不久，罗明坚被教皇召回罗马，利玛窦留在了肇庆，有人说，他在肇庆遇到了汤显祖。

这样说来是由于汤显祖有《端州逢西域两生破佛立义，偶成二首》：其一，画屏天主绛纱笼，碧眼愁胡译字通；正似瑞龙看甲错，香膏原在木心中。其二，二子西来迹已奇，黄金作使更何疑；自言天竺原无佛，说与莲花教主知。但诗中只说“二子西来”，并未言及利玛窦，凭什么把这两首诗说成是汤显祖和利玛窦相遇的依据呢？

我们认为，有以下两点可以支持：一是，在此时此地出现的传教士，除了利玛窦和他的同伴，别无其他，所以，最有可能的就是利玛窦；二是，诗中提到天竺，这符合利玛窦由印度中转而来的来历，“自言天竺原无佛”，这是只有到过印度，且对“文化适应”敏感的人，才能知道的。有此两点，我们就可认定诗中“西域生”即利玛窦。

“西域生”的传教士身份，由第一首诗第一句“画屏天主绛纱笼”确认，那时，利玛窦说中文，并未运用自如，因为诗中有“碧眼愁胡译字通”一句，由此看来，他们当时的沟通有一定的困难，很难进行深度交流。也有可能双方都没有深度交流的需求，汤显祖不过一被贬至广东的小官，未必能入利玛窦的法眼，而利玛窦亦正由佛转儒，那不伦不类的样子，汤显祖也未必欣赏，他到此一游，显然不是出于对“画屏天主”的敬仰，而是对别开生面的西洋景感兴趣，就如同他在澳门所见，后来还写入《牡丹亭》中。

他在澳门见了些什么？《牡丹亭》第二十一出《谒遇》中，僧人唱“一领破袈裟，香山岙里巴。多生多宝多菩萨，多多照证光光乍”，又曰“小僧广州府香山岙多宝寺一个住持”。那“香山岙里巴”是何物也？徐朔方注《牡丹亭》曰乃香山岙耶稣会教堂三巴寺，“香山岙”指澳门，“巴”，指寺庙，也有人说，“巴”系葡语，意为“神父”。

此外，他还看到了什么？看到了“贾胡”，一片珠光宝气。《香岙逢贾胡》诗云：“不住田园不树桑，珴珂衣锦下云樯。明珠海上传星气，白玉河边看月光。”这与他遭贬时对岭南的想象不一样。人在江南想象岭南，多半会顺着惯性，如从礼仪之邦进入生番空间，从锦绣江山到了瘴疠地盘，亲朋劝诫，言犹在耳，以至于他本人也必须把古人搬出来，对照古人，以“陆贾使南粤”自我勉励一番。

可事实上，岭南之美好远超他想象，甚至超出了他的梦想。香山岙中，筑室连城，雄踞海畔，若一国然，从江南到岭南，他发现了新的天堂。这一回不是苏、杭，而是粤、澳，他从粤、澳看到了近代性的光芒，那是大航海带来的重商主义的光芒。看那“贾胡”，“金钗击鼓醉豪呼”，酒狂中，手拿美人头饰金钗，一边击鼓，一边狂呼，摇晃了高楼、明月，还有桂树、啼乌，就这样，“年年海上看明珠”。这样的情景，放在天理人欲的范畴中，无疑有一种人欲之美，它带来了欧洲文艺复兴时期的消费狂欢，带来了大航海时代全球化的新的贸易空间，其《听香山译者》诗云：“占城十日过交栏，十二帆飞看溜还。握粟定留三佛国，采香长傍九州山。”

从占城位于今越南中部，古称林邑，乘十二帆夷船出发，十天便可达交栏山，今格兰岛，再远一点，有溜洋国，今马尔代夫，溜洋国产龙涎香。后两句，问：是留在三佛齐国采香好呢，还是往九州山去好呢？三佛齐国与九州山都盛产香料，要通过握粟占卜来决定。三佛齐国和九州山，位于今印尼和马来西亚半岛，曾经控制马六甲海峡。

这种远洋式贸易，显然与中国运河式如《清明上河图》那样的消费主义文化不同，这也是岭南与江南因江与海风土不同，而有粤、澳与苏、杭城市分别。

汤显祖从江南到岭南，由临川出发，自江西进入广东，行期约个把月，便到了广州，来此地一看："临江喧万井，立地涌千艘。气脉雄如此，由来是广州。"只一个"雄"字，便道出了岭南的"气脉"，与江南确有不同。

而汤显祖要在他的传奇里，使江南与岭南"气脉"相通，就如同明代版的江右商人"走广"一样，他走在了江右商南来北往的财路上，将财气化为文气。

他的老家临川本来就是江右商的一个重镇，有三条水系，就如同那个"川"字，可以通江达海。第一条水系是抚河，第二条水系是赣江，第三条水系是信江，这三条水系都是由南往北流进入鄱阳湖的，其中赣江水系是沟通江南和岭南的通道。

唐代以来，江南西道形成了以鄱阳湖为中心的江湖河海网络。鄱阳湖枢纽江西境内各大河流及其重要支流，由此可达江西全境，经由其与边缘地带的山川联系——"襟三江而带五湖，控蛮荆而引瓯越"引领周边各地。对江西来说，最重要的是那条南北向的赣鄱水系，往北，汇入长江，转向运河，直抵京师，向南，沿赣江上溯至大庾岭，走梅关通道，入北江，经由珠江水系，抵达粤海。

汤显祖从江南到岭南走的就是向南一路，他从临川进入赣江水系直达岭南。他一路行来，走在江右商的财路上，走得财气与文气一同高涨。此去广东徐闻县，本因一篇《论辅臣科臣疏》得罪了朝廷，受贬而往，人不堪其忧，他却自得其乐，从九月走到十月，走到广州，走得"秋水共长天一色"。人道岭南瘴气杀人，他说，活在金陵官气里，又何尝不是自杀？他虽遭贬谪，却"吾心光明"，纵然寥落似孤鹜，总有落霞齐飞。

走在他前面的，不光有宋代诗学前辈苏轼，还有本朝心学前辈湛若水。他不仅行走在当年苏轼践履的诗性奔放之路上，还走在从江南到岭南的心学苦旅上。他从心学的源头——临川出发，从陆九渊走向陈白沙，从王阳明走向湛若水，从泰州学派走向甘泉学派……他是泰州学派的传人，师从罗汝芳，罗汝芳师从颜钧，颜钧师从王艮，王艮虽然号称“淮南格物”，但其拜师王阳明却在江西，而颜、罗二人亦在江西本籍，故泰州学派主流也可谓源自江西学脉，到了汤显祖，已是第四代了。

泰州学派的王艮，作为创始人，原本灶丁出身，明代盐民，分两种人，一曰灶丁，如今之劳改犯，被发配到沿海地区，服烧盐苦役，属于“灶籍”，世袭烧盐，身份近于官奴，二曰灶民，虽然从事盐业，但有国民资格，可以改行，亦能应试科举。看来灶丁转化了，到王艮父子时，已开始经商，转变为灶民。由于王艮善贾，家道日裕，又从普通灶民，变成了两淮盐商。从 19 岁开始，他一边自学，一边贩盐，知行合一，一任天然。

38 岁时，他听一位江西塾师说，他的想法同江西巡抚王阳明一样，闻此言，他立马来江西，执弟子礼。从学王门期间，他侍候朝夕，同时，又标新立异。

其“异”于阳明者有二，一是其传道路线，从士人路线走向平民路线，将士人儒学发展为平民儒学，开启民间儒学运动，使儒学由“士学”转化为“民学”。二是其思想路线，亦由“知行合一”的“良知”主导，改为“百姓日用”的“日用”为先，以“百姓日用即道”，将“圣人之道”直接等同于“百姓日用”，而有王艮那样的“圣人之道，无异于百姓日用，凡有异者，皆谓之异端”的“新异端”说。

有人认为，这是儒学内部兴起的一次思想解放和名教改革运动，与欧洲宗教改革运动相似，而且刚好同时，更有运动的先知王艮与马丁路德亦为同时之人。此二人者，虽人各东西，各司其命，但他们的命运里，都有着对那个时代和那个世界的神圣性的否定，王艮用“百姓日用”否定了意识形态化的“圣人之道”——名教，而马丁路德则以“上帝不在教会，在我心中”否定了神圣罗马帝国和天主教。

在东方和西方的思想史上，“心”都充满了思想解放的力量。心为灵台，是灵魂的所在，所有的奇迹，都从心里出来。

说了这么多，是为汤显祖的岭南之行，提供一个可供解读的思想史的背景。如果我们把他当作泰州学派的传人，把他的行程也看做是一次思想历程，那么我们就可以将其岭南之行当作一场“周流天下”的心学之旅，将其所到之处所作的诗文当作“入山林求会隐逸，过市井启发愚蒙”的“随机指点”吧！从他对粤、澳商业文明的观赏中，我们可见其源于风土性的江右商的本来面目，也可见其本自祖师爷的泰州学派的精神底色。

汤显祖此行最重要的，还是与利玛窦在肇庆的那一次相会。对于那次相会，利玛窦并未提起，而汤显祖则以绝句二首“随机指点”了一二，似乎未留下什么难以忘怀的感觉，但利玛窦的影响还是被人发现了。康熙、雍正年间，有吴震生、程琼夫妇合作《才子牡丹亭》一书，其中就引用了利玛窦《天主实义》说的人世之美乃天上之美投影的说法，来解读《牡丹亭》中杜丽娘游园“惊梦”一折。

这是中国文学评论首次运用西方美学观念来解读中国戏曲。吴、程二人未必知有汤、利相会，但他们还是从《牡丹亭》中嗅到了利玛窦留下的气味，也许那影响早已潜意识存在着，要待有心人来重新发现。

总之，汤显祖“走广”不但是一次心学超越之旅，更是一次西洋发现之旅。他超越了什么？当然是王阳明。但凡超越，都冲着王阳明去，但他超越了吗？

心学至汤显祖，有四次超越。第一次超越，是王阳明对陆九渊的超越，那是王阳明以“致良知”的认识论对陆九渊“吾心”本体论的超越；第二次超越，是泰州学派的王艮以“百姓日用”的实践论对王阳明“致良知”的认识论的超越；第三次超越，是李贽的墨学化的历史观对王阳明“内圣外王”圣人观的超越；第四次超越，则是汤显祖以灵性思维的传奇叙述对王阳明的良知主义的学理表达的情思超越，那是爱情对良知的超越。

传奇，采取了做梦的原始形式，超越，表现为梦想的灵性道白。

"四川四梦"，一个多么辽阔的精神领域，一片多么丰富的灵性存在！不但有血有肉，是个情色缤纷的人欲天下，而且有情有义，是个侠鬼仙佛的性情世界。侠之梦，为《紫钗记》；鬼之梦，为《牡丹亭》；仙之梦，为《邯郸记》；佛之梦，为《南柯记》。前两梦因男女而入世，以侠与鬼提撕墨学；后两梦因官场而出世，终归于仙与佛的去处。《紫钗记》里的黄衫客，那是个墨侠的剪影；《牡丹亭》中，杜丽娘为爱情死去活来，则是一篇解读墨子"明鬼"思想的传奇，我们看到了墨学的胜利。

据说，日本学者青木正儿曾向王国维表白，他要接着王国维的《宋元戏曲史》写《明清戏曲史》，没想到被王国维当头泼了一瓢冷水，说：宋元以后的戏曲都是"死文学"，不足观也。这句话虽非专门针对汤显祖说的，但也足以将汤显祖打翻在地了。青木正儿还是第一个拿汤显祖与莎士比亚来对比的，若王国维有知，会怎么想？

王国维的说法，我们当然不取，但他这么想的理由，则应当考究。王国维论戏曲，以自然为标，认为元曲最自然，而明传奇则是造作的，无论作为文学形式的传奇本身的戏剧结构，还是作为传奇作者的主体性的精神结构，皆非一气所能呵成，一笔所能写就，与唐诗宋词不同，与元曲和杂剧也不同，杂剧虽有叙事，不过"四折一楔子"，而传奇叙事则视剧情而定，可长者五六十出，短者或一二十出。

除了传奇的表面化的叙事结构如长篇话本小说需要精心设计，汤显祖显然更为看重以传奇的方式来呈现他的深层次的精神结构，这当然不像"诗言志，歌咏情"那样自然而直接，而是需要基础性的建构，要把思想的柱石打入传奇叙事基础的底部，构筑一个思想体系的底层结构，在此基础之上，确立传奇叙事的主体性的精神结构，而叙事本身则是个表面化的类似装修那样的戏剧结构，汤显祖的传奇里就包含了这三层结构。

这就如同施耐庵、罗贯中将他们治国平天下的抱负以话本的样式呈现出来，汤显祖则以传奇叙事的方式，将他的思想、学养和情怀，在"吾心"中统一起来。所谓"统一"，就是自然美与艺术美的统一，是感性美与理性美的统一，汤显祖在这样的统一性中，偏好艺术美与理性美，而元曲则偏于自然美和感性美。

王国维崇尚自然美，趋于元曲一路，他本主张文学归文学，哲学归哲学，而汤显祖却以文学方式——传奇来搞哲学，这样的文学，当然也就变成了“死文学”。

不过，在存在主义的哲学里，文学与哲学可以交辉，而陆王心学就很有点存在主义的意思，“吾心即是宇宙”，我心即天理，便是中国式的“存在先于本质”。若用存在主义的眼光对心学和理学做一选择，那么存在主义会怎样选择？大概会选择“吾心”作为第一性的“存在”，而把“天理”当作“本质”来对待吧。

西哲曰“我思故我在”，但“我思”从何而来？若去问心学的究竟，那应该就从“吾心”来吧。故“我思”者，乃“心思”，王阳明“致良知”，便是“心思”所致也。由此看来，我们也可以这样说：“致良知”的“心思”，就是中国式的“吾心故我思”。

而汤显祖却选择了另一条路，不是“我思故我在”的“心思”一路，而是“我爱故我在”的“心爱”一路，汤显祖对王阳明的超越，就因为他把墨子的“兼爱”带到心学里面来了，让“吾心”充满爱，也就是让“宇宙”——天人、鬼神、仙佛的世界都充满爱——“兼爱”，那是一种普遍的爱和绝对的爱，通过“兼爱”把世界联系起来，在心学之中，他率先开启了墨学复兴运动，其代表作即“四记”之中的“还魂记”——《牡丹亭》。

《牡丹亭》是一部爱得死去活来的“明鬼”之作，剧中，汤显祖化作柳梦梅从岭南回归江南。他在澳门见识过城市、港口、帆船和洋人，还有教堂和传教士。他在那里，多少能感受到一些由葡萄牙人带来的欧洲文艺复兴的宫廷气息，尤其在利玛窦身上，那气息已俨然成为一种气象格局，对他有所启示，亦有所不适。

艾兹赫德著、姜智芹译《世界历史中的中国》第四章《世界的地平线：文艺复兴时期的中国（1350 年至 1650 年）》第一节《1350 年至 1650 年中国在世界上的地位》中，提出了“欧洲的文艺复兴的宫廷”一说，并拿它与万历时期的明朝中国和印度的莫卧儿帝国做对比。对比指出，就古代性而言，东西方宫廷类似，但中世纪的欧洲，宫廷之外还有国家，那是欧洲特有的，文艺复兴的宫廷对不同的国家具有一定的容忍性，“文艺复兴的王子没有一个像苏丹或莫卧儿大帝那样专制，文艺复兴的官僚体制没有一个像明朝官员或土耳其精英统治者那样没有受到社会的挑战”。这样的宫廷，中国并不陌生，周朝就是一个宫廷与国家并存的天下，是个用《诗经》和《周礼》教化的世界，更像欧洲中世纪。

利玛窦来中国时，欧洲中世纪世界就如同东周礼崩乐坏，宫廷同国家对立起来，宫廷式微与民族国家兴起，在文艺复兴的背景下分庭抗礼，表达文艺复兴的国家要求的，是马丁·路德发起的宗教改革运动，带来文艺复兴的宫廷气息的是耶稣会传教士。

耶稣会传教士无不反对马丁·路德的宗教改革，利玛窦当然也不例外。

假如马丁·路德像利玛窦那样来到中国，宣称“上帝在我心中”，并表示仅以一本《圣经》就可以取代整个教会而成为真正的基督徒，那时，若遇程、朱或陆、王，让他们分别来选择，我们认为，程、朱有可能反对，而陆、王则会赞同，何也？因为“吾心即是宇宙”，上帝当然也就在我心中，陆王心学之于儒教改革，正如马丁·路德之于基督教。

假如利玛窦和马丁·路德都来中国传教，一个代表文艺复兴的宫廷，一个代表文艺复兴的国家，而且他们都遇上了汤显祖，那么，汤显祖会看好他们哪一个？

基于基督教的马丁·路德的国家观念，他也许一时看不懂，但他作为陆王心学一脉泰州学派的第四代传人，大概会把马丁·路德当作他发明“吾心”的同道之人。可惜的是，来的不是马丁·路德，而是利玛窦，若是马丁·路德，他大概就会把“即心是佛”同“上帝在我心中”联系起来吧。尽管未能如此，但他还是有可能从利玛窦那里获得一些启示。

我们知道，墨学尊鬼神，尊鬼的有“明鬼”，尊神的有“天志”。“天志”

和“明鬼”，《还魂记》(《牡丹亭》) 里都有呈现。“明鬼”显而易见，其原型在宋人笔记和明人话本中均有记载，《牡丹亭》即由话本“杜丽娘慕色还魂”改编而来，而“天志”却不那么明显，它作为一种隐性价值取向，隐含在“明鬼”的传奇叙事里。杜丽娘死而复生，虽然有其“明鬼”原型，但也有可能受了耶稣复活的影响，有了神子复活的先例，“还魂”的传奇就有了终极依据，那依据在基督教里便是“天启”，在墨学之中即为“天志”，它是情的主宰，是爱的律令，造就“永恒之女性”。

他这样的写作，是一种思想家的传奇式写作，难怪有人把他的传奇当作大文章来读，那是因为戏剧化的传奇叙事，只是他借用的适于他表现自由之思想的一种形式，正如其先驱，如历史写作的《史记》，是适于太史公“究天人之际，通古今之变，成一家之言”的一种形式，而小说创作的《水浒传》与《三国演义》则是适于施耐庵和罗贯中表现其治国平天下怀抱的形式，他还有后来者，以诗证史的《柳如是别传》，那就是适于陈寅恪以考据确立其“独立之精神，自由之思想”的史学形式，以这种形式复活了柳如是。

有人拿他来与莎翁相比，其实两人除了是同时代人，又在同一年死去，还有就是都采取了戏剧化的写作方式，此外，他们再无相似。虽然都写戏剧，但一个是以戏剧化的思想家来写，一个是以纯粹的戏剧家来写，就戏剧的本色行当而言，莎翁显然更拿手，但从戏剧的思想性出发，汤显祖似乎有着更为深远的追求，莎翁之剧，以常识写出普世价值，而汤显祖则从入世写到出世，建构了一个宏伟的传奇式的思想体系，在这方面，他的“还魂记”更像诗人歌德的诗剧《浮士德》，在天理人欲之间，吾心飞翔。

作为陆王心学传人，他没有开创个学派，也不太去讲学，却在天南地北间拥有了一座又一座中国梦的戏台，于古往今来时，绵延了一代又一代观众和读者。

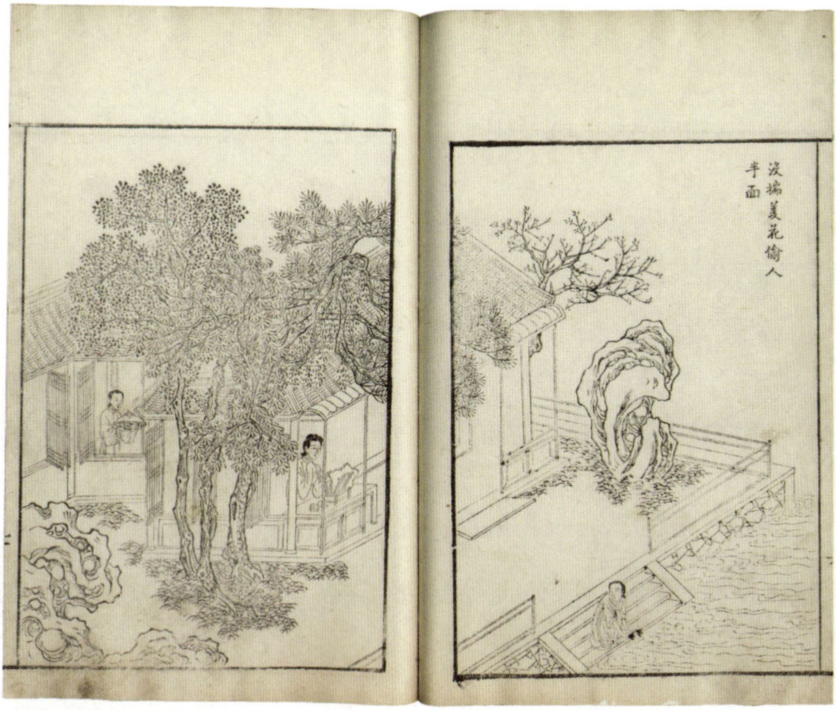

《汤玉茗牡丹亭记》四卷，十折“惊梦”插图，（明）汤显祖撰，茅暎、臧懋循评校，王文衡绘图，明刻套印本，中国国家图书馆藏

《牡丹亭》之柳梦梅从岭南到赣南，一如汤显祖从岭南回到江南。据说，汤显祖在岭南相遇了利玛窦。

02

心学的异端气质

心学，从创始人陆、王二人开始，就有着异端气质。

在陆九渊之前，谁问过“尧舜读什么书来”这样的问题？据说，赵抃这样问过王安石。《邵氏闻见后录》卷十九中就有赵问“如皋、夔、稷、契之时，有何书可读”？但那是针对与王安石相应的政统发问。而陆九渊那一问则问向道统，一问就问到尧舜头上，可见他不仅超越孔孟，而且超越周孔，直奔尧舜而去。王阳明异化得更厉害，让他以理学的方式去“格物致知”，他居然会“格”出一身病来，在他之前，闻所未闻，在他之后，亦无二人，什么叫“格格不入”？这就是。

心学的异端气质，在泰州学派里更为明显，有人称它为“左派心学”，未知其划分的标准如何，或以思想路线来分吧。学派发展要靠思想路线，中国传统思想有走仕途和走江湖两条路线，如以走仕途为“右”，那么走江湖即“左”，所谓“左派心学”，也就是走江湖的心学。但这两条路线并非必择其一，而是可以并行和互补。所以，走仕途时，思想上不妨有个江湖的去处，政治上走仕途，不妨碍思想上走江湖，正如范仲淹说的“居庙堂之高则忧其民，处江湖之远则忧其君”，李贽和汤显祖都是半吊子的仕途人物，稍有不顺便退出仕途，因为他们心中早就有个江湖。

可他们的祖师王艮却比他们决绝得多。王艮“周流天下”，但他绝对不走仕途，不但自己不走，还不让他的子孙走。他自己不走，还可以说是由于他的盐丁出身所致，不让子孙走，则纯属思想路线的抉择，他没如此要求弟子，却这样要求子孙。

不知王艮是否有意，他这样一抉择，便走出了儒学，走向墨学。儒学走仕途，故儒生皆为士子；墨学走江湖，故墨者多是侠客。尽管他的弟子们大都两条腿走路，一条儒学的腿走仕途，一条墨学的腿走江湖，但他们并未走向与名教决裂，而是让墨学那条腿走到名教里面来了，将墨学中“赴汤蹈火，死不还踵”的侠义精神留下来发扬光大，黄宗羲称他们为“赤手搏龙蛇”。

泰州学派好做梦，具有代表性的便是汤显祖的“临川四梦”，从入世到出世都有了。但最有代表性的，用来开宗立派的，还是王艮的“异梦”——救世梦。此梦见于他的《年谱》中。王艮29岁那年某夜，梦见天坠，压在人身，人皆奔号，唯他奋臂托天，救出众生，又见日月颠倒，星辰失序，便使之归位如常……醒来，他汗如雨下，心塞顿开，从此，他就认定，“万物一体为仁”，宇宙在我即心。

这个梦，气象格局与阳明不同，却与九渊相通，陆诗曰“仰首攀南斗，翻身倚北辰，举头天外望，无我这般人”！先师如此豪迈，能不激发后学“异梦”？阳明非梦，其龙场悟道，乃游走于生死之际，“百死千难”中，孤苦独处时，悟得“吾性自足，不假外求”，逆转宋儒理路，便有“一点良知”如晨曦闪烁于天际，隐隐约约，被他认出，从理性上，硬碰硬地撞开理学之门，开出“致良知”一路。这是一条学院式道路，王艮显然不具有那样理性的力量，他必须借助灵性思维的奇迹，依靠梦想而非思想来实现超越。

中国文化讲入世、出世的多，儒道互补，三教合一，不过尔尔。可心学中，偏偏就出了个泰州学派，要做救世的梦，梦想的源泉，不在儒道里，而在墨学中。墨子就是有着救世梦的义士，哪里人民有难，他就往哪里去，在一个无义战的世界里，欲以一己之力，令天下“非攻”，在一个不平等的礼教社会里，欲以“兼爱”，追求人类大同。墨子的思想就是救世信仰，有着浓郁的宗教气息，但未形成宗教，却形成了类宗教的学派团体，具有严密的组织性，并拥有当时最先进的防御性武装。这个团体不仅用逻辑武装了思想，还用兵法和兵器以及一往无前的战斗意志，武装了“非攻”主张。这样的学派首领号称“钜子”，他不光有一个信众体系，还有维系墨者团体的法律。

王艮天然就是个墨者，王艮与墨子有太多相似，两人出身相似，学儒相似，开创学派也相似。我们不知王艮是否读过墨子《非命》，但他对天命的态度更像是墨子的学生。拜谒孔庙时，他曾感叹：夫子亦人也，我亦人也。一念起时，顿生“我由命造，命由我造”之思，此与《墨子·小取》“子然，我奚独不可以然也”何其相似！

泰州学派之于墨学复兴有四种方式：一是力行的方式，如王艮、颜钧、何心隐等人，只管去做，“不著墨家一字，尽得墨学风流”，宛如墨侠一般；二是思想的方式，如李贽作《墨子批选》，其于名教之中独树墨学一帜，而欲变革之；三是文艺的方式，如汤显祖作《还魂记》，以至情而“明鬼”；四是科学的方式，如徐光启之能与利玛窦合译《几何原本》，就因为墨辨思维中早已有了逻辑学的思辨活动造就了科学的认知范式。

《明儒王心斋先生师承弟子表》序曰：“心斋先生毅然崛起于草莽鱼盐之中，以道统自任，一时天下之人，率翕然从之，风动宇内，绵绵数百年不绝。”表录王艮至其五传弟子共计 487 人，其中以进士为官者 18 人，以贡士为官者 23 人，入《明史》者 20 余人，入《明儒学案》者 30 余人，分布在江西 35 人，安徽 23 人，福建 9 人，浙江 10 人，湖南 7 人，湖北 11 人，山东 7 人，四川 3 人，河北、河南、陕西、广东各 1 人，江苏本土百余人，可见其学传播主要是在长江三角洲和赣鄱流域等商品经济发达的地区。

其中，最激进的是两个悲剧人物，一个是何心隐，另一即李贽。

何心隐是泰州学派第三代传人，他与罗汝芳同为颜钧弟子，能文能武，一身墨侠习气，早年亦曾入仕，为江西乡试第一，可他一旦发现真理，便弃仕途而去。论仕途之决绝，没人比他更为自觉。王艮自绝于仕途，有出身的原因；颜钧没走仕途，为家贫所限；唯有他在仕途上，本可以水到渠成，却被他自动放弃了。他在选择是走仕途，到王朝中国去，还是走江湖，到文化的江山去。他跟着老师指引的路线走去，不是士人路线，而是平民路线，走向独立精神的新天地。

李贽最佩服的人就是他，他死后，李贽作《何心隐论》，其中就提到他对于名教的革命，说名教五伦被他革掉了君臣、父子、兄弟、夫妇四伦，只留下师友，因为他认为，前四伦不是基于血缘，便是出于利害，属于自然而然，也是不得不然，唯独师友一伦可以自我选择，给自由意志和自由思想留了取舍的空间，新社会即由此一伦而生。

李贽说，人有五伦，何心隐舍其四，“而独置身于师友贤圣之间”。师友一伦，以“同志”相称。我们耳熟能详的“同志”并非今日才有，而是由来已久，以“同志”建构新社会，亦非从现在开始，早在四百多年前已经开始了。还有什么比这更伟大的事情？这是对名教的革命，在名教体制里当然无法实行，那就到民间去，从自家开始，他做了一次伟大的社会革命的实验。

李贽说他要突破“孔子之道”的局限。局限在哪里？李贽指出，“孔子之道”有两个难处，一个是家庭，“其难在以天下为家而不有其家”，还有一个便是私有财产，难在“以群贤为命而不以田宅为命”，克服这两个难处，何心隐决定从自己做起。

他要做什么呢？做一个“会”，一个“师友会”，一个“同志会”，他要用这“会”来改造中国，改良社会。于是，他借鉴老师颜钧在家乡成立宗族性的萃和会的形式，加以扩充，使之从自发性的聚众讲学变成自觉性的自治组织。这就超越了儒者的界限，向着墨者的方向发展去。本来老师颜钧就有此倾向，他把这一倾向贯彻到底了。他在宗族内做“会”，欲以“会”来突破家庭和私有财产的局限，遂捐其家产，立“聚和堂”——“会”，以经济平等为基础，建立耕读式乡村自治组织。

有人说，那是个空想社会主义的组织形式。空想是什么意思？就是不满现实，想在现有的国家政权以外，通过自治的组织行为改变其现状，达到其目的。

在资本主义社会里消灭私有制，那是空想，但在社会主义社会里，就不完全是空想，而是一度成为现实，或部分成为现实。同样，在宗法社会里搞宗族自治也不是空想，与其说同王朝中国犯冲，也可说是对王朝中国的补充，放在“修身、齐家、治国、平天下”的王道序列里，它属于“齐家”范畴，王艮大讲“修身”，何心隐重在“齐家”。

王艮说“格物致知四字本旨”，认为“二千年来未有定论”，为此，他提出了一个新的说法，说“格如格式之格，即后挈矩之谓”，“挈矩”是“度量”的意思。所以，“格物致知”，还有个用什么来“格”的问题。若以国家为“挈矩”来“格”天下，王朝中国就难免用它的“挈矩”——君主专制和中央集权来“格”人了，这就会出现如马克思所说的“使人不成其为人”的问题。这个问题历来被忽略，突然间被王艮提出来了。正相反，他说“吾身是个矩，天下国家是个方”，这样“格”出来的“国家”，当然就是个人本位的国家，这样“格”出来的“天下”，也就是个体人格的天下了。

由此，他得出一个结论：天下什么最重要？非国家，乃“吾身”。请注意，他已从陆王心学的“吾心”转向泰州学派的“吾身”，反复强调尊身、安身、保身、爱身，“以身为本”，“修身立本”，“立本安身”，“明哲保身”。

对此，何心隐另有一说法。他说“《中庸》以身言者”，故王艮以“吾身”立论，出自《中庸》，而“《大学》以家言者”，他从《中庸》转向《大学》，所以，立论也从“吾身”转向“吾家”，以“吾家”为矩，度量天下，以“吾家”为本，聚族而居，化小家为大家，欲以“会”——“兼相爱，交相利”的经济组织来“齐家”，而使“天下一家”。

这样的追求虽然打着《中庸》和《大学》的名教旗号，但他们身上那种直奔孔子而去的“大道之主”的仁义主体性，还是突破了由理学规定的名教范畴。再加上何心隐于五伦之中唯重师友一伦，他特别提出“天地交曰泰，交尽于友也”，“天地之交”居然不在君，也不在父，而在友，友大于君，重于父。如此看重友谊，《荷马史诗》里也曾有过。阿喀琉斯终极一战，不为国家，不为王权，不为财富，只为友谊，可见，在他心中，朋友大于国家，高于王权，重于财富，连宙斯都为之感叹：人类终于成熟！因为君和父的权威还属于自然法则，而友谊则是人道，超越自然法则，表现出纯粹的人道之爱，人类从此就可以挑战命运的主宰。

何心隐不走仕途，君臣一伦便离他远了，父子、兄弟，也非人自己所能选择，要由血缘来决定，夫妇一伦，也难由己，也得经由“父母之命，媒妁之言”……总之，五伦之中，唯独师友一伦可以自己选择，能借以表达自我意识，实现自由意志。

如果孟子有知，会不会把他当作墨子信徒，骂他个“无君无父”？若以师友一伦建立新社会，那社会就得“兼相爱，交相利”，就得“尚同”，以“同志”为基础，在志同道合中“齐家”——完成“天下一家”的大业。

心隐不走仕途，回到“吾家”，他在家干什么？李贽说他“不肯治生”，这是针对他自家说的，他“家世饶财”，对于自家生计，李贽说“公独弃置不事”，他把自家全部都捐了出去，搞了“聚和堂”，“直欲与一世贤圣共生于天地之间”，他把一己之家捐了，“齐”了个一族之家，他要把一族之家做大，做成个“天下一家”。

他不为己计，却为国计，不治己生，却治民生，因此，他需要一个组织——“会”。“会”是一个经济组织，也是一个文化团体，就此而言，还属于自治性的耕读互助合作形式。但他还要关心政治，一涉及政治，情形就变了，就有了会党的嫌疑。

以耕读出仕，为儒学正道，何心隐与仕途决裂，就注定了要走墨学一路，他的“会”如先秦墨者团体，具有士农工商全社会的性质，黄宗羲说“心隐在京师，辟各门会馆，招徕四方之士，方技杂流无不从之”，沈德符《万历野获编》说“梁汝元者，以讲学自名，鸠聚徒众，讥切时政”，“梁汝元”，为其原姓名，他为何要改名“何心隐”？

这就跟他搞的“会”——聚和堂有关。因官府加征“皇木银两”税，他聚“会”抗争，被捕入狱，发配贵州，运营了六年的“会”——聚和堂破产，他从流放地逃走，从此行游四方，改姓易名，自称“何心隐”。他究竟有一颗怎样的“心”要“隐”？

有人对他三教九流不分来者不拒的做法表示不满，跑来责备他，他对来者说，万物皆备于我，我还要去挑三拣四分别好坏吗？他这样回答，就难免士林与草莽聚“会”，耕读与江湖相“会”了，其中暗含了儒者革命与农民起义相结合的可能性。

中国读书人，儒、墨怎么分？有一分水岭，即仕途。走仕途的，都是儒生，不走仕途的，即使他“言必称孔子”，那也是墨者。平时，墨隐于儒，其表现多为儒学异端和激进儒者，从走江湖到走上革命之路，“何心隐”，或许隐的就是这样一条“心路”。

他不走仕途，却积极参与政治。前期扳倒严嵩，后来针对张居正，他都是活跃分子，但他参与的不是王朝中国里的官场政治，而是文化中国的士林政治。张居正新政，要关闭天下书院，取缔民间讲学，他就针锋相对，天天讲，在讲学中发动士林，打倒张居正！这就使他的“会”发生转变，从一个民生的经济组织转向民间的政治组织。为此，他再次入狱，这一次他必死无疑，打死他就是打死组织。

心隐死了，李贽说他“为道而死”，“重于泰山”，还说“何公布衣之杰，故有杀身之祸；江陵（张居正）宰相之杰也，故有身后之辱”。能量有守恒定律，荣辱也守恒吗？

03

李贽的名教心坎

泰州学派里，还有一个不怕死的人，那人就是李贽。

李贽同汤显祖一样，两人都是罗汝芳的弟子，而心隐与汝芳同在颜钧门下。所以，心隐也算是李贽和汤显祖的师长，心隐死后，李贽作《何心隐论》悼念之，而汤显祖则一而再地蔑视张居正对他的青睐，看来并非没有来由。

汤显祖和李贽同为泰州学派第四代传人，但李贽年长，对汤显祖明显有影响，不过，汤显祖之所以尊李贽，却并非由于李贽年长，而是因为他的思想。比如，李贽的《鬼神论》就被汤显祖嵌入还魂记中。

李贽写《鬼神论》时，《天主实义》已刻于南昌，他应该读过。这样，就可以把《鬼神论》看作对《天主实义》的一个回应。《诗·生民之什》述周先人曰“厥初生民，时维姜嫄”，此乃“知其母，不知其父”，生子非以男女之道践履，而由鬼神之迹开启，如耶稣生于“圣灵降孕”。这就同利玛窦《天主实义》以中国先秦古经古礼确认鬼神相似。《鬼神论》中，李贽说道：后稷，鬼子也；周公而上，鬼孙也。只此一句，便石破天惊，他居然以天子为鬼子，谁敢如此说也！可周公非但不忌讳，还以为是祥瑞，而后世之人却一改周公立场，都讳言鬼神，李贽认为，那是因为他们早已不知鬼神的本来面目和情形，已不再敬鬼神。

谈到“敬鬼神”，李贽没有直奔墨学“天志明鬼”，而是用了周孔之教来诘难朱熹。针对朱熹说的“天即理也”，他问，以天为理是可以的，但说祭天就是祭理，可以吗？针对朱熹说的“鬼神者，二气之良能”，他又问，以鬼神为良能是可以的，然而说祭鬼神就是祭良能，可以吗？把天变成理，把鬼神变成气，说说可以，一祭祀，就露馅了。

祭祀，必要有个人格化的对象存在才能进行，祭天，要有上帝，祭祖，要有鬼神，“国之大事，惟祀与戎”，把祭祀放在了头等重要的地位，可除了上帝和鬼神，你还能祭什么？理和气能祭吗？不能！不能做国家的头等大事，还能成为国家的头等学问吗？不能！可理学为什么能作为国学而“定于一尊”呢？他舍得一身剐，要把理学拉下马。

也许有人要问，国家为什么要把“祭祀”当作头等大事呢？这是因为，祭祀作为一种文化样式和一种文明传承方式，可以保持现实世界同过去世界的联系，而这种联系就提供了国家本质及其权力正当性的依据。此外，它还为现实世界通往未来世界提供了一种国家主义政治文化的心灵愿景和信仰图式。

李贽从利玛窦带来的文艺复兴的宫廷气象里，就看到了这样的祭祀，圣诞节、复活节、礼拜日……这样的日子一个接一个，都是敬神的日子，基督教国家权力的正当性来源，就在基督徒日复一日的敬神里，各国君权神授都得教皇来加冕，即如当今民选的国家元首，就职时也少不了要向《圣经》宣誓，这也算是一种国祀。

李贽认为，理学不知敬鬼神，把国祀都丢了，头等大事没抓住，还讲个什么“理”？李贽对理学的批判，从表面看，还是打着周孔之教的旗帜，实际上，却暗用墨家“尊天明鬼”一说。他为什么要这样做？我们不妨这样来理解，他虽为名教异类，却未与名教决裂，所以，他还是要用名教内部的思想资源来解决，当作名教内部的思想斗争。

李贽与利玛窦交往，并非由于《天主实义》，而是因为《交友论》。尽管《天主实义》对李贽有影响，但那影响是一种间接提示，是一种隐性启发，而《交友论》则是直接共鸣。利玛窦哪能想到，《交友论》一纸风行，抓住了中国人的心，使他一举成名。他不知道，在他之前，已有前浪何心隐曾以“天地之交”论交友，这才有他以后浪乘势而起。

《交友论》作于南昌，1595年就已写成，四年后李贽才读到。一次偶然机会，李贽与利玛窦在南京相遇，访其居处，题赠诗扇云“刹利标名姓，仙山纪水程”，看来还是把利玛窦当作释道人物，尚未言及天主、耶稣，此后，利玛窦回访，赠《交友论》。此论用中文写成，收录西哲交友格言一百条，李贽读了，也许就想到了何心隐，请人誊录多份，普及于湖广门下。次年，李贽居济宁，利玛窦由运河北上，路过，访李贽，谈去北京的事情，李贽请漕运总督刘东星来商量，一起阅览了利玛窦在南京请人拟就的上呈皇帝奏表，以为不妥，故另写了一份，然后，又写了几封推荐信，托在京宦友照料。利玛窦庆幸说，这份奏表，还有这些推荐信，在京师开门路，起了重要作用。

在《续焚书》卷一《与友人书》中，李贽称利玛窦为“利西泰”。这是按照中国文化以地望尊称名人的传统来称的，因为利玛窦是“大西域人也”，故称“西泰”。从“西泰到中国”，李贽说有“十万余里”，他还是在用中国史地的西域观来看“西泰”，显然，这位“利西泰”没拿世界地图给李贽看。李贽当然不知道有好望角，更不知利玛窦是沿着大西洋南下，绕过好望角，这才进入印度洋，最后到达印度的，所以，李贽在介绍“利西泰”时，仅说一句“初航海至南天竺”，还说“已走四万余里矣”。在地理知识上，这可以说是一错再错，来路没搞清楚，路程当然也就错得离谱，总共“十万余里”，也就那么一说，不知他有何依据，更何况从西泰到天竺——印度，先从北半球到南半球，又从南半球到北半球，才走了“四万余里”，而从印度到中国，同在亚洲大陆，边境相连，却道还有六万余里，这样的世界观，那真是糊涂账一笔。

作为一个明代学者，那时不知从大西洋到印度洋的来路，还可以说得过去，可是，若不知从印度到中国的来路，那就有点说不过去了，至少《大唐西域记》总应该读过吧？碰到这样的问题，用心学的简易功夫来对付就靠不住，你再说什么“吾心即是宇宙”，也搞不清楚“西泰”的来路，不下点读书的格致功夫，就不知道天竺的去处。

李贽当然是个读书人，他好读书，也好著述，但就是不肯下格物致知的功夫，他著作等身，可我们看他的作品，总的感觉，还是思想性和艺术性有余，知识性不足，他善于阐发思想，却欠了考证功夫，他用头脑行走于大地，却倒立着知识的空足。

李贽出自航海世家，稍微留心一下，就不至于在“利西泰”的来路上闹笑话，由此亦可见李贽本人在这方面没有什么求知的欲望。我们发现，他对利玛窦带来的欧洲文艺复兴的成果不感兴趣，连万历皇帝都感兴趣的世界地图，他都从未提到过，至于“西泰”天文、历算、水法以及几何学等，那些激发徐光启求知欲的新学问，他亦从未问起。也许，这就是黄宗羲不肯将他列入《明儒学案》中的原因。

李贽晚年出家，以他自己的方式做过和尚，可他对印度佛教的历史似乎也不闻不问，想当然地就认为，“利西泰”一定是到了印度才“始知有佛”，当其来时，印度佛教已然销声匿迹。利玛窦初到中国，因其从印度来，便以天竺和尚自居，其实他在印度待了四年，哪里做过一天和尚？即便他想“文化适应”一下，也没个地方让他“适应”去。利玛窦到中国后才开始做和尚，穿僧衣，凡来中国的天竺人，都喜欢以和尚自居。

同为明人的张岱，其《石匮书》中那篇《利玛窦列传》，就比李贽说得要清楚。他先说地理：“利玛窦者，大西洋国人，去中国八万里，行三年，以万历八年始至，自彼国而抵海，乃登大舶，可容千五百人者，千人摇橹，茫无津涯，惟风所之。数万里而达海南诸国，自海南诸国又数万里而达粤西。”这样说来，虽然他也不知道什么南半球和北半球以及好望角什么的，但经他轻描淡写一下，就画出眉眼来了，不至于像李贽那样模糊。

说完地理，再讲国家。他说利玛窦“自言其国广大，不异中国”，总计“有七十余国”，各有国主，共尊一个“教化主”，那“教化主”也就是罗马教皇了。利玛窦说，教皇能废置诸国主，以教会齐民，“严事天主”，这样的国家，其实就是个大一统的天主教国家，这表明利玛窦对欧洲宗教改革运动中兴起的新教国家，采取了不承认的态度。

对于天主，张岱是这样说的："天主者，天神也，天主有母无父。"这样的说法，显然对"天主"有误解，他把救世主耶稣当作天主了。也许利玛窦传教采取了耶稣优先的立场，重在宣讲耶稣来历，此由耶稣会性质所决定，但舍本逐末，竟然把天父搞丢了，为了适应中国文化，迎合中国士人，利玛窦用"天命玄鸟，降而生商"来解读圣母的"圣灵降孕"，结果，却被张岱之流读成了"天主有母无父"。没有天父，哪来天主？

张岱虽然读错了，但其目的是想搞清楚，而李贽就从来没想过要搞清楚"利西泰"原来的那些事。他感兴趣的，不是"利西泰"带来的东西，而是这位"利西泰"在中国本土如何被汉化的，对此，他津津乐道，说"利西泰"到广州以后，"然后知我大明国土先有尧舜，后有周孔"，于是，住下来，"住南海肇庆几二十载"，干什么呢？读书！李贽说利玛窦"凡我国书籍无不读"，拜师访友，"请先辈与订音释，请明于《四书》性理者解其大义，又请明于《六经》疏义者通其解说，今尽能言我此间之言，作此间之文字，行此间之仪礼"，他把这位"利西泰"当作汉化的文明成果来欣赏，叹曰"是一极标致人也"！

但他对这位"利西泰"来中国的目的还是存有疑虑，他与之"三度相会"，发现此人"中极玲珑，外极朴实"，还说"我所见人未有其比，非过亢则过谄，非露聪明则太闷闷瞶瞶者，皆让之矣"，即以中国士人标准论，此人心蕴，亦如古镜照神，美得深沉。

李贽有洁癖，眼里容不得沙子，但凡能入他眼的，得一尘不染，都是极品之人，他看好利玛窦，但又觉得有隔阂，使他难以看清，那是因为他心里还隔着一道夷夏之大防的门槛，心扉半开半掩，所以，面对利玛窦，他忍不住要问"不知到此何为"？

是啊，不远万里，千辛万苦，来到中国，意欲何为？看来，他们虽然"三度相会"，思想上却未有深交，李贽那块异端思想的逆鳞，利玛窦岂敢轻易触碰？更何况，两人的气质也大不相同，李贽趋于异端，犹如基督教里异军突起的新教，利玛窦坚守正统，更倾向于作为官学的理学，道不同不相为谋，气质不同则难以深交，所以，他揣测“意其欲以所学易吾周孔之学”。他猜得没错，可他又推翻了，因为他认为，这样做太愚蠢，而利玛窦是个聪明人，是个比中国士人还要“标致”的士人，所以，他又认定“恐非是尔”。

中西会通，孔耶同源，那些问题，李贽没有想过，要等到徐光启出来才能总结。这在利玛窦不过一种传教策略，在中国则引出了一场学术范式的变革。

汉唐以来，佛教的传入曾带来一次古代学术的变革，而明清时期，基督教的传入则带来了另一次近代性的学术变革。李贽面对到来的学术变革，思想上缺乏敏感性，他本可以迈出第一步，却没能迈出去，是因为在他心里还有一道名教的坎。正是那道心坎，使他就觉得衣冠儒士“利西泰”并非真是名教中人，疑其欲以天主教义取代周孔之教。事实上，正是如此，如果李贽知道利玛窦想把万历皇帝发展成为天主教徒，要把中国变成罗马教皇大一统治下的天主教国家，那他会说什么呢？还会用一句“那是愚蠢的”就打发了吗？这简直比改朝换代还要可怕，他还会说“恐非是尔”？

李贽此人，人多目之为“名教罪人”，难道他还会为名教而斗争？

是的，他会，也许第一个站出来为名教拼命的就是他。那么，我们又该如何理解他成了“反名教的思想犯”呢？他不是为反名教而献出了自己的生命吗？

从表面来看，确是如此，而实质上正相反。说李贽反名教，这话没错，但要看他怎样反，从哪里反。反，有两种，一种是从内部反，属于名教内部的思想斗争，这叫改良，还有一种，从外部反，与名教对立，要取消名教，那就不是改良，而是革命了。

李贽的异端是名教内部的异端，若以理学为正统，那么心学就是异端，心学与理学的斗争是名教内部争正统的斗争。李贽反程朱理学，但不反周孔之教，他以周孔之教作为名教的代表，而非以孔孟之道，何也？此中大有讲究。孟子是理学推出的圣人，汉儒尊孔，始立“五经”，宋儒崇孟，再立“四书”。“四书”是儒学，而“五经”在儒学之前就有，孔子述而不作，非“五经”作者，作之者谁？岂非周公乎？舍周公其谁也！故尊“五经”者，言必周孔之教；重“四书”者，不离孔孟之道。

李贽尊“五经”，称周孔，于周孔之中尤尊周公，故其言“不以孔子之是非为是非”，除了实事求是追求真理的思想原则，还有就是有着周公这个认识前提。他对名教的改良不光冲着理学，还针对孔子，不但程朱的格局小了，连孔孟也不够，要有周公保底，名教的根本才能立得住，才能开创新历史。因此，名教要“致广大”，就不能只有理学，只有孔孟之道，那样的话，学术作为公器就会变得越来越小，就会将古往今来许多英雄豪杰、仁人义士都拒之名教门之外，可不，就连他最喜欢的苏东坡及其所代表的蜀学，都被朱熹之流逐出了名教，如此作为，名曰纯儒，实乃忘祖。

何为名教之“祖”？非程朱，亦非孔孟，溯其源本，当为周孔。周孔之学，虽以儒学而一脉相承，却非儒家一言所能尽，何也？盖因周公与孔子相距甚远，分别属于两个不同时期的学术代表，周公代表了殷周以来的王官之学，孔子代表了春秋以来的诸子之学，一回到周孔，名教就大了，就不仅仅是程朱理学和孔孟之道的道场，而且向着诸子之学和王官之学敞开了门户。

王官之学包含了“五经”，确立了中国上古思想的两大纲领，一是殷人“率民事神”，另一是周人“敬天保民”，其中就有个“上帝”来与“天主”对应。

诸子之学，最起码还包含了《论六家要旨》里的“六家”。当年，孟子“辟杨墨”，而被斥之为“无君无父”的杨、墨，李贽要使他们在周孔之学里复活，让杨朱的“为我”和墨子的“兼爱”在新的名教里重启。他的新名教不光是圣人之学的名教，还是赤子之心的名教。其中，平等最重要，他主张，圣凡平等，男女平等……有人说，他的平等思想有可能受了利玛窦带来的天主教的影响。影响的蛛丝马迹当然可以找到，但你若要去问他本人，他肯定不会承认，因为中国传统里有的是平等思想。儒教有“人皆可以为圣人”，佛教有“众生平等”，他的平等思想里当然有这些因素，但这些因素还不至于使李贽成其为李贽，使李贽成其为李贽的，是基于杨朱“为我”和墨子“兼爱”的平等。

李贽认为，人人“为我”，天经地义，此为“童心说”根底，是人的个体性宣言，而“兼爱”则超越了家与国的局限，直奔天下无差别的人类普遍之爱而去。

从杨朱“为我”到墨子“兼爱”，就是从人的个体性出发走向人类性，是人性超越家与国的樊篱，从“君臣、父子、夫妇”的三纲约束中解放出来——出家。不出家，人就不能认识自己，成为“独与天地精神往来”的个体。但出家，也不一定非要出世，不必真要做什么和尚，穿什么僧衣。最重要的，是要在思想上出家，让自己成为“独立之精神，自由之思想”的个体，一旦成为独立的个体，那时就真正懂得“朋友”是如何的宝贵。

三纲之车，载忠臣孝子，沿家国之路只能驶往家天下；五常之舟，放诸四海，亦唯有朋友一伦，能以“兼爱”通往“天下为公”“人类大同”——“尚同”。治国，不妨忠臣孝子，平天下，要靠朋友，这也就是李贽为什么要写《何心隐论》，写得一往情深，而利玛窦吸引他的，亦非《天主实义》，而是《交友论》了。

他要在周孔之学的基础上，以“童心”为根本，以“朋友”为中心，不仅重启杨、墨，用“为我”与“兼爱”刷新名教，同时还在名教中保留了功利主义诉求。

他给历史上的英雄豪杰留了名位，在《史纲评要》中，他责问孟子：“何故不许梁王说利？”他称赞那些“人性好利”论者，“如商、如申，俱是好汉”，夸那不仁不义的吴起，“自是好汉伎俩”，赞扬李斯废封建、置郡县，为“应运豪杰，因时大臣，圣人复起不能易也”，对韩非则评曰“使非得用，定不在李斯下”，其于“始皇出世”，更叹曰“天崩地拆，掀翻一个世界，是圣是魔，未可轻议”，在《藏书》里，则说是“千古一帝”。这样自相矛盾，倒像那马基雅维利，怀里揣着一本如狼似虎的《君主论》，可心中偏还有个共和国。他满脑子是非、成败、得失，却又要牢牢抱着他的“童心说”。

他相信，若论名教本体，不但诸子之学，就连利玛窦《天主实义》都能纳入周孔之学。但儒术却容它们不得，汉儒排斥诸子，宋儒连汉儒也要排斥，还美其名曰“纯儒”，本来还有佛、道，可以三教合一，但宋儒还是容不得，一如孟子“辟杨墨”，宋儒排佛老，一一排挤出去，他却反其道而行之，用三教九流思想共和之道改造纯儒的名教。还有名教与天主教也要思想共和，但共和之道他还没想好，本该与利玛窦一起探讨，可利玛窦非名教中人，而他自己还横亘着一道名教的心坎，于是，只好等徐光启来做了。

04

徐光启与上帝几何学

利玛窦到中国来，成了中西交通史上的一件头等大事，因为他碰到了徐光启。若无徐光启，他不过就是一位写过《交友论》的传教士，有了徐光启与他互动，他才有了中国思想史的意义和文明转型的价值。

而徐光启在遇到利玛窦之前，常在乡间教书，为一耕读儒者。课徒之余，多笔耕，观其所著，可见其乡间儒者气质，可惜的是，他那时所作大多已佚。每一部作品都有其自身的命运，也许他不太愿意看到自己作为乡下人的作品，就对它们不怎么留心，要知道这位徐光启可是近代化的上海人的先驱。

陈乐民在《超前而寂寞的徐光启》一文中列举了那些作品：《毛诗六帖》《渊源堂诗艺》《芳蕤堂书艺》《四书参同》《子书辑》《子史摘》《方言转注》《语类》《塾书政》《二十四则古》《读书算》《赋囿》《制汇》《书法集》《草书类》。

接触西学之后，回头再来看那些书目，它们朴实得就像农作物。

若论史笔、文笔、诗笔，徐光启哪能跟李贽、汤显祖比？李贽的《藏书》《焚书》，让人一看书目就坐不住，豪杰黄昏，英雄末路，总有悲愤往心坎里扑。但徐光启之所以为徐光启，并不靠那些书，若以中国传统文人路数，他永远赶不上李贽，只能遥望汤显祖，可他的奇特在于，从文史类的写作转向了科学写作。

科学写作并非从他才开始，往远处看，从先秦诸子以来就有了，代表作为《墨子》。现存《墨子》五十三篇，其中《经上》《经下》《经说上》《经说下》《大取》《小取》六篇，就包含了一套以逻辑为前提的科学理论，人称《墨辩》或《墨经》。朝近里说，宋代有沈括《梦溪笔谈》，笔录六百余条，立十七门类：故事、辩证、乐律、象数、人事、官政、权智、艺文、书画、技艺、器用、神奇、异事、谬误、讥谑、杂志、药议。其知识分类颇近似于《太平御览》，所不同者，一为个人独立写作，另一为国家御用工程，若论成就大小，当以国家为大，若论水平高低，则个体高于国体。从总体上看，虽然科技内容占了全书三分之一，言及天文、数学、物理、地理、医药和乐律，涉猎气象、化学、冶金、兵器、水利、建筑、动植物，但就其体例而言，一看便知，还是文人笔记，所言科学，还是文人化的科学，尚未有科学写作的自觉。

科学写作的自觉，从徐光启开始，他超越沈括，成为中国第一人。为了说明徐光启，陈乐民拿同时代的英国人培根来跟他做对比。同样作为政治家，徐光启政治人格的伟大为培根所不及，但仅此一点还不能说徐光启比培根伟大。比较，要比主流，他们二人作为处于同一时代却各在东西方的学者，要比，就要比学术，这是他们的主流，在学术方面谁更伟大？当然是培根。

陈乐民在文中列举了伏尔泰、康德、马克思等人对培根的评价。那时的培根，正处在欧洲古典科学向近代科学转型的关键点上，而培根就在这关键点上脱颖而出，成了如美国人托马斯·库恩在《科学革命的结构》中所说的“科学范式”的革命家。

培根的革命性主要表现为两点，一在哲学思想上，从思辨哲学转向实验哲学，一在思维方式上，从演绎法转向归纳法，他把这样的“范式转移”比作大航海时代的欧洲人从地中海进入大西洋进而发现新大陆，他自命为发现科学新大陆的哥伦布。

当培根从希腊人的古典范式转移时，徐光启却正在利玛窦的引导下进入，这也有点像利玛窦在中国的情形，当利玛窦步入儒学门槛时，心学正开启范式革命。

革命，在儒学内部发端，至李贽，儒学内部的思想资源几乎用尽。刚好，利玛窦来了，以科学传教，带来西洋学术范式和思维方式。李贽囿于名教之根本，未能进入，而乡儒徐光启则以翻译“会通”。此固由两人性情不同使然。李贽豪迈，所到之处，无不留下绚烂至极的思想风景，令人热血沸腾，但其弱点在于，思想斗争性有余，而学术领悟力有所不足。光启则相反，以实心立实学，以实学做实事，为人平易，为学平实，不立门户，不设门槛，来者不拒，往者能追，从乡儒起步，越出名教樊篱，进入“二希”文明。

“二希”者，古希腊与希伯来是也。西洋文明，究其根底，在于古希腊哲学和希伯来神学，徐光启在利玛窦的引导下，一举足便踏在了西洋思想的奠基石上。那奠基石便是《几何原本》。正是站在《几何原本》的科学范式的奠基石上，徐光启可以不像李贽那样文艺，以更理性的方式实现心学的第五次超越。

徐光启已认识到，西洋人“格物穷理”，“格”到深处，要以几何学为根本。中国没有几何学，所以王阳明“格”不下去，使心学究竟终归于禅。而徐光启则不然，因其掌握了几何学，而使“格物致知”能别开一面，开启新的格致之学——科学。

徐光启通过《几何原本》领悟了基督教，赶上了欧洲文艺复兴思潮，正如汉唐以来中国人认同的是希腊化的佛教而非印度本土佛教，徐光启通过《几何原本》认同的也是希腊化的基督教，是欧洲文艺复兴中的基督教，而非中世纪一神教原教旨基督教。

利玛窦在中国发明“上帝即天主”，还有“耶孔同源”说，当可视为欧洲文艺复兴思潮在中国的回光返照。欧洲回归古典，中国亦然，中国文化同古希腊有缘。

何以将《几何原本》当作西洋文明的奠基石？因为《几何原本》原来

就是“上帝的数学”，而其数学的源头实来源于柏拉图的“灵魂说”及其“理念数论”。《几何原本》可以说是“数学里的《圣经》”，其影响已然超越《圣经》，因为《几何原本》几乎不受地域、民族、国家及宗教信仰和文化所限，放之四海，遍及人类，而《圣经》影响的主要还是信仰者，当柏拉图哲学成为基督教神学的主流思想时，《几何原本》也就成为神学必读了。通过几何学去认识上帝，开显灵魂，是天主教神学的必修课。灵魂在对立的范畴中，以数字化的方式存在，世界因之而开显出来。从隐形的数量关系转化出显在的物体形式，思想跟着从数学到几何学。

神创世界，一定是以几何学的方式，由点而线，由线而面，由面而体，有了立体，然后，才有水、火、土、气四元素，以此构成万物。所以，数在物先，万物因数而存在。这样的灵魂说，虽然摆脱了以单一元素为始基的局限，但它还在由物的数量关系和数学形式所呈现的物性里面，还表现为数的直观。用数的直观来看宇宙，宇宙便显示出“数的和谐”，天体之间，太阳、月亮、星辰的轨道同地球的距离之比，宛如音律。

因“圆最完美”，故天体运行轨道亦为圆形，表达之数便是那个圆满的“10”，相应的，在天上做圆周运动的圆形发光体也有 10 个，围绕着宇宙中心的“中央火”而转动。“中央火”是宇宙的祭坛，人类永远也看不见。这 10 个天体到“中央火”之间的距离，同音节之间的音阶具有同样的比例关系，以此保证星球和谐，从而奏出天体音乐。

柏拉图认为，这样的数学尚处于从“意见”过渡到“理性”的理智阶段。他将到达这一阶段数学的人的心理状态名以“理智”而非理性，把“理智”看成理性和意见之间的中介。当数学进入更高的理性阶段，其思考对象虽然还是那些“实际的东西”，但其所见已非眼前感性直观的图形，而是图形本身，即用思想才能“看到”的图形理念。这样，灵魂就从理智走向理性，借了数学的翅膀飞翔，超越变化的可见世界，进入可知的实在领域，因此，数学就是把灵魂拽着离开变化进入实在的学问，为灵魂提供通往可知的阶梯。

灵魂的数学形式，基于人性的，大致有两种，一种是从欲望出发，用于可见事物的功利性算术，如“两支军队、两头牛”之类的，叫“普通算术”，而在建筑学中应用的制图技术，则属于“普通几何学”；另一种是从理性出发，研究抽象数的纯算术，叫“哲理算术”，研究抽象图形的纯形式的学问，如《几何原本》等，便属于“哲理几何学”。这样，柏拉图就从毕达哥拉斯学派的“数本论”，走向“理念数论”。

亚里士多德告诉我们，“理念数论”的思想，首先，要确认“理念是数”，同时，指出“理念数”的生成原则是“不变的一”和“不定的二”，还特别强调“理念数”的实在性，要比“数学数”高一个等级，因为“数学数安置在理念数与可感觉数之间”。

他还提到了理念数有别于数学数，在可结合性上和计数方面的区别。最重要的是，数即理念，而为万物本原，作为“本原形式因”的几何学，以点、线、面、体构成物质元素，使物质具有几何结构。水、火、土、气，是构成物质世界的元素，皆为立体，均有体积。立体由平面组合而成，而平面则以三角形组成。三角形为物体之原形，形状之原本，故构成万物的四元素之原始形状理所当然由三角形所构成。原始三角形有两种，一是等边直角三角形，另一为不等边直三角形。由两种三角形建构，而有四立方体：角锥体、立方体、八面体和二十面体以及相应的水、火、土、气四元素。这样，就为宇宙生成准备好了物的形式和质料。

柏拉图的创世说有两个前提，其一，宇宙非自在，而是被创造出来；其二，创造者在创造时，必以一自我等同、永远同一的原型，作为唯一的最高存在者。

创造者就是神，神以自身——“不动的一”为原型，这还不够，还需要两样东西，即材料和场所。材料即四元素，在创世之先就已存在；场所即空间，为四种先验的立体形式。神以全部材料按一定比例和相应的几何结构，开创其天体，天体惟一。

神创世，同时也创造时间，感官世界的一切，都在时间进程中。接下来，神造各种动物，以其所在领域分为四类，天上的小神、空气中的有翼动物、水栖动物和陆地动物。最后，神创造人，先造人的灵魂，再造人的肉体。人是大宇宙的缩小，人体各部分都合乎目的，具有完满性，尤其灵魂有三部分，因人独具理性，而为万物之灵。

这样的创世说，后来居然成了基督教神学世界观的来源之一。或曰，柏拉图所谓“神”乃理念神，经由理性而可知，基督教为人格神，趋于信仰而可信。又曰，柏拉图所谓神，非全能神，要借助理念、材料和场所方能创世，而上帝则全能，宇宙完全自我开显，柏拉图将创世说归纳为一句话：神是几何学家。后来，他有个学生的学生，名叫欧几里得，受了这句话的启发：原来，图形都是神绘的。由柏拉图提出而未形成的理念数学，看来，就应该是欧氏几何学那样子。

当年，利、徐同译欧氏“理念数学”，以“几”字来译“理念”，“几何”就是“理念是什么”。《说文》曰“几”微也，《易》亦曰“动之微”，则似“点”，可知而不可见，神创造世界，就是由点而线，由线而面，由面而体，由立体而构成物质形式。

“几何”之“点”，可以说抽象到了极点，唯“点”与纯然物性的“原子”正相反，纯粹理性，不带一点物性，它不是物质单位，而是逻辑单元，它不是现实世界的本体，而是现实世界必然模仿并赖以形成的“原本”，一如柏拉图所说的“回忆”，灵魂在天国所见的便是这“原本”，而欧几里得的《几何原本》就是灵魂对天国的“回忆”。

这就是何以基督教要吸纳古希腊哲学，并使之转化为神学，何以古希腊哲学家柏拉图、亚里士多德等人，成了中世纪基督教的哲学先知，就因为绝对理念被转换成上帝的理性化存在，逻辑成为绝对理念的普遍性的存在形式，而几何学则是绝对理念以形式逻辑转化为时间和空间的体系。从绝对理念向时间和空间体系转化，形式逻辑数学化，隐含了上帝造物的密码。几何学的圆是绝对的圆，几何学的线是绝对的线，上帝创造世界就用了绝对的圆和线。天堂用绝对的圆和线建造，下降到人间，圆和线便有了缺陷。这就是为什么利玛窦要与徐光启合作，来翻译《几何原本》。

宇宙的本原究竟是怎样的？有两种解释，一种解释是物理性的，从泰勒斯开始，还有一种解释是数学化的，始于毕达哥拉斯。到了柏拉图，数学化的结构被理念论赋予了纯粹理性的形式，在欧氏几何学里，纯粹理性的形式通过公理化和定义式的逻辑演绎，从理念世界向物理世界下降，重新回到了它的数学结构，以辩证法的方式回到自己的家园。埃及与两河流域产生了更古老的数学，但那都是应用数学，唯有古希腊产生了“思想的数学”。应用要解决实际问题，而思想则要解决“几何”——“理念是什么”的问题。

据说，曾有学生这样问欧氏：“老师，学习几何会使我得到什么好处？”看上去没用，但事实证明，不以实用为目的的欧氏几何学，在实用方面同样能解决问题。欧氏游学埃及时，或曰“欲知金字塔高度，比登天还难”，他说：这有何难？当你的影子跟你的身体一样长的时候，你去量一下金字塔的影子有多长，那长度便等于金字塔的高度。

理念世界的原理就这样被用于现实世界了，就像苹果落地引出牛顿的“万有引力”一样，欧氏测量金字塔的思想性实验，不经意解决了柏拉图哲学的一个困境，那就是两个世界如何联系，亦即事物对理念如何“分有”和“模仿”的问题。

欧氏测量金字塔，以人为尺度，这应验了苏格拉底接着普罗塔哥拉说的那句话“有思想力的人是万物的尺度”，更证明了柏拉图所求的“尺度”就是数学思维方式——从数的理念到一整套数学图形构成的操作工具。如果说普罗塔哥拉和苏格拉底还在探究什么是“尺度”，那么柏拉图就从探究“什么是尺度”转向追问“尺度本身是什么”。

上帝以人为万物尺度，这是一种目的论的安排。安排归安排，但人要达此目的，还得有思想力，唯思想者能为万物尺度。然，尺度者，岂非思想的度量衡，理念之工具也？若谓上帝以人度物，那么“分有”并“模仿”上帝的人以何度物？曰非理性莫属。

人以理性为自然立法，理性化的尺度在人与人之间是法律，在人与神之间，则是灵魂的数学化存在，化为几何形式。这样，我们可以来回答“尺度本身是什么”了，即以理念为核心，由一整套逻辑工具构造起来的纯粹理性的哲理数学的几何形式。

它是理念世界的理性化摹本，分有了神的创世理念，又是现实世界的原理和原型，以之为两个世界的中介，理念世界才可以被理解，现实世界才能被理性安排。柏拉图最担心的，是理念世界和现实世界割裂，使有关美本身、善本身等本来作为认识对象的存在反而无法被认识，还因人神相隔，导致“神不是我们的主人，不知道人类的事情”，这样一来，求知者在通往知识的道路上就会陷入“不可知”的泥潭，敬神者在走向神的信途中反而成了无神论者。数学，唯有数学，连接了两个世界，用公理自明显示了神的存在，还以“化圆为方”，引导现实世界的“方”，去“穷竭”理念世界的“圆”，一如方可穷近于圆，现实也这样通往理念。看来柏拉图学园门前的那块牌子——“不懂数学别进来”并非虚言。

“穷竭法”并非柏拉图发明。他之前，已有人“化圆为方”，欲以圆内接正多边形面积“穷竭”圆面积，但那还是出于标尺作图，只能使用直尺和圆规，故其目标实难以实现，但那思想从此进入柏拉图学园，并在那里成长。引导其生长的，并非作图需要的实用目标，而是远离了实用的理念。事实上，从实用目标出发提出这一思想的先驱，在经历了不可能实现的追求以后，都停止了追求。只有不在乎实际目的，追求终极目标，也就是说，当实用数学本身的动力不足以驱动那无休止的追求时，就需要一种新的动力来参与新一轮接力赛。于是，理念来了，带着新数学来了，来使“穷竭法”通往理念世界。

在“穷竭法”中，“圆”是理念世界，“方”为现实世界，通过“化圆为方”，两个世界联系起来，当语言局限导致“不可知”和无神论时，数学出现了，有了“穷竭法”，在文字表达难以企及处，数学符号却那么光芒四射。

正是柏拉图学派将“穷竭法”体系化了。在体系化的进程中，微积分开始萌芽，直到19世纪出现“超越数”的概念，才知道在有限的代数数之外，还有着几乎无穷尽的“超越数”存在，因为“超越数”不可数，所以，区分两种数并证明其存在很难。在已知几个“超越数”中，其中有一个就从求解“化圆为方”问题而来，证明用直尺圆规做出线段 π 即圆周率是“超越数”，故“化圆为方”无解。不过，数学上无解，不等于哲学上也无解，数学上的“超越数”存在，也许恰好可用来求证理念世界。

在徐光启译的《几何原本》里，柏拉图的理念数学就这样变成了神学，其理念世界也变成了信仰天堂，“二希”文明以汉语的方式统一。

这当然是利、徐二人合作翻译《几何原本》的一大贡献，这贡献不光是对中国科技史的贡献，也是对中国思想史的贡献，更是对汉语写作的贡献，翻译过程，是个思想共和与文明会通的过程，是用汉语探索古典科学范式深入“二希”文明的过程。

《几何原本》共十三卷，有五条公理、五条公设、一百一十九个定义，四百六十五个命题，由利玛窦口授，徐光启笔录，他们合译了前六卷，余下的便束之高阁了，为什么？或曰，后七卷有可能连利玛窦本人也没有学过，因为利玛窦只是个传教士，而非数学家。可徐光启就不同了，他是因为追求科学而入教，通过数学进入神学，经由理念走向上帝，且有着中国士人“耻于一物之不知”的精神，所以，他要“会通”。但利玛窦之向往不在此，科学传教，在科学上要适可而止，传教才是真正目的，因此，有前六卷就够了。

徐光启入教，是思想入教，而非信仰入教。其入教有两条路径。一条是“孔耶同源”，皆“源”于天，天的人格化，在西洋，即为天主，在中国，则为上帝；另外，还有一条“由数达理”的路径，即将数学逻辑化，由定理而公理，最终问向“理念是什么”——“几何”。“几何”二字真是神来译笔！以此一问，思想上问出绝对理念，在信仰上则问向上帝，但未问出一神论，却问出个“补儒易佛”。

“补儒易佛”，是以西学取代佛学来补充儒学，他把西学分为三块，第一块是“事天爱人之说”，即神学，第二块是“格物穷理之理论”，即科学，第三块是“治国平天下之术”，即政治学，另外还有技术，“下及历算、医药、农田、水利等兴利除害之事”。而这一切的基础便是数学，以形式逻辑“由数达理”，进入绝对理念王国，那理念王国，在宗教上叫天堂，其君王作为最高存在，就是上帝。

《几何原本》是西方文明的古典基石，可它依然支撑了近代世界。

我们从近代民主与法治里可以看到几何学的范式——程序和论证，从《独立宣言》和《人权宣言》的行文中，同样可以看到几何学的原型——公理不证自明。《几何原本》在近代政治哲学和政治制度上的应用，欧美已开始了，而中国自徐光启以后便停止了。可惜的是，当欧美政治文明用“上帝的几何学”来建立人类社会的公理化系统时，中国已由明末转入清初，明朝衰亡了，耶稣会在欧洲亦渐式微。

本来，利玛窦对中国文明评价很高，认为中国之大已自成一世界，非区区一国所能比拟，除未沐浴天主普世信仰的阳光外，已然应有尽有，优越举世无匹。他还认为，柏拉图《理想国》中“哲学王”理想，在中国亦已实施。显然，他把中国圣王当了“哲学王”，一如他用上帝称呼“天主”。文化适应后，他要加以科学引导，不仅引导百姓，还要引导朝廷，从医学到天文学，从天文学到几何学，他引导中国人，通过理性的阶梯，一步步去认识上帝，并从认识走向信仰。《几何原本》里所讲的，便是这世界的原理，于绝对理念中可见上帝。

翻译《几何原本》是世界思想史上东西方文明的初次合作，利玛窦与徐光启，两位思想的巨人，在中国握手了，为中国近代史开创了中西会通的科学范式。

利玛窦与徐光启

利玛窦是他的中文名字，中文名还要有字号，所以他又号西泰。这位学识渊博的意大利人，以天主教耶稣会传教士的身份，于明万历十年（公元 1582 年）进入中国传教。中文名号都有了，利玛窦认为在中国传教还不够，他还要穿上儒服，这是进入士林的行头，看来他起初就没有打算深入山林，而是想进入并影响上流社会。在外国人不能自由行的万历年间，他从澳门入境，先后游学肇庆、南昌、南京等重要城市，与中国士林交友论学，他赞扬儒学的伦理观，求同耶教与孔教，寻找天主与天道的共通之处，同时传播西学，绘制地图，受到中国士林的尊敬，一步步接近北京，终于在1598年获准进京，为后来传教士确立了传教范式。不过，他在人类文明史上的灼灼光耀，还是他与徐光启合译《几何原本》以后。

1562年，徐光启生于南直隶松江府上海县的一个小农商家庭，20岁考中秀才后，他一边以教书为业，一边继续举业，而课业之余，他对农业水利等民生技术有浓厚的兴趣。1593年，他受聘至广东韶州教书，在那里，他首次见到传教士意大利人郭居静，第一次看到世界地图，地图上的许多国家，以及地图对地球的圆形表达等，都令他的视野和脑洞大开。他开始睁眼看世界，知道了利玛窦，随后开始打听寻找利玛窦，想学习更多的西学知识，直到1600年他在南京见到利玛窦，表达了对科学的仰慕和求学愿望，他们开始交流和学习对方的语言，三年后徐光启举家入天主教会，成为上海最早的天主教徒。1604年，徐光启考中进士，入翰林院，仕途基本稳定后，利玛窦才开始教授徐光启《几何原本》。“几何学”对空间的定义深邃精微，那种演绎的逻辑美感令徐光启着迷。他向利玛窦提议翻译《几何原本》，向汉语世界介绍这一伟大的空间认识论。利玛窦应允，于是二人开始了翻译工作。利玛窦口述，徐光启笔录，然后推敲每一个概念的准确性。一年后，利玛窦决定先出版已经翻译完毕的《几何学原本》前六卷，创造了很多汉译西学的新概念，诸如“几何”“平行线”“直角”等，影响甚巨。不久利玛窦逝世，徐光启不无遗憾。1612年，在利玛窦逝世两年后，他又与德国传教士熊三拔合译了《泰西水法》，向中国介绍了西方的水利以及水利机械。而《几何原本》后九卷，直到清末由大数学家李善兰与传教士伟烈亚力合作翻译完成，才算弥补了这段遗憾。除了翻译《几何原本》，徐光启还撰述了《勾股义》《测量异同》，以及著名的《农政全书》等，可谓翰林院里的科学家。